T0355664

Descifrando
a los chicos

Cara Natterson

Descifrando a los chicos

Nuevos hallazgos sobre el arte de educar
a nuestros adolescentes

OCÉANO

DESCIFRANDO A LOS CHICOS
Nuevos hallazgos sobre el arte de educar a nuestros adolescentes

Título original: DECODING BOYS. New Science Behind the Subtle Art of Raising Sons

© 2020, Cara Natterson, MD

Publicado según acuerdo con Ballantine Books, un sello de Random House, una división de Penguin Random House LLC

Traducción: Rubén Gerdel

Diseño de portada: Ivonne Murillo

D. R. © 2025, Editorial Océano de México, S.A. de C.V.
Guillermo Barroso 17-5, Col. Industrial Las Armas
Tlalnepantla de Baz, 54080, Estado de México
info@oceano.com.mx

Primera edición: 2025

ISBN: 978-607-557-879-8

Impreso en México / *Printed in Mexico*

Para Ry, quien me dio el regalo de ser mamá de un hijo.

Para Talia, quien comprende a su hermano de maneras que me asombran.

Para Paul, quien es la media naranja de los dos anteriores.

Y para mi mamá, quien crio a tres hijos.
Mirando hacia atrás, le tengo un profundo respeto.

Índice

LOS DETALLES

Introducción

Descifrar: convertir (un mensaje codificado) en un lenguaje inteli-
gible; descubrir el significado subyacente; entender qué rayos está
pasando aquí.

La mezcla de sentimientos y comportamientos durante la pubertad, sin dejar de lado las transformaciones físicas, puede ser completamente confusa tanto para los adolescentes que la experimentan como para los padres que la observan. Eso no es nada nuevo. Pero, en las últimas décadas, las chicas han enfrentado la pubertad de manera directa, llevando al centro de las conversaciones los temas relacionados con las partes del cuerpo y desestigmatizando por completo sus metamorfosis biológicas y emocionales. Mientras tanto, los chicos se han mantenido al margen, en silencio.

El resultado final ha sido que las chicas se han adueñado de la pubertad. No todas, pero muchas. Hablan sobre los cambios en su cuerpo, los altibajos emocionales, las amistades y las dinámicas familiares; usan palabras que antes eran consideradas sólo para adultos (¡vagina! ¡menstruación!) con libertad. Hoy en día, cuando comienzan a mostrar signos de entrar en la madurez femenina, el mundo les entrega un micrófono para que hablen y hablen y hablen.

Pero no es así con los chicos. Ellos tienden a deslizarse en esta etapa de la vida de manera silenciosa, ayudados por el hecho de que sus cuerpos generalmente no anuncian los cambios masivos internos —no hay granos ni músculos abultados— hasta años más tarde. Y se vuelven callados, o al menos más callados de lo que solían ser. Muchos padres interpretan el nuevo silencio de sus hijos como un claro indicador de que no quieren hablar, y en un esfuerzo por respetar este cambio, o tal vez sólo para mantener la relación padre-hijo en una base sólida, porque pareciera que eso quieren los hijos, decimos "está bien" y dejamos de intentar involucrarlos. Adiós a las conversaciones profundas sobre la mayoría de los temas relacionados con la pubertad. El cambio es sutil al principio, pero para cuando las voces de nuestros hijos empiezan a quebrarse y les sale vello en las axilas, muchos padres saben muy poco sobre la vida de sus hijos y, a menudo, han perdido la capacidad de preguntar. El resultado es que excluimos activamente a los chicos de las mismas conversaciones en las que incluimos a las chicas.

Incluso si te comunicas con tu hijo, el mundo en general no lo hace. Claro, se les advierte a nuestros chicos sobre las cosas malas que les pueden pasar si se involucran en ciertas conductas (generalmente relacionadas con el sexo, las drogas o un nivel básico de estupidez), pero no reciben ni una fracción de la atención que reciben las chicas. Más allá de la gestión básica del vello, el mal olor y el crecimiento de los testículos, nadie les habla sobre las paradojas de esta etapa de la vida, como el hecho de que a menudo sólo quieren guardar silencio, pero también pueden sentir ira; tienen pensamientos profundos, pero también son impulsivos; crecen y se desarrollan más tarde que las chicas (al menos, muchos de ellos), pero están inmersos en una cultura de violencia y sexo a edades cada vez más tempranas. Todo esto es, por decir lo menos, confuso, y se agrava con nuestro relativo silencio parental. Pero la verdadera consecuencia es que llegan a la adultez sin estar preparados para gran parte de lo que se espera de ellos.

Si tan sólo nuestros chicos pudieran experimentar lo que hacen nuestras chicas: corrientes interminables de contenido en todas direcciones que cubren no nada más lo que les está sucediendo a sus cuerpos y cerebros, sino también los desencadenantes y las consecuencias de sus comportamientos, incluyendo (pero ciertamente no limitándose a) el sexo, las drogas y la violencia. Tal vez, sólo tal vez, nuestros chicos entrarían al mundo como jóvenes adultos armados con más conocimiento, lo que a su vez podría protegerlos de consecuencias graves. Y con el tiempo, a medida que se hacen mayores, transmitirían este conocimiento, criando a sus propios hijos con un diálogo más abierto, evolucionando hacia una generación de futuros padres que abordarían estas mismas conversaciones con sus hijos de manera cómoda y entusiasta. Si tan sólo así fuera, ¿verdad?

Yo digo que sí pueden. Sólo depende de nosotros, los padres de hoy, marcar la diferencia. Y eso significa empezar a conversar.

Si este libro tuviera sólo dos oraciones, el texto completo sería: A pesar de lo que digan ("estoy bien", dice mientras cierra la puerta) y a pesar de la convención social (si no quiere hablar de ello, déjalo en paz; "él está bien"), *no* hablar con tu hijo sobre su desarrollo físico, emocional y social es la mayor trampa de todas para los padres. Porque si *tú* no tienes estas conversaciones con tu hijo, alguien más las tendrá: un amigo que está completamente equivocado, un familiar que no comparte exactamente tu ideología, o internet con su inagotable tesoro de contenido basado en imágenes, presentando fotos y videos que, una vez vistos, tu hijo nunca podrá olvidar.

Llegué a este tema en particular —y a mi leve fijación por corregir el daño que, sin querer, les hacemos a nuestros chicos— de una manera completamente indirecta. En 2011, acababa de firmar un contrato con la gigante empresa de juguetes American Girl para actualizar su libro de culto sobre la pubertad *The Care and Keeping of You* (*El cuidado y bienestar para ti*). Ese mismo año, el libro acababa de convertirse en un adolescente, con trece años y tres millones de copias impresas. No hace falta decir que el libro estaba dirigido a niñas. Para mayor claridad, yo no escribí el libro original, aunque desearía haberlo hecho: todos los pediatras que conocía les decían a todos los padres de niñas preadolescentes que lo compraran, porque su tono inocente y directo, adecuado para niñas, lo convertía en el mejor manual de salud básica disponible. Al dirigirse a niñas de edades más tempranas, antes de que siquiera comenzaran su camino hacia la madurez femenina, *The Care and Keeping of You* llenaba el vacío dejado por el libro sobre el cuerpo que lo precedió, *Our Bodies, Ourselves* (*Nuestros cuerpos, nosotras mismas*), que era muchas cosas —parte manifiesto feminista, parte enciclopedia biológica y parte sujetalibros (con sus 647 páginas impresas de 21.6 cm × 27.9 cm y un peso que se sentía como de casi cinco kilogramos)—, pero no estaba dirigido a jovencitas que tenían preguntas muy básicas.

En 2011, me puse a trabajar en la actualización del primer libro de *The Care and Keeping of You* y en la creación de la secuela para niñas mayores, con el original título de *The Care and Keeping of You 2*. Pero, al mismo tiempo, también me volví muy insistente sobre la necesidad de hacer un libro para chicos. De hecho, desde el primer día en American Girl, propuse crear *The Care and Keeping* para chicos (titulado por una de mis amigas más cercanas como *The Care and Keeping of Dudes*). Incluso durante el proceso de ser evaluada para mi trabajo soñado, actualizando y expandiendo un libro increíblemente exitoso publicado por una empresa que sólo fabrica cosas para niñas, arriesgué la oportunidad diciéndole a todos en American Girl que tenía que haber un libro paralelo para chicos.

Cada persona a la que se lo mencionaba me miraba como si estuviera loca.

Pero yo insistía: es el mismo libro, sólo que sin las páginas sobre la anatomía femenina y la menstruación. Todos los niños merecen información sobre cómo cuidar su cabello, cómo cepillarse los dientes de manera efectiva y por qué morderse las uñas y reventarse los granos son malas ideas. De hecho, ochenta de las cien páginas de *The Care and Keeping of You* ni siquiera tratan sobre ser mujer y madurar; tratan sobre ser humano y cuidar de tu cuerpo y alma. El libro desestigmatiza las preguntas sobre salud, bienestar y transformación física al abordar el sueño y el ejercicio, las amistades y las dinámicas familiares, por no mencionar una gran cantidad de higiene. ¿Qué hay en todo eso que sea exclusivo para las niñas?

Año tras año, recibí las mismas respuestas de American Girl: "Ése es un gran punto. Lo entendemos totalmente. Tienes toda la razón. Pero no, no va a suceder".

En 2013, *The Care and Keeping of You 1* y *The Care and Keeping of You 2* se lanzaron con gran revuelo. Debutaron en la lista de los más vendidos del *New York Times*, y uno o ambos permanecieron allí por más de doscientas semanas, y sólo decayó cuando se eliminó la categoría de libros de bolsillo para chicos de grado intermedio. Mi editora, madre de un hijo preadolescente y muy entusiasta ante la posible perspectiva de un libro para chicos, me llamó para compartir la buena noticia de que la serie se estaba expandiendo nuevamente.

"¿Un libro para chicos?", pregunté con el corazón en un puño.

"No, lo siento. Pero un libro para madres e hijas. El tercer libro de la serie. ¡Será genial!".

En este punto, mi propio hijo estaba cumpliendo ocho años, la edad de entrada al grupo demográfico preadolescente. La ironía no pasó inadvertida para mí. Mis libros, al estar publicados por una empresa de juguetes, tienen clasificaciones por edad, al igual que los juguetes vendidos en tiendas. Todo lo que he escrito para American Girl está clasificado para mayores de ocho años. Mi hija, que entonces tenía diez años, vivía en el punto ideal del grupo demográfico de *The Care and Keeping*, pero mi hijo, entrando en ese grupo objetivo, no tenía nada esperándolo. Fui a las tres últimas librerías que quedaban en Los Ángeles (ése es un tema profundamente deprimente para otro momento) y busqué furiosamente en la librería en línea de Amazon. Compré todos los libros para chicos que había, y vale la pena señalar que sólo había cuatro. Aunque cada uno ofrecía buena información, eran demasiado densos, secos o caóticamente organizados. Ninguno hacía lo que parecía obviamente necesario: ser una voz clara, atractiva y apropiada para la edad y sus cambios corporales, por supuesto, además de abarcar cosas simples como las virtudes de lavarse con jabón en la ducha, por qué las bebidas deportivas no son diferentes de las barras de chocolate, y el valor de comunicarse con los padres.

Así que decidí tomar cartas en el asunto. Llamé a editoriales con las que había trabajado en el pasado, antes de mis días en American Girl, y a otras que había conocido mientras viajaba en giras de libros. Llena de confianza de que querrían publicar el libro de una autora *best seller* que llenaba un vacío enorme en el mercado, tuve reunión tras reunión. *No. Lo siento. No va a suceder.*

El gran argumento en mi contra era que no había precedentes: las comparaciones de ventas de libros sobre el cuerpo para chicos no tenían peso porque muy pocos padres los compraban. ("¡Eso es porque no hay buenos libros que hagan lo que deberían hacer!", argumenté. No importó...) Y no hay espacio para ellos en las estanterías. Apenas hay una sección de salud para niñas en cualquier librería, y *definitivamente* no hay una para chicos. (Eh, en primer lugar, prácticamente ya no existen librerías, así que todo el argumento sobre las estanterías parece irrelevante. Y si un buen producto no existe, ¿¿cómo puede ser que el argumento en su contra sea precisamente que no existe un buen producto?!) Estaba atónita. Cada uno de ellos fue educado al decir que no.

Mi hijo cumplió nueve años. No había nada que darle. Hice una firma de libros para la serie *The Care and Keeping* y una mamá me pidió que firmara una copia para su hijo.

"Sabes que es un libro para niñas, ¿verdad?", le pregunté.

"Por supuesto que lo sé", respondió, "pero simplemente voy a recortar las páginas de en medio sobre las partes íntimas y la menstruación, y se lo daré porque necesita saber cómo usar el hilo dental, ¡y por qué sus pies huelen!".

Como comentario adicional, siempre he pensado en *The Care and Keeping of You* como una gran serie de libros para que los chicos lean y aprendan sobre las chicas. Tanto es así que había planeado mostrárselo a mi hijo más adelante, cuando estuviera listo para aprender sobre la anatomía y biología básica de las niñas. Pero fue otra madre quien me señaló que el resto del contenido que tanto deseaba ya estaba ahí para él —claro, presentado en un libro que es rosa y morado y lleno de ilustraciones sólo de chicas—. Pero ¿a quién le importa?, pensé. Información es información.

Luego recibí una llamada que me dejó en *shock*.

"¡Adelante!", dijo mi editora.

"¿Cómo?", respondí.

"Escribe el libro para chicos, antes de que cambiemos de opinión". Eso fue lo que sucedió casi cinco años después de mi primer acercamiento a American Girl.

En el verano de 2017, American Girl lanzó su primer producto para chicos: *Guy Stuff: The Body Book for Boys* (*Cosas de chicos: Guía del cuerpo para niños*).

---

* Está bien, para ser completamente honesta: American Girl también había lanzado un muñeco de niño a principios de 2017. Pero, según todos los materiales de *marketing* y todos los que conozco en la compañía, el muñeco no estaba dirigido exclusivamente —o para nada, incluso, según algunos— a una audiencia conformada por chicos. La empresa no estaba intentando atraer a consumidores masculinos con la esperanza de que compraran muñecos. Más bien, el muñeco, Logan, simplemente formaba parte de la familia de American Girl, destinada

Y de repente me volví versada en las conversaciones sobre la transición de los chicos hacia la adultez. O, más bien, en la falta de conversaciones, para ser más precisa. Éste es, en última instancia, mi objetivo. La historia de mi arduo esfuerzo por publicar un libro sobre salud e higiene básica —¡y estamos hablando de lo más básico!— fue realmente una historia sobre cómo destacar la diferencia fundamental entre las maneras en las que hablamos con nuestras chicas y nuestros chicos. Cuando las niñas entran en la pubertad, a menudo se vuelven más verbales o, al menos, más transparentes emocionalmente. Nuestra cultura refuerza esto al reconocerlo, celebrarlo y orientarse hacia ello en términos de *marketing*. La pubertad femenina, con sus cambios de humor y curvas, es evidente. Aunque la serie *The Care and Keeping* se vende ampliamente, se encuentra en una estantería abarrotada compitiendo con una docena de otros títulos dirigidos a un público femenino. La misma escena se repite en todas las plataformas de medios, desde la televisión hasta el cine, lo digital y lo impreso. Con el tiempo, esta sobreabundancia de contenido dirigido a las niñas ha evolucionado en movimientos de empoderamiento femenino y en la filosofía de "hacia adelante, chicas" (*leaning in*). Lo que ha resultado la cultura adolescente femenina.

Quizá fue el creciente volumen de las conversaciones sobre las niñas lo que finalmente arrojó luz sobre lo poco que hablamos con y acerca de nuestros chicos en desarrollo. O tal vez sea la sensación general de que las conversaciones sobre la pubertad son limitadas. Antes, la conversación sobre sexo solía llamarse "la conversación", y los padres se regocijaban de llevarla a cabo una-vez-y-listo. Hoy en día, hemos superado eso (por fortuna) al reconocer que necesitamos tener muchas conversaciones sobre una amplia variedad de temas a lo largo de muchos años. Pero

---

tanto para niñas como para niños, al igual que todos sus otros productos de muñecas. Así que *Guy Stuff* realmente merece el crédito de ser el primer producto de American Girl dirigido a chicos.

Además, ya que estamos hablando de créditos, mi hijo merece todo el crédito por el título de ese libro. Cuando le pregunté cómo debería llamarse, se detuvo un segundo —quizá dos— y dijo: "'Cosas de chicos' (*guy stuff*), porque ése es el único libro que leería". Habría añadido "¡obvio!" si hubiera tenido la energía.

es casi como si hubiera una regla social de que la cantidad de conversaciones que podemos tener nosotros —padres, médicos, educadores, defensores, en revistas, películas, blogs, vlogs— es limitada, y, por lo tanto, cuanto más hablamos con, sobre y para nuestras chicas, menos parece quedar para nuestros chicos. La información no es un pastel, no es un recurso limitado que se reparte hasta que se agota.

Ésta es la versión larga de cómo llegué hasta aquí. Mi deseo fue concedido: publiqué un libro para chicos sobre lo que estaba ocurriendo (o iba a ocurrir o ya había ocurrido) en sus cuerpos, para que pudieran tener un punto de partida desde el cual hablar con sus padres. Pero al llenar un vacío, encontré otro, quizá mucho mayor: siguiendo el ejemplo de nuestros hijos, nosotros también nos inclinamos hacia el silencio. Y eso es lo que este libro pretende señalar y corregir.

Éste es un libro sobre cómo criar a los chicos durante su adolescencia, comenzando desde los ocho o nueve años y extendiéndose hasta los primeros años de sus veinte. Es una mirada a los cambios dramáticos que enfrentan los chicos, tanto física como mentalmente (comprendidos en la primera parte, a la que llamo "Cambios internos"), y emocional y socialmente (en la segunda parte, "Fuerzas externas"), filtrados a través de mi lente médica y de especialista en desarrollo infantil. Tal vez abarco demasiados temas: desde la pubertad temprana hasta la tardía, de la imagen corporal a la violencia armada, desde la educación sexual hasta el abuso sexual, pero no hubo nada que me pareciera innecesario porque los padres constantemente me llaman, me envían correos electrónicos, me detienen y me piden la información contenida en estas páginas. *Descifrando a los chicos* es, al final de cuentas, tu guía para una instantánea en el tiempo: ¿qué les está sucediendo a nuestros chicos mientras los criamos, y cómo podemos criarlos teniendo en cuenta lo que está sucediendo?

Como una vista panorámica, te guiaré a través de las experiencias de muchos. Sin embargo, dado que gran parte de mi contenido representa un desarrollo promedio o típico, en algún momento mientras lees inevitablemente pensarás: "Eso no es cierto" o "Eso no suena como mi hijo". Y está bien —de hecho, es lo esperado— porque un libro de un par de cientos de páginas que cubre casi dos décadas de desarrollo en una sociedad que cambia rápidamente no puede describir cada variación. Sin mencionar que nuestros cuerpos no siguen los libros de texto. Hacen lo que les da la gana, cuando quieren, en un orden único y genéticamente determinado, y, por supuesto, fuertemente influenciados por su entorno. Si hay algo que he aprendido en mis veinte años como pediatra es que lo "normal" puede expresarse de muchas maneras diferentes y existen millones de matices, circunstancias especiales y advertencias que influyen en esta normalidad. Así que no hay un único camino para atravesar la pubertad, ni siquiera un orden fijo de pasos por los cuales el cuerpo se transforma de su forma infantil a su forma adulta. Espero que de vez en cuando asientas con la cabeza.

Mi objetivo es iluminar un camino conversacional a través de la pubertad y la adolescencia, a sabiendas de que todos recorremos un camino ligeramente diferente. La experiencia de criar a tu hijo (o a tu hija, cualquiera que sea tu caso) depende de una larga lista de variables: el temperamento de ambos, sus similitudes, diferencias, fortalezas, desafíos, genética, situación socioeconómica, oportunidades, estructura familiar y un sinfín de factores más. Sin embargo, esto no significa que no compartamos tramas comunes. Claramente las compartimos. Para empezar, todos los padres que he conocido dicen que criar a hijos sanos y seguros es su principal objetivo.

Los capítulos que siguen profundizan en temas de cuya importancia todos somos conscientes. Sin embargo, pueden ser tan grandes, tan abrumadores que quisiéramos taparnos los oídos y cantar "la, la, la" y hacer como si no pasara nada (así me sentía yo mientras escribía... a menudo). La realidad es que no podemos. Porque si lo hacemos, dejaremos a nuestros hijos vulnerables a tentaciones que los pondrán en riesgo de consecuencias que cambiarán la trayectoria de sus vidas, por lo general de maneras no deseadas. Comprender la pubertad masculina y el momento de la maduración te brinda una visión sobre la experiencia de vida actual de tu hijo. Reflexionar sobre temas como la imagen corporal masculina, el acceso a la pornografía y la violencia armada te empoderará para iniciar las conversaciones que todos necesitamos tener con nuestros hijos.

A continuación, te diré lo que este libro no es. Primero, no es un libro de texto de biología. Te proporcionaré mucha información fisiológica, sobre todo en la parte final del libro, que es esencialmente un minicurso básico sobre la pubertad, pero si deseas profundizar más, hay otros excelentes recursos referenciados, incluyendo algunos específicos sobre enfermedades mentales, un tema extenso que puede hacer una dramática aparición durante los años preadolescentes y adolescentes. Te animo a que consultes estas fuentes, porque cuanto más sólida sea tu comprensión de cómo operan el cuerpo y la mente, y por qué se transforman de la manera en que lo hacen durante esta etapa de la vida, mejor entenderás lo que está experimentando tu hijo. No te fíes demasiado de tus recuerdos de biología de la secundaria: nuestra comprensión de lo que en verdad ocurre dentro del cuerpo durante este periodo de transición sigue evolucionando, y es probable que lo que antes considerabas "hechos" esté completamente equivocado. Si somos francos, la mayoría de nosotros ni siquiera recordamos nuestra propia adolescencia con precisión; sólo llevamos con nosotros una serie de momentos destacados y otros no tan gratos.

Este libro tampoco pretende ser el-todo y el final-de-todo. Documenta el pensamiento de una persona, ideas construidas sobre datos y hechos, formación médica y experiencias de vida de primera mano, miles de conversaciones y un sinnúmero de horas en consultorios y aulas. Pero soy la primera en reconocer que la mía es sólo una de muchas voces. Cada uno de nosotros tiene una perspectiva, y uso la mía para conectar piezas de información con el fin de ayudarte a replantear un aspecto de tu vida: la parte de la crianza. Por favor, no confundas esto con la presunción de que creo que soy la última o única palabra en el tema de criar a los hijos varones.

Este libro no es, por lo tanto, el-todo y el final-de-todo, ni es la última palabra, y tampoco es una declaración sobre género u orientaciones sexuales emergentes. Hay mucho que discutir sobre estos temas, sin duda, pero la pubertad les ocurre a todos, independientemente del género con el que se identifiquen o de quiénes les atraigan y de quiénes se enamoren. Este libro comienza con una explicación de cómo ser genéticamente masculino impacta en el viaje físico y quizás emocional; a medida que avanza, trata de cómo podríamos replantear nuestras estrategias de crianza a la luz de esta biología. Sin embargo, centrarse en la experiencia típica de un niño heterosexual y cisgénero no minimiza —ni debería minimizar— la relevancia del cambio físico y las presiones culturales sobre las personas que se identifican de otra manera. Espero que quede claro que las fuerzas en juego en el mundo actual impactan a todos los niños, independientemente de su género o su sexualidad, y, por lo tanto, a todos los padres.

Para descifrar a los chicos en plena pubertad y contribuir a moldearlos en los hombres que esperamos que sean, necesitamos estar listos y dispuestos a dominar una pequeña cantidad de conocimiento sobre biología, ver a nuestros hijos a través de una perspectiva algo más renovada, y dejar de lado la idea de que entendemos por completo lo que están viviendo, porque nuestro desarrollo ocurrió hace mucho, mucho tiempo, en un mundo por completo diferente. Y luego, al igual que hacemos con nuestras hijas, necesitamos abrir las compuertas de la conversación. Por último, he llegado a creer que, para criar a nuestros chicos de la mejor manera, debemos superar la noción de que el silencio es oro. No toleraríamos —ni toleramos— que nuestras hijas cierren las puertas y nos excluyan, porque *ellas necesitan saber*. Bueno, es hora de empezar a criar a nuestros hijos más como criamos a nuestras hijas. Si hay algo de lo que espero que te des cuenta mientras lees este libro, es de que *ellos también necesitan saber*. Y eso significa que necesitamos hablar con ellos, aun cuando se queden en silencio.

PRIMERA PARTE

Cambios internos

Capítulo 1

Cómo hablar con los chicos

Si la pubertad de los chicos contratara una empresa de *marketing* para que le diseñara su logo, la imagen resultante sería la de una puerta cerrada. Y si esta imagen fuese animada, la puerta estaría cerrándose de golpe.

En alguna ocasión, alguien nos dijo a todos los padres de hijos varones que la actitud de aislamiento era algo normal entre ellos, y desde entonces lo hemos aceptado de forma colectiva. Así que, cuando llegan a la pubertad y empiezan, poco a poco, a aislarse del mundo, nosotros, como padres, lo dejamos pasar. Y luego, cuando dejan atrás esa etapa y se convierten en hombres (o al menos en chicos-hombres), pensamos: "¿Quién será este joven y por qué sé tan poco de sus motivaciones?".

No podemos entender a nuestros chicos si no conversamos con ellos. Sin embargo, esto es precisamente lo que muchos solemos hacer: no hablar con ellos. La testosterona y otras sustancias químicas producidas naturalmente pueden incidir en el retraimiento de nuestros hijos, pero nuestra propia estrategia de padres de llevar todo con calma, complacerlos y parecer *cool* al no decir nada, sólo genera más silencio. Es hora de dejar a un lado nuestros prejuicios sobre el hecho de que nuestros hijos no quieren hablar.

Entonces, bienvenido al final del libro, que te comparto desde ya. Es común que los puntos valiosos se resuman al final de los libros como recompensa al lector por haber hecho un largo recorrido a través de datos, anécdotas y páginas enteras de divagaciones filosóficas. Aquí no haremos eso. Estoy revirtiendo esa estructura porque no encuentro sentido en ocultarte nada. Si ya cuentas con herramientas para conversar, entonces, mientras lees estos capítulos, podrás lanzarte a explorar con tu hijo ciertos detalles o grandes cambios de la pubertad: el sexo, las drogas, y otros temas que puedes tratar mientras los tienes frescos en tu cabeza. En otras palabras, al leer estas pocas páginas, no tendrás más pretextos para evadir las conversaciones.

Así que, sin más rodeos, aquí tienes la manera en que debes hablar con tus chicos sobre la pubertad y los grandes cambios físicos, sociales y emocionales, que la acompañan. Éste es, por lo tanto, el primer capítulo más breve, pero idealmente útil, que encontrarás en un libro sobre la educación de nuestros hijos. Alerta de *spoiler*: cada uno de estos consejos también funciona con las niñas.

CÓMO HABLAR CON LOS CHICOS

1. ¡INICIA LA CONVERSACIÓN! Toma cualquier tema incómodo de los tratados en este libro y multiplícalo por cien. Así de incómodo se siente tu hijo. Entonces, haz a un lado tus nervios. Para comenzar una conversación, tú debes dar el primer paso. Es decir, habla. En voz alta. Con él. Aunque sientas, por dentro, que te mueres.

2. ESCUCHA. Cuando los chicos estén dispuestos a conversar —a algunos se les da más pronto que a otros— escucha, y haz preguntas también. Ésta es la manera más sencilla de no acaparar la conversación. No sólo des consejos (aunque creas que son lo máximo), pregúntale qué piensa, pues tú también podrías aprender de él.

3. EVITA EL CONTACTO VISUAL. Al menos al principio, busca la manera de conversar con tu hijo sin intimidarlo con la mirada. El auto es el lugar ideal, ya que, evidentemente, tú tienes los ojos fijos en el camino y no en él. Igual, cuando le das las buenas noches y apagas la luz: literal, al no verse, la conversación fluye. O elige tu lugar y tu tiempo preferidos para que sienta como si no estuvieras ahí mientras conversan. Esto es un buen rompehielos. De ahí el gran éxito de los mensajes de texto y las redes sociales.

4. DESCONECTA LOS DISPOSITIVOS. Y hablando de pantallas… Si buscas un momento a solas con tu hijo, asegúrate de que no esté pegado a una. Nada de lo que digas será tan importante para él como estar frente a su celular.

5. APROVECHA LOS MOMENTOS DE ENSEÑANZA. No tienes que hacer cita con tu hijo para tratar cosas importantes. Y nada malo necesita haber ocurrido. Las grandes enseñanzas pueden darse en cualquier momento: cuando estén viendo algo juntos y noten una conducta inadecuada en alguien, señálala; cuando pase un autobús con un anuncio inapropiado, que no puedas creer que sea legal, coméntalo; si pasa alguien junto a ustedes envuelto en una nube de vapor con aroma a mango, menciónalo en lugar de evitarlo (si no sabes qué es esa nube, se le conoce como vapeo). Toma en cuenta las conductas de otros —tanto buenas como malas— para hacerles ver a tus hijos lo que esperas de ellos. Tus hijos también podrían aprovechar para poder señalar tus hábitos, trata de no molestarte por eso.

6. EXPLICA EL PORQUÉ SIN DAR SERMONES. Cada vez que hagas una afirmación o pongas una regla, explica el porqué de manera breve. Con esto no te estás disculpando; más bien, le das motivos para comprender y seguir tus reglas fuera de casa (o cuando no lo veas). Un "no" es una oración completa en sí misma, pero un "no, porque…" funciona mejor. Pero sé breve, no le des un sermón, pues sólo conseguirás su silencio, lo atemorizarás o harás que te ignore. El diálogo de ida y vuelta es la clave del éxito al criar a nuestros hijos. Así que evita los monólogos y procura que las conversaciones sean una calle de doble sentido.

7. TEN PACIENCIA. Para salir victorioso al criar a tus hijos durante su pubertad, conversa siempre con ellos a lo largo de los años, y lleva el asunto con calma. Si en una conversación se hace el silencio —lo cual sucederá—, relájate y deja que sea él quien lo rompa cuando se sienta con ánimos. Si callado se ve contento, suéltale, de vez en cuando, una que otra pregunta o alguna información valiosa, hasta que él diga: "Bueno, ya estuvo, hasta aquí". O hasta que, literalmente, se salga de la habitación. También pasa. No te preocupes.

8. RESALTA LO POSITIVO SIN EXAGERAR. La pubertad resulta incómoda en ciertos momentos, pero tú puedes ayudarlo a sobrellevarla si resaltas lo que le sale bien. Por ejemplo, si tu hijo padece un problema de acné, pero ya empezó a dar un estirón, y no se siente inseguro sobre su altura, elogia su crecimiento. O si tu hijo es de complexión delgada, pero tiene una piel impecable, resalta sus beneficios. No se trata de hacer menos a otros niños, sino de enseñarle a tu hijo a valorar lo que tiene. En la pubertad se suele creer que "el pasto se ve más verde en la casa del vecino".

Dicho lo anterior, recuerda que la pubertad es inestable, lo que un día no representa ningún problema, al otro día sí lo es. El niño más alto de sexto podría llegar a ser, después, el más bajo con respecto al promedio, y el chico con el rostro más terso podría sufrir un brote de acné en la espalda. No te abrumes si, en algún momento, el pasto ajeno *es* más verde.

9. BUSCA APOYO. Hay algunos temas que tu hijo no querrá tocar contigo, y eso es normal, así que ten un plan a la mano. Habla con tu hijo para ver con quién podría abordar temas importantes. De preferencia, que sea alguien de confianza para ambos y, además, algunos años mayor que tu hijo —el mejor amigo de su edad no es el ideal para este papel. Una sugerencia muy importante: avísale a la persona elegida. Prepárala y, si es posible, hazle saber qué podría contestar en circunstancias específicas. No hay nada peor que enterarte de tu designación como persona de apoyo en medio de una emergencia.

10. Y, POR ÚLTIMO, DATE UNA OPORTUNIDAD. Tal vez, el consejo más valioso de la lista no se trata tanto de hablar con tu hijo, sino contigo mismo para tranquilizarte. Si te equivocas —como todos lo hacemos— acéptalo y cambia de rumbo. Podremos cometer errores, hacer llorar a nuestros hijos, fijar reglas absurdas, decir cosas que no sentimos, reírnos en el peor momento, castigar de manera injusta, pasar por alto lo que en realidad necesitaba disciplina, poner los ojos en blanco de manera obvia, dejar brotar nuestras emociones, gritar, no gritar, y cometer error tras error. Somos humanos. Cuando tomes una mala decisión, establezcas una regla errónea o reacciones de mala gana, asume el mando, pide disculpas si es necesario y, entonces, date a ti mismo otra oportunidad. Inténtalo de nuevo. De eso se trata el ser buenos padres.

Capítulo 2

Entendiendo la testosterona: la hormona mágica que transforma a los niños en hombres

La testosterona tiene una reputación que cuidar. Es responsable de la agresividad y la toma de riesgos, así como del incremento de la masa muscular y la tonificación. ¿Te sientes enojado? Culpa a la testosterona. La ciencia respalda estás afirmaciones: en cada estudio ha demostrado que la testosterona merece, en efecto, una buena parte del crédito por la biología del hombre enérgico y agresivo. Sin embargo, la testosterona no se encarga sólo de una función, y esta limitada reputación suele opacar la amplia variedad de roles que desempeña.

En todo sentido, la testosterona se encuentra en el centro de la masculinidad, y es responsable de mucho más que la masa muscular y la agresividad. Esta hormona (y sus derivados) es responsable de la formación de las partes del cuerpo masculino en el feto en desarrollo; detona la pubertad en los niños, y los conduce a través de ésta; impulsa el deseo sexual y las erecciones que la acompañan; favorece a la densidad ósea y a la producción de glóbulos rojos, e, incluso, es la causante de la calvicie en el estándar masculino. Aunque la testosterona no actúa sola —depende, en gran medida, de un torrente de otros químicos naturales para completar todas las funciones—, es inherente a todos estos procesos y a muchos otros. Así que es normal que, en un libro que aborda la manera en que los niños se transforman en hombres, el punto de partida natural sea un análisis profundo de la hormona que parece desempeñar un papel en casi todos los aspectos de la masculinidad.

El presente capítulo describe cómo funciona la testosterona y por qué es tan importante en el desarrollo físico y en la formación de los hombres. También se adentra en cómo —cuando corresponde— la testosterona impacta en la manera en que nos relacionamos con nuestros hijos. Porque casi todos los padres de un niño que acaba de entrar en la adolescencia experimentan algún grado de distanciamiento: verbal, físico o, a menudo, ambos. Ellos cierran sus puertas con más frecuencia, reducen sus conversaciones con nosotros y, eventualmente, muchos recurren a un repertorio de respuestas monosilábicas ("sí", "no", "ok", o un simple gruñido seco). Ciertamente, hay chicos que no encajan en esta descripción —y chicas que sí—, pero incluso los chicos más conversadores suelen pasar por un periodo de relativo silencio. El silencio de los chicos es un fenómeno tan común que merece un lugar en la lista formal de lo que se debe esperar durante su desarrollo, en algún punto entre el surgimiento del mal olor de los pies y el hecho de que devoren toda la comida que encuentren en casa. Pero ¿se trata de un efecto secundario de la testosterona?

Aunque se han realizado cientos de estudios que analizan los efectos de la testosterona desde la vida en el feto hasta la vejez, esta introducción te ahorrará el tener que revisarlos todos. Aquí te comparto un resumen de los efectos mágicos de la testosterona en el cuerpo y lo que sabemos hasta la fecha sobre su función en los ritos de iniciación comunes en los chicos.

ONCE PÁRRAFOS DE CIENCIA BÁSICA (Y LUEGO, YA ESTÁ): ¿QUÉ ES LA TESTOSTERONA?

Bienvenido a los datos más elementales sobre la testosterona descritos de una manera relativamente no científica, pues nadie debería sentirse intimidado al tratar de entender cómo funciona el cuerpo. En términos simples: la testosterona es una hormona responsable de la estructura y el funcionamiento de las partes masculinas y más. Una *hormona* es un químico producido naturalmente por el cuerpo que regula la actividad de las células o, incluso, de órganos enteros. Los humanos tienen muchas hormonas diferentes que se encargan de regular muchos procesos distintos. Por ejemplo, la hormona tiroidea regula cómo se consume la energía; la hormona del crecimiento hace que los huesos (y otras cosas) crezcan, y la insulina, la hormona que produce el páncreas, controla los niveles de azúcar en todo el cuerpo. A menudo, la gente piensa que todas las hormonas se relacionan con la pubertad y, a veces, con el sexo, pero eso no podría estar más lejos de la verdad, la mayoría de las hormonas no tienen absolutamente nada que ver con ninguno de estos dos aspectos.

Pero la testosterona guarda relación, en gran medida, con el sexo y los genitales. Producida por los testículos (de ahí su nombre... ¿lo captas?) desde la vida en el feto, mucho antes del nacimiento, la mera presencia de testosterona —y la capacidad del resto del cuerpo de "ver" esa testosterona mediante los receptores en las superficies exteriores de diferentes células— es lo que hace que un niño sea un niño. Cualquier feto humano que no produzca o perciba adecuadamente la testosterona se convertirá, anatómicamente, en una mujer.

Después de la infancia, la testosterona se mantiene en niveles bajos durante varios años. Se llegan a producir pequeñas cantidades de la hormona en algunos lugares esparcidos fuera de los testículos: una parte proviene de las glándulas suprarrenales (que se encuentran sobre los riñones en ambos géneros), y otra parte es *convertida periféricamente*, lo cual significa que hay hormonas que flotan por el cuerpo y que se parecen mucho a la testosterona, pero no son exactamente testosterona, y éstas pueden transformarse (es decir, convertirse) en testosterona por ciertos tejidos, como la grasa (que se encuentra en la periferia del cuerpo). Hay estudios que sugieren que los niveles de testosterona pueden aumentar durante un corto periodo en el primer o segundo año de vida, pero, para todos los efectos prácticos, la hormona se produce en dosis muy bajas hasta que los chicos alcanzan la preadolescencia, que es cuando la hormona comienza a aumentar. A partir de entonces, los testículos se convierten en los principales sitios de producción de testosterona, pues representan 90 por ciento del suministro de testosterona en el cuerpo masculino.

La pubertad en los chicos comienza cuando una región específica del cerebro, el *hipotálamo*, libera una hormona llamada GnRH (abreviatura de *hormona liberadora de gonadotropina*). Esta hormona recorre una corta distancia dentro del cerebro hasta alcanzar otra área, llamada la *glándula pituitaria*, que responde a la GnRH liberando dos hormonas diferentes: LH (*hormona luteinizante*) y FSH (*hormona foliculoestimulante*).

La LH y la FSH dejan el cerebro y emprenden un largo viaje hacia el sur, hasta los testículos, donde activan la maquinaria testicular, estimulando la producción de testosterona y, eventualmente, el esperma.* Los nuevos niveles más altos de testosterona en el torrente sanguíneo envían una señal al hipotálamo para que deje de liberar GnRH; esto detiene la producción de la LH, la FSH y, eventualmente, de testosterona también, haciendo que los niveles de testosterona disminuyan. Pero tan pronto como la testosterona alcanza un punto suficientemente bajo, el hipotálamo se reactiva y vuelve a liberar GnRH, que estimula una vez más la LH y la FSH, las cuales indican a los testículos que vuelvan a encender su aparato de producción de testosterona, y de esta manera el ciclo comienza de nuevo. Es una rutina bien orquestada de bucles de retroalimentación positiva y negativa, que encienden y apagan la liberación de varios químicos naturales producidos por diferentes partes del cuerpo.

Existe un debate sobre qué es, exactamente, lo que provoca el aumento inicial de GnRH, con lo que comienza todo el proceso de la pubertad. De hecho, nadie sabe con precisión por qué nuestros hijos comienzan a desarrollarse. Pero sí está claro que la pubertad restablece la sensibilidad del cerebro a la testosterona. Los niños en edad preescolar viven con niveles bajos de testosterona circulante, pero sus cerebros no les dicen a sus testículos que produzcan la hormona, incluso cuando los niveles son apenas detectables. Mientras tanto, los chicos en la

---

* Algunos detalles hormonales para los curiosos: la LH es responsable de activar la producción de testosterona, mientras que la FSH estimula el crecimiento de los *túbulos seminíferos*, que son las zonas de la (futura) producción de esperma. Si el crecimiento testicular es el primer signo de la pubertad —un hecho que se aborda en gran detalle en el capítulo 3—, entonces la FSH es la encargada de hacer que los testículos realmente crezcan, ya que el agrandamiento de los túbulos seminíferos es la mayor causa del aumento en el tamaño de los testículos.

Y aprovechando que estamos en las notas al pie, vale la pena señalar que la FSH y la LH son también las hormonas responsables de iniciar la pubertad en las niñas. En ellas, estas hormonas viajan a los ovarios, donde la LH activa la producción de estrógeno y, eventualmente, la ovulación, mientras que la FSH pone en marcha la maquinaria que iniciará la maduración de los óvulos, uno a la vez, durante el periodo fértil de la mujer.

pubertad y los hombres adultos tienen niveles mucho más altos (¡hasta cincuenta veces más altos!) de testosterona circulando por sus cuerpos, y cuando los niveles disminuyen un poco, comienzan a producir más. Así que, de alguna manera, al entrar en la pubertad, se restablece el medidor de sensibilidad a la testosterona en el cerebro masculino. Como nota relacionada, aquí te comparto un dato curioso: tanto los chicos como las chicas producen testosterona, y ésta es clave para una gran cantidad de funciones corporales en ambos géneros. La testosterona se produce en las glándulas suprarrenales y en el tejido graso. Pero los testículos comienzan a producir testosterona a partir de la pubertad y, dado que las chicas no tienen testículos, esto explica por qué los hombres de repente tienen mucha más testosterona que las mujeres.

En caso de que no hayas encontrado una lista de lo que la testosterona en realidad hace en el cuerpo, échale un vistazo a ésta. En principio, porque explica prácticamente todo lo que tu pequeño enfrentará a medida que esta hormona comience a hacerse notar. Cuando los niveles de testosterona sean lo suficientemente altos, verás lo siguiente:

- Crecimiento del pene y los testículos (esto *puede* ser que lo notes, pero depende de qué tan reservado se haya vuelto tu hijo)
- Impulso sexual y erecciones (también *puede* que lo notes)
- Aumento de la masa corporal magra y la musculatura
- Engrosamiento de la voz
- Nuevos o exagerados rasgos de personalidad, especialmente aquellos relacionados con el poder y la dominancia

Ahora bien, es posible que hayas notado la ausencia de vello y acné en esa lista, lo cual se debe a que la testosterona no es la única hormona presente en la pubertad. A medida que los chicos se transforman en hombres, algunos de sus cambios puberales no se deben a la testosterona, en realidad, sino a otras hormonas producidas en las glándulas suprarrenales, los llamados *andrógenos suprarrenales*. La terminología se torna complicada, así que aquí tienes la información más básica que necesitas conocer: *andrógeno* es el nombre dado a cualquier hormona sexual "masculina",* por lo que la testosterona entra en la categoría de andrógenos. Las glándulas suprarrenales producen una variedad de andrógenos diferentes, como la DHEA, la DHEA-S y la androstenediona. Algunos son hormonas más débiles que esencialmente actúan como escalones para las otras; otros tienen efectos poderosos por sí mismos, y algunos pueden convertirse en testosterona en las partes remotas del cuerpo.

Los andrógenos suprarrenales son la razón principal por la que todos los niños, tanto chicos como chicas, comienzan a ponerse grasientos, peludos y malolientes. Éstos tienen un efecto directo en los folículos pilosos, cambiando el color y la textura del cabello que emerge de ellos —¡hola, vello púbico y axilar!—, y aumentando también la cantidad de aceite y sudor que se bombea a través de los folículos. Con el aumento de la producción de aceite y sudor, llega el mal olor corporal. Hay mucha más información sobre todo esto más adelante, al final del libro, pero la razón por la que lo menciono aquí es porque a menudo se culpa erróneamente a la testosterona de causar el vello y el mal olor, cuando estas características se deben en gran medida a las hormonas producidas en las glándulas suprarrenales, y no a la testosterona que se genera en los testículos.

Esto nos lleva a una nota interesante sobre la pubertad en general y la testosterona en particular: aunque el crecimiento del vello y el hecho de volverse más sudoroso o grasoso sean signos clásicos de la pubertad, en realidad son consecuencia de la vía suprarrenal, no de la testicular. Esto significa que cuando los niños comienzan a tener mal olor corporal

---

* Los andrógenos en general, y la testosterona en particular, tienen funciones en todo el cuerpo, mucho más allá de las características sexuales secundarias masculinas. La testosterona es importante en el metabolismo, la salud ósea, la función hepática y también en el cerebro. De hecho, muchas personas cuestionan llamar a la testosterona la "hormona masculina", especialmente en tiempos recientes, en el mundo del deporte, donde los niveles de testosterona se utilizan para definir si una persona puede competir como mujer. El caso de la corredora olímpica Caster Semenya ha puesto este tema en el centro de atención. Cuando las atletas femeninas tienen niveles naturalmente altos de testosterona, ¿les da esto una ventaja injusta? Las distinciones y definiciones de género en el deporte son cada vez más debatibles.

o a desarrollar vello púbico, aunque presenten algunas características corporales de adultos maduros, éstos no son signos de que estén alcanzando la madurez reproductiva. Sólo cuando los testículos en un niño (o los ovarios en una niña) maduran, un niño se vuelve capaz de concebir un bebé. Así que, si notas que tu hijo tiene mucho vello en esa zona, pero no hay otros cambios, está bajo una forma de pubertad llamada *adrenarquia* (¿ves la palabra adrenal allí?) pero no en *gonadarquía* (de *gónada*, es decir, órganos productores de gametos: los testículos y los ovarios), por lo que aún no se encuentra en la pubertad completa.

La testosterona tiene un impacto enorme en varias partes del cuerpo, pero es contrarrestada por la hormona femenina, el estrógeno. Así como la testosterona se produce principalmente en los testículos, el estrógeno se produce en gran medida en los ovarios y, dado que los hombres no tienen ovarios, podrías llegar a creer que ahí termina la historia. Pero, de nuevo, así como los precursores de la testosterona pueden ser fabricados en las glándulas suprarrenales y transformados en los tejidos periféricos, así también puede ocurrir con el estrógeno. Por lo tanto, los hombres tienen niveles bajos de estrógeno de la misma manera que las mujeres tienen niveles bajos de testosterona. Cuando los niveles de estrógeno suben demasiado y hay un desequilibrio hormonal, los hombres pueden llegar a presentar algunas características feminizantes. La más común es la *ginecomastia*, o lo que muchos chicos llaman "pechos de hombre". En los chicos, por lo general son pequeños y temporales —pueden verse como brotes mamarios, que son montículos firmes debajo de los pezones que aparecen en la pubertad temprana de las niñas—, pero también pueden parecerse a senos más desarrollados. De cualquier manera, esto puede ser una fuente de ansiedad o vergüenza, a pesar de que algunos estudios estiman que hasta la mitad de los adolescentes varones experimentan ginecomastia en algún momento.

Finalmente (¡porque ya llegamos al párrafo once, después de todo!), una breve nota sobre cómo fluctúan los niveles de testosterona, no sólo al comienzo de la adolescencia, sino también a lo largo del día y la noche. Sabemos desde hace tiempo que los seres humanos tienen un reloj circadiano interno, pero estudios recientes muestran que cada uno de los órganos dentro de nuestro cuerpo tiene su propio ritmo circadiano único. Esto significa que realizan sus funciones o liberan sus hormonas según su propio dispositivo central de cronometraje biológico, con el hígado en un horario, los riñones en otro y el cerebro en otro más. Los testículos no son la excepción, por lo que los niveles de testosterona suben y bajan durante su propio ciclo de veinticuatro horas, alcanzando típicamente su pico en las horas matutinas. Los órganos también tienen relojes de vida, y los testículos siguen esta pauta. El pico de producción de testosterona en la vida de los hombres ocurre durante su adolescencia y principios de los veinte años; después de eso, la cantidad máxima de testosterona que producen los testículos tiende a ser menor, lo que explica la avalancha de anuncios en la televisión que promocionan la hormona para hombres mayores (*"¿Tienes baja testosterona...?"*). Aunque los ritmos circadianos y de vida de la testosterona son claramente reales, el rango normal de testosterona en los hombres suele ser bastante amplio y no existe una definición estándar de "baja testosterona". Así que esta acotación es para ustedes, papás: así como ocurre con cualquier otro anuncio que promociona un producto médico que su doctor no imperiosamente considera necesario, sean inteligentes y recuerden que todos los cuerpos son diferentes. Su aparente déficit de testosterona podría deberse a que se extrajo su sangre en un momento particular del día, o a que se están comparando con alguien de una edad radicalmente diferente.

EL CAMBIO DE HUMOR MASCULINO ES UNA REALIDAD

Las hormonas sexuales —sobre todo, el estrógeno y la testosterona— afectan el cerebro, un hecho ampliamente conocido desde hace muchas décadas. En términos generales, el estrógeno se asocia con funciones como el aprendizaje y la memoria, mientras que la testosterona, con el impulso sexual. Estoy simplificando drásticamente esto, pero mi punto es que las hormonas no circulan únicamente por debajo del cuello; más bien, tienen efectos profundos en la forma en que pensamos. Dado que los niveles hormonales aumentan durante la pubertad, es lógico decir que su impacto en el cerebro también se incrementa. Esto significa que no sólo la testosterona es la capitana del barco de la pubertad masculina, impulsando casi todos los cambios corporales que se observan en los chicos adolescentes, excepto el crecimiento del vello y la grasa general, sino que también afecta el estado de ánimo, el comportamiento y la toma de decisiones. Ninguno de estos datos es nuevo.

He aquí un dato que podría sorprenderte, ya que, definitivamente, ha asombrado a los científicos en los últimos años: la testosterona impacta de manera directa en la forma en que el cerebro masculino está organizado. Se une a las *neuronas* (las células que realizan el trabajo principal en el cerebro) y las reconfigura al estimular el crecimiento de sus largos brazos (llamados *axones*), lo que provoca que estos mismos axones formen nuevas conexiones con ciertas neuronas adyacentes a medida que terminan de conectarse con otras. La testosterona también impulsa la producción de *mielina*, la capa de células grasas que aísla las neuronas, haciéndolas mucho más eficientes. Esta combinación de efectos significa que la mera presencia de testosterona hace que las neuronas formen nuevas conexiones y luego construyan la infraestructura necesaria para acelerar el flujo de información a lo largo de esos caminos, literalmente cableando el cerebro.

Además, la testosterona afecta ciertas partes del cerebro con mayor intensidad. Esto se debe a que estas regiones tienen más receptores de testosterona, lo que les permite detectar mejor la presencia de dicha hormona. Estas regiones incluyen la *amígdala*, generalmente considerada el epicentro emocional del cerebro; el *hipocampo*, que se encarga sobre todo de la memoria, y el famoso *córtex prefrontal*, conocido por su función en la planificación, la paciencia y el control emocional en general.

Te comento que durante la adolescencia no existe un equilibrio entre la parte emocional del cerebro (que incluye la amígdala y el hipocampo) y la parte racional (córtex prefrontal). Aunque hay muchos receptores de testosterona en ambas partes, las áreas emocionales maduran más rápido, por lo que pueden enviar y recibir mensajes con mayor rapidez. Esto ayuda a explicar por qué tu adolescente puede comportarse de manera impredecible o, incluso, impulsiva de vez en cuando... o tal vez sientas que así se comporta todo el tiempo. El "cableado" del cerebro está totalmente relacionado con esto, lo que se aborda con detalle en el capítulo 5.

Menciono esto ahora, sin embargo, porque es importante identificar la función de la testosterona en el estado de ánimo. Cuando se abordan los cambios de humor en las niñas preadolescentes y adolescentes, prácticamente todas las personas, independientemente de si tienen una hija o no, sienten que pueden hablar con libertad sobre sus altibajos emocionales y culpar al estrógeno, ya que las niñas van y vienen de la felicidad a la tristeza, de lo banal a lo serio. No sólo es el nuevo espectro de respuestas emocionales lo que llama nuestra atención de manera colectiva, sino, también, el cambio drástico entre un extremo y el otro. Pues bien, la testosterona también causa sus propios altibajos, y ahora la ciencia ha demostrado que el cerebro sufre sus respectivos cambios físicos.

La testosterona es famosa por desencadenar la agresividad y la ira que trae consigo, pero no todos coinciden en que se deba trazar una línea directa en este punto.* De hecho, los estudios demuestran constantemente que la testosterona tiene un impacto igual de importante (si no es que mayor, dependiendo de los datos) en la toma de riesgos y la depresión. Estos altibajos crean un triángulo de ira, impulsividad y tristeza. ¿Piensas que esto no suena divertido para ti como padre? Imagina, entonces, al adolescente que tiene todo eso ocurriendo en su cabeza.

LA CONEXIÓN ENTRE LA TESTOSTERONA Y EL SILENCIO

El distanciamiento de nuestros chicos es tan común que casi se podría considerar un rasgo diagnosticado de la adolescencia masculina. Algunos padres realmente se oponen a esta idea, insistiendo en que sus hijos todavía hablan con ellos todo el tiempo, añadiendo, además: "Tenemos una gran relación". ¡Felicidades! No todos los niños experimentan todos los

---

* En *The Truth About Hormones*, Vivienne Parry describe un camino diferente: los niveles más altos de testosterona están correlacionados con la popularidad, lo que ciertamente puede estar ligado a la toma de riesgos, pero no por fuerza a la agresión. Es la falta de un estatus social, no la testosterona en sí, argumenta la autora, lo que lleva a un niño a ser violento. Una teoría interesante. Espero que se realice más investigación sobre el tema.

síntomas de la pubertad. Pero la gran mayoría de los padres sienten calma al leer que su hijo no es el único que guarda un distanciamiento. Si tu hijo aún es muy joven, te alegrará saber esto antes de que, algún día, en un futuro cercano, te cierre la puerta en la cara. Incluso aquellos que tienen hijos comunicativos a menudo miran hacia atrás, años más tarde, y reconocen que su hijo elocuente conversaba un poco menos en algún punto de esa etapa.

Por desgracia, no hay estudios serios que midan el rol de la testosterona en el silencio de los chicos en la pubertad, un hecho que me saca de quicio, pues este fenómeno parece afectar, en cierta medida, a casi todos los chicos que conozco.

Tal vez la investigación respectiva no se ha realizado porque el silencio no se considera una característica masculina, a diferencia del tipo de cuerpo, la libido o las peleas a golpes. Esos aspectos son ciertamente más medibles, lo que facilita las investigaciones, sin mencionar que la ira es un tema más llamativo que el del silencio.

O tal vez sea porque los chicos parecen superar su silencio: por lo general, los hombres adultos no son tan callados como lo fueron en su adolescencia. Algunos lo son, pero la mayoría de nosotros interactuamos con hombres adultos que se expresan en un lenguaje multisilábico todo el tiempo. Si la testosterona es la causa del silencio puberal, entonces, ¿por qué los hombres mayores, que tienen tanta testosterona —y hasta más—, empiezan a conversar de nuevo? Y, además, si generalmente superan el fenómeno, ¿por qué tanto escándalo sobre esto?

Hay una lógica en no hablar sobre el hecho de guardar silencio, sobre todo cuando esto es algo transitorio. Cada hombre adulto con el que he conversado ha enfatizado que esto fue una fase normal en su vida y concluye que no hay nada de que preocuparse. "Concéntrate en lo realmente negativo", dicen, "como la ira impulsada por la testosterona que termina en peleas, violencia con armas o agresión sexual". Es difícil iniciar una conversación nacional sobre el hecho de que la mitad de la población pase algunos años sin querer formar parte de la conversación.

¿Debería preocuparnos que los chicos hagan a un lado a los adultos, cuando esto es algo normal y, en la mayoría de los casos, pasajero? Los pediatras y psicólogos del desarrollo son muy conscientes del cambio que ocurre en ambos géneros alrededor de los doce años, cuando de repente a los niños les importan mucho más las opiniones de su grupo de amigos y mucho menos las de sus padres. Esta transformación se relaciona con cambios en el cerebro, donde áreas específicas dentro del sistema límbico (¡hola de nuevo, amígdala e hipocampo!) se tornan más activas cuando los amigos están cerca de ellos; curiosamente, esto ocurre tanto con su presencia física como virtual (¡hola, redes sociales!). En otras palabras, no se mantienen en silencio con sus amigos. Tal vez deberíamos ver el silencio de nuestros hijos como un alejamiento temporal de los adultos y tutores, y nada más que eso, sobre todo porque con sus amigos suelen estar completamente motivados, con sus cerebros, literalmente, encendidos.

La naturaleza selectiva y transitoria del silencio de nuestros hijos puede, en última instancia, explicar por qué los investigadores no se han esforzado con empeño en entender por qué sucede. Para colmo, cuando ellos dejan de hablar, nosotros solemos hacer lo mismo como respuesta y, dado el contexto actual, las consecuencias de que los padres no hablen con sus hijos están volviéndose cada vez más graves. De eso trata en realidad todo este libro: si no hablamos con nuestros chicos, con frecuencia e intensamente, sobre todos los temas que se abordan en los siguientes capítulos —temas tan importantes como la creciente violencia que se observa en la pornografía de fácil acceso en línea y en los campus escolares—, entonces no podemos ayudarlos a prepararse para las consecuencias, algunas de las cuales son, sin duda, mucho más graves hoy en día que hace una generación.

Para poder abordar todos estos temas tan delicados —no sólo tener el valor de mencionarlos, sino en verdad iniciar las conversaciones—, debemos meter el pie en la puerta que se cierra con frecuencia. Podemos respetar la necesidad de privacidad de nuestros hijos (y el impacto corporal de la testosterona les da muchas razones para desearla) mientras, al mismo tiempo, insistimos en checar constantemente los temas relacionados con la escuela, los amigos, los sentimientos, las frustraciones, las victorias y los fracasos. Porque, independientemente de si su silencio deriva de los niveles cambiantes de testosterona, si aceptamos por completo el silencio de nuestros hijos y no insistimos en mantener viva una conversación, créeme cuando te digo que nos tocará enfrentar una subida mucho más empinada cuando surja un tema importante.

Existe una gran cantidad de investigaciones que respaldan la noción de que hablar es saludable: cuando los niños expresan sus preocupaciones actuales a oyentes comprensivos, se benefician de su comunidad de consejeros; cuando exponen con palabras posibles problemas futuros y piensan en cómo podrían reaccionar, entrenan a sus cerebros para responder de manera más lógica al furor del momento. En última instancia, hablar sobre lo que está ocurriendo en tu vida a cualquier edad, pero en particular durante la pubertad, mantiene a las personas más seguras y saludables. Conversar está asociado con un sentido más fuerte de identidad, así como con una reducción en la toma de riesgos o una mayor previsión (o... ¡espera!... ¡ambos!). Incluso cuando no logramos anticiparnos a una situación con nuestros hijos, mantener líneas de comunicación abiertas permite una conversación posterior.

Dicho de otra manera, aunque no hablar no significa, por fuerza, algo malo, hablar sí es algo bueno.

Ojalá este capítulo pudiera delinear una relación directa entre los aumentos de los niveles de la testosterona y el silencio que vemos en los adolescentes, pero no cuento con esos datos. Independientemente de por qué nuestros hijos se vuelven callados, es un hecho que, al mismo tiempo, sus cuerpos están generando dosis más elevadas de una hormona que impacta de manera clara sus físicos, estados emocionales y respuestas físicas. Tal vez algún día se identifique a la testosterona como la causa de este silencio estereotipado, o tal vez no. Puede que no importe. Lo que sí importa es reconocer el efecto de no hablar con nuestros hijos cuando, tal vez, más necesitan conversar.

CÓMO HABLAR CON LOS CHICOS SOBRE... LA TESTOSTERONA

1. NO ES UNA MALA PALABRA. Tampoco lo son ninguna de las partes del cuerpo, sus transformaciones o sus funciones, por cierto. Cuanto antes nos acostumbremos a describir las funciones corporales normales, más probabilidades habrá de que nuestros hijos (e hijas) utilicen el vocabulario correcto al hacer una pregunta. ¡Esto nos ahorra mucha confusión y malentendidos!

Así que usa palabras biológicas con frecuencia y defínelas cuando sea necesario.

2. NO ES UNA DROGA QUE DEBAN TOMAR. Es decir, a menos que la testosterona sea prescrita por un médico específicamente para tu hijo. Los chicos ven la testosterona publicitada en todas partes, prometiendo cuerpos más grandes, mejores y más sexuales, por lo que algunos piensan que necesitan tomarla. Y como con cualquier otro medicamento en estos días, hay formas de conseguirla si de veras la desean. Así que habla con tu hijo sobre la importancia de mantenerse alejado de los suplementos hormonales, a menos que haya una razón médica para usarlos.

3. ES UNA GRAN ENTRADA A UNA CONVERSACIÓN MÁS EXTENSA SOBRE LAS EXPECTATIVAS CORPORALES. Si comienzas a prestar un poco más de atención a la información que circula sobre la testosterona, pronto tendrás una idea de lo que tu hijo vive cada día. Aprovecha la oportunidad para decir algo cuando se mencione la testosterona en el contexto de la masculinidad, el machismo o los músculos. De hecho, debes aprovechar la oportunidad incluso cuando no se mencione la testosterona. Los chicos en las primeras etapas de la pubertad tienen grandes expectativas sobre cómo se verán en el futuro. Es importante entender qué espera tu hijo y luego ayudarlo a gestionar esas expectativas.

Capítulo 3

Sí, tu chico de nueve años podría estar en la pubertad

Sólo por un momento, haz un viaje en el tiempo y vuelve a tu "yo" de nueve años. Por cierto, no importa si eres chico o chica. Sólo necesitas tener más de nueve años.

Quizás estabas en tercer o cuarto grado. Tal vez tenías un grupo de amigos o, tal vez, un mejor amigo. Es posible que recuerdes un momento de tu recién lograda independencia, como regresar solo a casa desde tu escuela o sentir la libertad de pedir dulces en Halloween sin un familiar a tu lado. Había dibujos animados los sábados por la mañana y recreos en el patio escolar y, aunque no te lo comieras, el pan blanco para sándwich estaba por todas partes.

Supongo que no recordaste los cambios de tu cuerpo durante la pubertad. A los nueve era rara la chica que tuviera que lidiar con sus senos, el vello o sus curvas. En cuanto a los chicos, ni pensarlo, faltaban aún varios años para que comenzaran a verse varoniles.

Hoy todo es diferente para nuestros chicos. El pan del sándwich es malo para ti. Halloween está lleno de maquillaje tóxico y de conductores distraídos con sus mensajes de texto a tal punto que no notan a los grupos de niños. Caminar solo a casa desde la escuela, al menos en muchos lugares, se considera algo francamente arriesgado. Hoy en día, un niño de nueve años podría estar en tercer grado, pero también en segundo, ya que muchos niños comienzan el preescolar a edades cada vez más tardías. Dentro de un año, la mitad de todos sus compañeros tendrán su propio dispositivo digital —sí, así es, la edad promedio para tener el primer teléfono celular, iPad u otro dispositivo digital considerado propio, es, en la actualidad, diez años (y casi, sin lugar a dudas, para cuando se publique este libro, ese número será menor). Cuando teníamos nueve años, la mayoría de nosotros recordamos haber intentado hacer una llamada en privado estirando el cable del teléfono tanto como fuera posible para, con suerte, llegar a otra habitación o incluso a un armario, y así poder cerrar la puerta y tener algo de privacidad. Y bueno, algunos de los padres más jóvenes que están leyendo esto recordarán haber llevado sus voluminosos teléfonos inalámbricos a otra habitación. No importaba en realidad, porque siempre había otro auricular en algún lugar de la casa, la fuente perfecta de tortura entre hermanos, ya que uno podía escuchar silenciosamente la conversación del otro, o peor aún, interrumpir la llamada con una respiración pesada. Ya no existe tal cosa como levantar la bocina de otro teléfono para escuchar, y apenas existen los teléfonos con cable, mucho menos con cables lo suficientemente largos como para enrollarlos a tu alrededor.

Con todo esto quiero decir que los niños de nueve años de hoy viven en un mundo tan lejano de lo que alguna vez pudimos haber imaginado nosotros a los nueve años que casi hace que duela la cabeza. Y ahora, agreguemos esto: muchos de ellos están en la pubertad. El descenso en la edad de desarrollo corporal entre las chicas ha sido ampliamente documentado. De hecho, por mucho tiempo se pensó que esto *sólo* era un fenómeno específico de las chicas. Pero resulta que los chicos están en el mismo barco. No todos, pero muchos sí. La mayoría. Y tal vez, tu hijo, aunque no lo creas.

LA DEFINICIÓN ACTUAL DE PUBERTAD

Vamos a comenzar por recordar lo que realmente es la pubertad, porque pareciera que la palabra tiene una definición flexible, aunque en realidad no sea así. La *pubertad* es el camino que recorren el cuerpo y el cerebro hacia la madurez sexual y la capacidad reproductiva, abarcando cada paso necesario para la transformación del niño en una persona capaz de procrear. Por más difícil que sea de comprender, es posible que tu pequeño niño, con cara de bebé, inmaduro y sin un solo vello en su cuerpo, ya esté en la pubertad.

Ayuda recordar, como vimos hace sólo unas páginas, que, al comienzo de la pubertad en los niños, el cerebro les indica a los testículos que comiencen a producir testosterona, desencadenando un ciclo de retroalimentación que estimula el crecimiento de los testículos (y del pene). Pero lo hace L-E-N-T-A-M-E-N-T-E. De hecho, nada en la pubertad sucede de forma rápida, sin importar cómo de repente parezca sorprender al chico. El cuerpo se toma su tiempo para aumentar la producción de testosterona, sin mencionar el crecimiento y desarrollo, y es justo por eso que los chicos no muestran los efectos típicos de la testosterona —como el aumento de la masa muscular y el engrosamiento de la voz— hasta mucho después de que esta hormona ya hizo su aparición.

Y recuerda que algunos de los chicos más pequeños podrían verse un poco más maduros gracias a la aparición de cosas como el vello y el acné, pero éstas son pistas falsas de la pubertad... en cierto sentido. Estas características forman parte del proceso general de la pubertad, pero no significan que los testículos maduren, y tampoco están relacionadas con la testosterona o con la maquinaria para hacer bebés. En cambio, el vello, la grasa y el sudor aparecen en su propio calendario independiente, gracias a los andrógenos producidos en las glándulas suprarrenales. Lo irónico es que, aunque el vello en las axilas, los granos o el olor corporal son a veces los primeros cambios de la pubertad que los padres notan en su hijo, éstos no indican ningún tipo de avance en el desarrollo sexual, es sólo que la mayoría de las veces los caminos de las dos hormonas coinciden.

El aumento testicular y los efectos lejanos de la testosterona son tan lentos que es común que los padres (junto con el resto del mundo) no se den cuenta de la incursión de su hijo en la pubertad durante un año o incluso dos. La mayoría de los cambios que están ocurriendo son sutiles y ocultos. Algunos chicos podrían notar cuando sus testículos comienzan a crecer —si son del tipo que presta atención, y muchos no lo son—, pero el resto de nosotros por lo general no notamos nada.

Esto hace que sea ligeramente absurdo que los testículos cuelguen fuera del cuerpo. A diferencia de los ovarios de las niñas, que producen hormonas sexuales y están escondidos dentro del abdomen, los testículos son externos, y podríamos ver su crecimiento si en verdad lo buscáramos. Pero hay que decirlo: revisar los genitales de nuestros hijos no suele ser algo aceptado socialmente. Este patrón cultural se refuerza por el hecho de que, justo cuando comienza la pubertad, los chicos suelen volverse extremadamente reservados, ocultándose y cambiándose detrás de puertas cerradas. Ni siquiera intentes hablar con tu hijo preadolescente o adolescente cuando está en la ducha. Hay pros y contras en la creencia de que no debemos mirar "allí abajo", y ciertamente hay culturas en todo el mundo que no comparten esta idea. (Y ciertamente, también hay chicos estadounidenses que se sienten excesivamente cómodos paseando por sus casas sin pantalones, así que tampoco comparten esta creencia.) Tal vez esos padres que sí prestan atención a los genitales de sus hijos saben con precisión cuándo sus hijos están por experimentar un estirón, bajar una octava en la voz y empezar a dar respuestas monosilábicas a preguntas profundas.

Aun así, me parece lógico que, como sociedad, hayamos aterrizado aquí si tenemos en cuenta que, al menos fuera del hogar, las partes íntimas son privadas. Esta norma social se basa en el reconocimiento de que tu cuerpo es tuyo y tú tienes el control sobre él. Las futuras parejas sexuales —o incluso futuros admiradores— deberían pedir permiso antes de mirar o tocar. Este sistema tiene sus propios defectos evidentes (por ejemplo, algunas formas de expresión sexual pueden ser recibidas con vergüenza), pero al menos ofrece una razón de por qué no todos caminamos desnudos por la calle. Lo que estoy tratando de decir es que son pocos los padres que me dicen que saben lo que está pasando con los genitales de sus hijos... y, por lo tanto, la mayoría de los padres no tienen idea de cuándo sus hijos entran en la pubertad.

Si la única manera de saber cuándo nuestros hijos están en las etapas más tempranas de la pubertad es comprobar si sus testículos están creciendo, pareciera un poco menos grave el que las chicas hayan sido el foco de mayor atención con relación a este tema: los primeros cambios, como el crecimiento de los senos y el aumento de las caderas, son mucho más visibles, con o sin ropa.

LA HISTORIA DE LA PUBERTAD TEMPRANA COMENZÓ CON LAS CHICAS

La visibilidad de la pubertad en las niñas tiene un papel significativo en la razón por la que hemos aceptado a nuestras chicas, pero no a nuestros

SÍ, TU CHICO DE NUEVE AÑOS PODRÍA ESTAR EN LA PUBERTAD

chicos. Esta historia divergente se remonta a 1997, cuando Marcia Herman-Giddens, investigadora clínica del Centro Médico de la Universidad de Duke, publicó un estudio realizado a más de 17 mil niñas que mostró que estaban comenzando a desarrollarse a edades cada vez más tempranas. Antes de Herman-Giddens, la última —y la primera— vez que se estudió la primera etapa de la pubertad a gran escala ocurrió a finales de la década de 1940 en Gran Bretaña, cuando un pediatra llamado James Tanner y su colega Reginald Whitehouse iniciaron lo que se convertiría en un estudio de varias décadas sobre el desarrollo humano. Los autores fotografiarían a los niños varias veces al año, documentando la transformación de sus senos y genitales. Nada parecido se había hecho antes (¡y ciertamente no se podría hacer hoy en día!), pero gracias a la información recopilada, Tanner y Whitehouse fueron capaces de cuantificar las etapas de la pubertad. Hasta el día de hoy, médicos de todo el mundo aluden a las cinco etapas de Tanner cuando describen la progresión del desarrollo puberal de un niño en particular. Y hasta 1997, la mayoría de los médicos utilizaban los datos de Tanner para aconsejar a los padres sobre cuándo esperar el inicio de la pubertad: según Tanner, la niña promedio entraba en la pubertad justo después de su undécimo cumpleaños y el niño promedio comenzaba alrededor de los 11.5 años.

Una de las cosas que Tanner y Whitehouse hicieron muy bien fue estudiar a sus sujetos en múltiples ocasiones a lo largo de muchos años, midiendo el progreso de cada niño con el tiempo. Este diseño de estudio, llamado *estudio longitudinal*, produce resultados muy diferentes —y, quizá, mejores— en comparación con los de un *estudio transversal*, que puede medir a un grupo extenso de niños de diferentes edades, pero que sólo examina a cada niño una sola vez. Aunque los estudios longitudinales con frecuencia ofrecen información más completa, también requieren más tiempo y, por lo tanto, son más costosos, lo que explica por qué la mayoría de los estudios sobre la pubertad que siguieron a los de Tanner han sido transversales.

A pesar de que el diseño del estudio de Tanner y Whitehouse era excepcional, tuvo una gran limitación: sólo utilizaron fotografías. De hecho, ni Tanner ni Whitehouse realizaron exámenes físicos a los niños. Examinar al paciente de manera directa es mucho más preciso que observar una imagen, y, por lo tanto, sus datos fueron cuestionados por muchos. Sin embargo, a lo largo de los años, a medida que los investigadores han tratado de confirmar o rechazar los resultados originales de Tanner utilizando métodos sin duda mejores, lo han hecho de maneras muy distintas: algunos han examinado a los niños, otros no; algunos han estudiado a niños de diferentes rangos de edad; algunos han empleado una variedad de marcadores físicos y hormonales, muchos de los cuales ni siquiera estaban disponibles cuando Tanner estaba trabajando, y algunos incluso han creado su propia definición de lo que significa "comenzar la pubertad". Todo esto ha hecho que sea casi imposible comparar y contrastar los datos más recientes con los resultados originales de Tanner. Francamente, ha sido complicado incluso llegar a un acuerdo sobre las tendencias generales.*

No obstante, la declaración de Tanner sobre cuándo "debería" comenzar la pubertad, tanto en niños como en niñas, continuó siendo la regla de oro hasta que Herman-Giddens apareció.

Marcia Herman-Giddens no buscaba ser disruptiva. Pero pasó sus días examinando a niños y no pudo evitar notar que su desarrollo comenzaba significativamente más temprano de lo que Tanner había predicho, particularmente en relación con las chicas. Ella quería averiguar si la población de chicas estaba atravesando la pubertad prematuramente o si las niñas de todo Estados Unidos estaban experimentando el mismo cambio. ¿Eran sus pacientes casos atípicos? ¿O estaba siendo testigo de una nueva normalidad? Herman-Giddens, en colaboración con la Academia Americana de Pediatría y una red de médicos en todo el país, examinó, evaluó y documentó el crecimiento y desarrollo puberal de sus pacientes.

---

* Un dato importante que surgió del estudio de Tanner fue que, por lo general, tomaba un poco más de dos años desde el comienzo de la pubertad en las niñas (el inicio del desarrollo mamario, según su estudio) hasta la llegada de la menstruación. Esto estableció muchos estándares, incluida la idea de un intervalo "normal" entre el inicio de la pubertad y la llegada de un punto de referencia importante del proceso. Pero este indicador de la progresión de la pubertad fue —y sigue siendo— exclusivamente femenino. No existe un equivalente en la experiencia masculina... lo que hace que la pubertad en los niños sea aún más difícil de cuantificar. Y, como estás a punto de leer, ese proceso para las niñas, desde el inicio del desarrollo mamario hasta la menstruación, también ha cambiado.

Finalmente, los datos confirmaron su experiencia en la clínica: las niñas entraban a la pubertad hasta un año y medio antes de lo que Tanner había anticipado. Resultó que la edad de entrada dependía de la etnicidad: con las niñas negras comenzaba el desarrollo a una edad más temprana, seguidas por las hispanas y, por último, las blancas.* Cabe destacar que la edad en la que las chicas tenían su primera menstruación no había variado tanto, ocurriendo sólo de tres a seis meses antes de lo que Tanner había reportado décadas atrás. En otras palabras, Herman-Giddens se encontró con el hecho de que, aunque la pubertad —al menos en las niñas— parecía comenzar a una edad más temprana, no estaba progresando más rápido. Esta etapa de la vida, que anecdóticamente ni las niñas ni los padres disfrutan especialmente, en realidad se estaba alargando.

El trabajo de Herman-Giddens tuvo un gran impacto en el mundo. Los titulares sobre sus descubrimientos acapararon los periódicos y revistas. A pesar de la falta de difusión masiva en internet —esto fue años antes del establecimiento de los nuevos canales de noticias y las redes sociales—, la atención fue enorme. Y aún lo es: durante las últimas dos décadas, Herman-Giddens ha sido elogiada por muchos por cuantificar un fenómeno que sólo podían ver los padres y los médicos en sus hogares y consultorios. Herman-Giddens, de hecho, señaló una nueva normalidad.**

* El hecho de que sólo se haya estudiado a niñas blancas, hispanas y negras no es algo que pase desapercibido. Hay muchas otras etnias, sin mencionar los chicos multirraciales, que no están representados aquí. Los datos sobre estas niñas —y en estudios posteriores sobre los niños— han sido omitidos debido a que, a lo largo de los años, no habían sido incluidas suficientes muestras de estos grupos poblacionales. Pero con suerte, esta problemática está en vías de ser corregida. Ciertamente, hay un esfuerzo por reparar la falta de información acerca de las personas estadounidenses de origen asiático, con pequeños estudios que han surgido a lo largo de estos últimos años. Éstos muestran que las niñas asiático-americanas tienden a desarrollarse al mismo tiempo o incluso más tarde que las niñas blancas.

** Dicho esto, la investigadora fue criticada por otros que sugirieron que el grupo poblacional de su estudio no era representativo de la población general de niñas de los Estados Unidos y que sus métodos de evaluación no eran los ideales. En cuanto a este último punto: Herman-Giddens comenzó su estudio cuando las niñas más pequeñas tenían tan sólo tres años, lo cual era crucial, ya que su objetivo era

El verano en el que se publicó el estudio de Herman-Giddens, yo comenzaba mi formación en pediatría, y trabajaba junto con una compañera residente llamada Louise Greenspan. Años más tarde, mucho tiempo después de que compartiéramos turnos nocturnos en el hospital, Louise se convertiría en endocrinóloga pediátrica y lideraría los estudios que buscaban probar —o refutar— la investigación de Herman-Giddens. A inicios de 2005, Greenspan en San Francisco, junto con investigadores en Cincinnati y Nueva York, midieron la trayectoria puberal en mil doscientas niñas. Para 2010, lograron sus propios titulares cuando demostraron no sólo que Herman-Giddens estaba en lo correcto, sino que en la década estudiada la edad del comienzo de la pubertad en las niñas era incluso más temprana. Tomemos como ejemplo el desarrollo mamario: a los ocho años, casi la mitad de todas las niñas negras del estudio ya habían comenzado a desarrollar sus senos; casi una de cada tres niñas hispanas y también una de cada seis niñas blancas. El desarrollo de los senos no era poco común, incluso desde los siete años, ocurría en casi 23 por ciento de las niñas negras, 15 por ciento de las hispanas y 10 por ciento de las blancas incluidas en el estudio. Todas ellas eran niñas de primer y segundo grado.

La pubertad en las niñas se estaba convirtiendo rápidamente en un campo popular de estos estudios, además de captar la atención mediática. Lo que más me sorprendía de toda esta información era que los niños seguían siendo excluidos por completo. Recuerdo haber pensado por el año de 1997 que era extraña la ausencia de una conversación sobre los chicos. Claramente, los niños también atraviesan por la pubertad (lo sabe cualquier padre que haya estado en un coche con su niño en pleno desarrollo puberal al final de un largo y sudoroso día). Pero no había absolutamente ninguna urgencia, ni siquiera un verdadero interés, en

---

abarcar a la mayor cantidad posible de niñas antes de su entrada en la pubertad. Ella terminó la edad de inclusión en el estudio cuando las niñas alcanzaron los doce años, lo que es mucho antes de la culminación de la pubertad —e incluso antes de la primera menstruación— en la gran mayoría de los casos. Así que, aunque su grupo de estudio no le permitió dar seguimiento al progreso completo de la pubertad, sí le permitió a Herman-Giddens medir el comienzo de esta etapa del desarrollo físico.

torno a la cuestión del momento en que inicia la pubertad en los chicos; la atención estaba centrada en las chicas, al igual que la inmensa mayoría de los estudios. De hecho, los niños fueron casi completamente relegados hasta que la misma Herman-Giddens buscó remediar ese descuido. En 2012, la investigadora publicó lo que debería haber sido otro conjunto de resultados impactantes, esta vez sobre los chicos. Sorprendentemente, esos resultados pasaron desapercibidos.

¡*OH, NO!* POR QUÉ LA MAYORÍA DE NOSOTROS OMITIMOS EL INICIO DE LA PUBERTAD EN LOS CHICOS

Cuando doy charlas y presento hallazgos sobre el desarrollo temprano en los chicos, observo cómo los padres niegan con la cabeza y, a veces, hasta llegan a murmurar algo como: "Oh, no, no, no, señora. Mi hijo, no, ¡de ninguna manera!". De hecho, el tema de cuándo el chico comenzará (o comenzó) la pubertad es el que más resistencia genera entre los padres. No las vacunas, ni las reglas sobre el tiempo que pasan los chicos frente a las pantallas. Es cuando sugiero que sus pequeños podrían estar convirtiéndose en hombres cuando realmente los padres se alteran.* Y por eso no debería sorprenderme, al menos en retrospectiva, la recepción que tuvieron los estudios de Herman-Giddens sobre los chicos.

Los comprendo, queridos padres, cuando aseguran que su hijo aún no se está desarrollando, ya que yo también tengo un hijo. Y, dicho sea de

---

* Una de las razones por las que los padres se resisten con tanta fuerza cuando hablo sobre la pubertad temprana es porque temen la oleada hormonal de esta etapa. Desde un punto de vista cultural de la salud, nos han enseñado a pensar que las hormonas son malas y que su manifestación provoca todo tipo de afecciones futuras. ¡Cáncer de mama! ¡Enfermedades autoinmunes! ¡Depresión! Y sí, de hecho, las hormonas reproductivas como el estrógeno, nuestro villano favorito, han sido relacionadas con una larga lista de problemas médicos. Pero éstas también son fundamentales para el desarrollo físico y el mantenimiento de la salud, así que no tener hormonas circulando en el torrente sanguíneo puede ser tan problemático como tener demasiadas o las incorrectas.

paso, también tengo una hija, lo cual me da un punto de comparación. Tiene sentido notar la pubertad en las chicas, porque no podemos negar cuando una niña pequeña comienza a desarrollar características externas de mujer. Créeme, lo he intentado. Aunque todos hacemos nuestro mejor esfuerzo para no darnos cuenta (porque parece inapropiado notarlo, ¿verdad?), vemos la transformación. Al menos los padres lo perciben; por cierto, no está nada mal observar cómo tu hijo está creciendo y desarrollándose. Sin embargo, con las niñas cambiando frente a nuestros ojos, es fácil no notar la pubertad de nuestros niños en su etapa más temprana.

Eso se debe a que los chicos en la pubertad *no* se vuelven curvilíneos, y la mayoría de ellos realmente no cambia en absoluto durante el primer año o dos: siguen pareciendo y actuando como niños pequeños. Su pubertad temprana es esencialmente invisible para el mundo exterior porque los únicos cambios medibles están ocurriendo dentro de sus testículos. Y ya hemos mencionado las razones por las que cualquier cambio que esté limitado al área debajo de la ropa interior es fácil de ignorar.

Dicho esto, hay un grupo que se supone que debe observar todo el cuerpo, incluidos los genitales: los pediatras. Y ellos incluso tienen una herramienta a su disposición para medir el tamaño testicular y así obtener una medición precisa del crecimiento. Se llama *orquidómetro* y parece un collar con una docena de cuentas, cada una ligeramente más grande que la anterior. Las cuentas más pequeñas representan los testículos prepuberales (oscilan entre uno y tres mililitros o aproximadamente de ¼ a ½ cucharadita, ya que los testículos se miden en volumen); las cuentas más grandes representan los testículos completamente desarrollados (entre quince y veinticinco mililitros o de tres a cinco cucharaditas). Puedes imaginar la expresión en la cara de los chicos cuando descubren para qué sirve este collar. Muchos se ríen, ¡pero no todos! Desafortunadamente, algunos pediatras ni siquiera examinan los genitales. La mayoría lo hace, pero muchos no siempre explican lo que están observando. Y aunque se lo describan a los chicos, no es que la mayoría de ellos vaya a ir corriendo a contar esa parte del examen; así que, a menos que uno de los padres esté presente durante la conversación, éstos ni siquiera se enterarán de las noticias. Al final, a menudo el pediatra es el único que sabe qué chicos están en la pubertad. Todos los demás prácticamente permanecen en la oscuridad.

En 2012, Herman-Giddens se propuso hacer por la pubertad masculina lo que había hecho por la femenina, sobre todo debido a la tendencia similar que había observado y a la que nadie parecía prestarle atención. Utilizando la misma red de médicos que en el estudio dedicado a las chicas, la investigadora revisó los datos de más de cuatro mil niños, cada uno examinado por un profesional de la salud. Esto incluyó el registro del tamaño testicular. Al final, Herman-Giddens encontró que los niños también estaban desarrollándose más temprano, entre un año y medio y dos años antes de lo que Tanner había predicho.

¿Recuerdas cómo Tanner había dicho que los niños entran a la pubertad, en promedio, alrededor de los once años y medio? Pues ahora los niños blancos comenzaban su desarrollo justo después de cumplir diez años, los negros poco después de los nueve, y los hispanos en algún punto intermedio.

Al observar bajo la ropa interior de los niños y medir el tamaño de sus testículos, Herman-Giddens finalmente sacó a la luz —literalmente— información que había sido pasada por alto y dejada fuera de la discusión por prácticamente todos, desde padres hasta investigadores, e incluso muchos médicos.

Esto no quiere decir que los niños no fueran estudiados en absoluto por Tanner en las décadas de 1940, 50 y 60, y por Herman-Giddens, en 2012. De hecho, sí lo fueron. Existe un estudio masivo en curso llamado NHANES (siglas en inglés de la Encuesta Nacional de Salud y Nutrición, que en su versión anterior se llamaba Encuesta Nacional de Salud o NHES), dirigido por los Centros para el Control y la Prevención de Enfermedades desde 1959. Sorprendentemente, los datos que se remontan a las décadas de 1980 y 90 muestran un inicio más temprano de la pubertad masculina, en comparación con el momento predicho por Tanner. Otros estudios realizados alrededor del cambio de milenio también documentaron lo que Herman-Giddens mostraría más tarde: la pubertad en los niños estaba comenzando antes de lo que Tanner había pronosticado. Pero, en última instancia, todos estos datos sobre los chicos fueron criticados porque los estudios no eran perfectos: el tamaño de la muestra era demasiado pequeño, o no era representativo de la población general de Estados Unidos, o los métodos eran defectuosos. No fue sino hasta que Herman-Giddens intervino una vez más que este tema comenzó a ganar terreno. Y, *aun así*, a nadie parecía importarle. Los niños y su pubertad nunca fueron titular en los medios, ni siquiera cuando todo el mundo estaba alarmado por el desarrollo de las niñas, y ni siquiera cuando la propia científica que había generado los titulares intentaba llamar la atención sobre ellos.

POR QUÉ LOS TITULARES SOBRE LA PUBERTAD DE LOS CHICOS NO TUVIERON IMPACTO

Algunas personas piensan que yo creo que internet y sus pantallas son completamente negativas porque, como pediatra, hablo mucho sobre cómo las pantallas le roban horas de sueño a los niños y cómo exponen contenido que no es apto para muchos de ellos. Pero la tecnología no es mi enemiga, sino una amiga que abrazo todos los días. Y en un día en particular, la utilicé para ponerme en contacto con Herman-Giddens. Busqué uno de sus artículos, hice clic en su nombre y llegué a una página biográfica que contenía su dirección de correo electrónico. Le envié un mensaje y, sorprendentemente, Herman-Giddens respondió en cuestión de minutos. Antes de darme cuenta, ya estábamos hablando por teléfono. ¿Ves? Amo las pantallas e internet, aunque a veces sean la pesadilla de mi existencia como madre.

Quería entender por qué los chicos habían sido excluidos de la conversación durante tanto tiempo. ¿Por qué ha habido mucho menos interés en estudiar a los chicos que a las chicas? Y una vez que se *hicieron* estudios sobre los chicos, ¿por qué los resultados pasaron desapercibidos en comparación con la conmoción generada por los datos recabados sobre las chicas?

"La reacción fue exactamente la que esperaba... exactamente", me comentó Herman-Giddens. "Por desgracia, existe un interés morboso en la incipiente sexualidad de las niñas. Algo así como el síndrome de Lolita o como quieras llamarlo. Por desgracia, está ahí. Y en mi opinión, ésa es la gran razón. Además, está el hecho de que las niñas puedan quedar embarazadas y tienen más probabilidades de ser victimizadas que los chicos. Creo que gran parte [del enfoque en la pubertad femenina] se debe al interés lascivo en la sexualidad de las niñas.

"Obviamente, la pubertad en las niñas es visible para todos, es muy pública", continuó, confirmando mis propias teorías sobre el tema. "Todos pueden ver cómo se desarrollan los senos. Y la menstruación es pública, al menos dentro de la familia. No son aspectos que se puedan pasar por alto. Mientras que, en los chicos, la primera señal de la pubertad —probablemente ni ellos mismos lo notan— es que los testículos comienzan a aumentar de tamaño, y es un cambio muy sutil. Los padres ciertamente no lo ven".

Herman-Giddens y yo coincidimos: el desarrollo de las chicas es visible, para bien o para mal. El desarrollo de los chicos no lo es. Es, sencillamente, una cuestión de visibilidad, íntimamente relacionada con la forma en que los chicos comienzan a desarrollarse en comparación con las chicas.

Más allá del cuándo, está el *porqué* de los cambios en sí mismos. ¿Qué subyace en esta reciente aceleración del inicio del desarrollo de la pubertad? Quisiera poder darte una respuesta sencilla y directa, pero aún nadie lo sabe con certeza. Después de que Louise Greenspan publicara sus datos sobre la pubertad en las chicas, escribió un libro titulado *The New Puberty* (*La nueva pubertad*) con el objetivo de explicar justo eso. Hay investigadores trabajando incansablemente para averiguar si hay algo en nuestro mundo que pueda explicar por qué, en promedio, nuestros hijos están comenzando a desarrollarse a edades más tempranas que antes. No soy uno de estos científicos, pero en mi opinión, después de haber leído todos los libros y artículos que tuve al alcance en los últimos años, la causa no resultará ser una sola, sino muchas. Al final, tendremos una lista interminable de cosas que ponemos en y sobre nuestros cuerpos, de forma intencionada o inadvertida, que activan el mecanismo de la pubertad de manera temprana. Hasta la fecha, hay evidencias sólidas de que el exceso de peso lo provoca, al igual que los químicos que imitan al estrógeno. Pero nadie ha identificado un culpable unificador, y mucho menos una lista de: "*Come esto, ¡no aquello!*", para evitar que los chicos se desarrollen a edades cada vez más tempranas. Estoy empezando a pensar que la respuesta nunca será tan simple.

Sin embargo, encuentro consuelo en un consejo que me dio Greenspan: "Tiene que haber un límite", me dijo, "y creo que estamos bastante cerca de alcanzarlo". En otras palabras, no, los hijos de nuestros hijos no llegarán a la pubertad en el preescolar.

Aunque sí, tu chico de nueve años podría estar en la pubertad. Herman-Giddens recopiló los datos sobre los niños entre 2005 y 2010, midiendo el crecimiento testicular como el mejor indicio de haber cruzado el umbral de la pubertad. De cada cien niños blancos de nueve años, veintiséis calificaron como púberes; en el caso de los niños negros, el número fue de cuarenta y tres, y para los hispanos, cuarenta y cuatro. A los diez años, estos números aumentaron a 44 por ciento para los niños blancos, 49 por ciento para los hispanos, y un asombroso 72 por ciento para los negros. Desafortunadamente, no hay datos disponibles para etnias no estudiadas, como los niños asiáticos o de herencia multirracial. Ten en cuenta que esta información está científicamente desactualizada, ya que muchos de los datos recolectados tienen más de una década. Para poner este marco temporal en contexto, el niño más joven al inicio del estudio de Herman-Giddens ya tiene edad legal para beber alcohol. Así que, si ésta es la nueva normalidad, es posible que la tendencia haya seguido acentuándose durante la última década.

Conozco muy bien el deseo de ver a nuestros hijos como niños pequeños el mayor tiempo posible. Y en muchos aspectos, aún lo son. El hecho de que tengan testosterona en su cuerpo no significa que, de repente, tomarán decisiones maduras, ¡y a menudo sucede todo lo contrario! Así que, al final, tal vez lo mejor que podemos hacer como padres es abrirnos a los hechos, pero contextualizándolos, reformulando lo que significan y lo que no. Sí, tu hijo de nueve años podría estar en la pubertad. Y no, no tienes que examinar su cuerpo para confirmar si es el caso. Pero utiliza esta información para cambiar la manera en la que hablas con él sobre los cambios físicos y emocionales que ocurren debido al aumento de la testosterona. ¿Te asusta la idea de que pueda tener genitales más grandes o vello en esa zona? Como dije antes en este libro, y lo repetiré: imagina lo que está pasando por *su* mente. Luego, comienza a hablar sobre ello. Normalízalo. Sea cual sea tu enfoque para la conversación, hazle saber que, aunque respetas su privacidad, también estás disponible para responder sus preguntas, hablar sobre estos nuevos cambios o incluso simplemente escuchar. La pubertad trae consigo una serie de posibles inseguridades corporales, desde el acné y el mal olor, hasta los sueños húmedos y los cambios en la voz. Fingir que nada de esto está ocurriendo sólo magnifica la inseguridad.

Si estás completamente seguro de que tu hijo no está en la pubertad, de que todo lo que he mencionado es erróneo porque tienes un niño que madura tarde y sabes, con certeza, que sus testículos aún se encuentran en el extremo más pequeño de la escala del orquidómetro, entonces sigue leyendo. Porque, así como es importante reconocer que muchos chicos de nueve, diez y once años se están desarrollando más rápido que los de una generación anterior, también lo es reconocer que algunos están quedándose atrás con respecto a sus compañeros. Y esta falta de desarrollo conlleva sus propias cargas significativas.

CÓMO HABLAR CON LOS CHICOS SOBRE... UNA PUBERTAD TEMPRANA

1. SÉ LA FUENTE. De información. Hazle saber a tu hijo que puede acudir a ti con sus preguntas y ofrécele alguna información básica, aun si él no ha preguntado. ¡No tiene que ser complicado! Comienza con lo más sencillo, como: "Oye, ¿sabías que, si no usas suficiente jabón y espuma cuando te estás bañando, no olerás a limpio?". Esto puede salvar su vida social.

2. NO INSISTAS EN RECOLECTAR LA INFORMACIÓN TÚ MISMO. Si no estás seguro de si tu hijo está en la pubertad y estás ansioso por saberlo, no seas el padre que examina a su propio hijo. Toma este consejo de mí, como pediatra: ni siquiera yo lo hice. Muchos niños comienzan a buscar privacidad a medida que sus cuerpos empiezan a cambiar. Respetar su pudor es más importante que saber si sus testículos han crecido. Si en verdad necesitas saberlo, haz una cita con su pediatra.

3. ESTO VA A TOMAR MUCHO TIEMPO, ASÍ QUE VE CON CALMA. Puede que la pubertad esté comenzando más temprano en estos días, pero no está avanzando más rápido. De hecho, si acaso, se ha ralentizado. Así que tienes mucho tiempo para iniciar conversaciones importantes con preguntas como: "¿Alguien te ha explicado qué es una hormona?".

Capítulo 4

Más tarde, amigo

Técnicamente hablando, un chico con "maduración tardía" es aquel que no ha entrado aún en la pubertad (traducción: sus testículos no han comenzado a crecer) para cuando cumple catorce años. Y aquí está el asunto con ser un chico que madura tarde: casi siempre es un doble contratiempo. Estos chicos no sólo tardan en desarrollarse en ese sentido puberal —no tienen granos, ni músculos abultados, y sus voces agudas no han empezado a cambiar o siquiera a quebrarse—, sino que, por lo general, tampoco están creciendo al mismo ritmo vertiginoso que sus compañeros. Aun así, algunos desarrollarán pequeños parches de vello púbico o axilar, y otros podrían empezar a emitir ese olor corporal característico de la pubertad, porque éstas son características regidas por los andrógenos suprarrenales en lugar de la testosterona (si esto te resulta confuso, vuelve dos capítulos atrás). Sin embargo, la gran mayoría de los chicos con "maduración tardía" comienzan la preparatoria luciendo mayormente como los niños que eran cuando empezaron la secundaria, mientras todos los demás ya se han transformado... algunos de ellos años atrás.

Los hombres que han emergido del otro lado de una pubertad muy tardía se han vuelto cada vez más abiertos sobre el tema. En conversaciones informales, entrevistas, ensayos, publicaciones en blogs, novelas, guiones y en cualquier otro lugar donde hoy se exprese una voz, muchos de estos hombres describen cómo fue el ser tratados como niños cuando, en realidad, estaban al borde de la adultez, y algunos incluso cronológicamente *en* la adultez. Sus historias sobre el alto costo social y emocional a menudo se cuentan con humor, aunque con ese tipo de humor doloroso que hace que el oyente se estremezca mientras ríe. Y aunque muchos de ellos señalan un rayo de esperanza —como los atletas, luchadores tenaces, que trabajaron más duro que sus compañeros más grandes y fuertes, y afirman que ésta fue la clave de su éxito, no sólo en el campo o la cancha, sino en la vida—, todavía no me he encontrado con un hombre que se haya desarrollado tarde y lo haya disfrutado.

Sin importar cuán aislada pueda parecer la experiencia —y puede sentirse dolorosamente solitaria—, es un hecho estadístico que 2.5 de cada cien chicos son de "maduración tardía". Bueno, más o menos. Dado que la pubertad actualmente está en constante cambio, con una tendencia hacia un inicio cada vez más temprano, lo que hoy se considera "tardío" puede parecer más exagerado que nunca. Y al final de la curva de desarrollo, algunos están destinados a madurar incluso más tarde que otros.

Este capítulo trata sobre los chicos que representan a los últimos de los últimos: aquellos que miran hacia abajo y ven signos de madurez sexual, cuando todas las chicas y casi todos los demás chicos en la escuela ya han pasado por eso. En un mundo donde se crece cada vez más rápido, ellos no lo están haciendo. Puede ser difícil imaginarse con el deseo de tener acné o ese bigote incómodo a medio crecer, especialmente como padre que mira hacia atrás en el tiempo. Pero todo en la vida es relativo, y la pubertad atraviesa el mundo social de un chico, su salud emocional y, a veces, sus preocupaciones médicas, todo al mismo tiempo.

Para los chicos que maduran tarde, cuanto más tiempo pasan sin mostrar los signos físicos de la adultez, más desfasados pueden sentirse durante una etapa de la vida que ya de por sí es conocida por ser notoriamente inestable.

EL SIGNIFICADO DE "TARDÍO"

Un rápido curso intensivo de estadística para aquellos que lo necesiten (sólo durará tres párrafos, lo prometo): la *media* es el promedio. Si quieres saber la edad promedio de inicio de la pubertad masculina, puedes preguntar a un grupo de hombres (o incluso de chicos) a qué edad comenzó su pubertad, sumas todas esas edades y luego las divides por el número de personas a las que preguntaste. Por supuesto, si leíste el capítulo 3, sabrás que la mayoría de los chicos en realidad no tienen idea de cuándo entraron en la pubertad, lo que dificulta el estudio. Aun así, los investigadores lo han intentado. También han preguntado a los padres, un grupo que por lo general está aún más desinformado sobre el desarrollo de los chicos que los propios chicos, dado que la gran mayoría no ha visto a sus hijos desnudos desde algún momento alrededor del cuarto o quinto grado. Los pediatras y profesionales de la salud son los que mejor pueden hablar sobre el inicio de la pubertad, ya que examinan a los niños y pueden observar cuándo comienzan a crecer los testículos; ellos son quienes informan a los investigadores que, hoy en día, la edad promedio a la que un chico entra en la pubertad es de nueve años si es negro y de diez años si es hispano o blanco. Aún no se tiene un consenso sobre esa edad para los chicos asiáticos y multirraciales, pero una vez que se realicen esos estudios (¡finalmente!), es casi seguro que estarán dentro del mismo rango.

Más allá de la media, está la *desviación estándar de la media*. Una desviación estándar es una medida de cuán dispersos están los números dentro de un conjunto de datos. Cuando los resultados de la investigación se representan gráficamente, a menudo toman la forma de una curva en forma de campana. Se puede trazar una línea recta desde el vértice de la campana, dividiéndola en dos y representando visualmente la media. Un rango de datos estrecho genera una campana alta y delgada, mientras que un rango de datos amplio se ve como una campana más baja y plana. Esa campana alta y delgada tiene una pequeña desviación estándar, con la mayoría de los resultados agrupándose alrededor de un promedio central (no se desvían mucho); la campana ancha y plana tiene una gran desviación estándar, con resultados que varían ampliamente de la media (un buen número de los puntos de datos son, básicamente, desviaciones). Ahora vamos a contar la historia de la pubertad masculina usando este gráfico. La edad promedio de inicio, digamos de diez años para los chicos blancos, no nos dice nada sobre cuán variable es el momento de inicio del desarrollo: basándonos sólo en la media, no tenemos idea de cuán mayores o jóvenes pueden ser los chicos en su pubertad más temprana o más tardía. Una cosa sería si te dijera que el niño más joven en entrar en la pubertad tiene nueve años y el mayor tiene once, con una edad promedio de diez años (una campana súper estrecha); sería una curva por completo diferente si te dijera que el más joven tiene tres años y el mayor diecisiete, con la misma edad promedio de diez años (una campana tan baja y larga que podría parecer más bien una joroba).

En otras palabras, la media es importante, pero la desviación estándar de la media cuenta la historia de la experiencia del grupo en general. Por cierto, ninguno de estos rangos refleja la realidad: la verdad está en algún punto intermedio.

Último dato estadístico por ahora: por definición, alrededor de 68 por ciento de todos los resultados se encuentran dentro de una desviación estándar a ambos lados de la media, y 95 por ciento dentro de dos desviaciones estándar. Esto deja a 5 por ciento de los resultados fuera de las dos desviaciones estándar, en los dos extremos de la curva de campana de la estadística, con la mitad (2.5 por ciento) por encima y la otra mitad (el otro 2.5 por ciento) por debajo. Y es ese 2.5 por ciento en cada extremo el que se destaca como excepciones. Éste es un hecho importante, la base de gran parte de las investigaciones que todos escuchamos en las noticias y en conversaciones casuales. La mayoría de los estudios buscan identificar un camino típico (la *norma*) dentro de dos desviaciones estándar de la media, ya sea que un investigador esté analizando peso, coeficiente intelectual (CI), talla de zapatos, ingresos, precio de la vivienda, tiempo frente a una pantalla, felicidad, esperanza de vida... Prácticamente todas las métricas en nuestro mundo tienen un promedio y una desviación estándar. Cada una también tiene un conjunto de valores atípicos, por lo general definidos como 2.5 por ciento superior y 2.5 por ciento inferior.

Esto explica por qué 2.5 de cada cien chicos son considerados de maduración tardía. Es simplemente una definición estadística. Noventa y cinco por ciento de los chicos se desarrolla dentro de un rango de edad específico considerado "normal", con 2.5 por ciento que lo hace temprano y 2.5 por ciento que lo hace tarde. Aquí está el detalle: si aprendiste algo del capítulo 3, es que cuando se trata de la pubertad, la definición de "normal" está cambiando, y el tiempo promedio de su inicio es cada vez más y más temprano. Esto significa que los chicos de maduración tardía deberían estar desarrollándose a una edad más joven también. O bien, la desviación estándar de la media está aumentando, y los chicos tardíos están madurando aún más tarde en relación con sus compañeros promedio. No es sorprendente: una vez más, los datos son insuficientes. Por eso, para los propósitos de este capítulo, estamos utilizando una definición más antigua de lo que significa la maduración tardía, y también por eso utilicé la advertencia "más o menos" al principio. Actualmente, cualquier chico cuyos testículos no hayan comenzado a crecer a los catorce años se considera de maduración tardía. Esto significa que su desarrollo físico está rezagado cuatro o cinco años en comparación con los chicos promedio de su edad, dependiendo de su etnia, pero, en términos prácticos, podría estar hasta seis o siete años detrás de los primeros en madurar. ¡Cuando sólo tienes catorce años, una diferencia de seis o siete años es gigantesca!

Todo este análisis numérico tiene como objetivo aclarar el siguiente punto sencillo: aunque un chico que madura tarde puede sentirse como el último en hacerlo y muy solo en este proceso, no lo está. De hecho (o matemáticamente hablando), hay un grupo de chicos en la misma situación: alrededor de cincuenta mil de los dos millones que nacen cada año en Estados Unidos son también de maduración tardía. Así que, por muy alienante que pueda parecer la experiencia, la maduración tardía no es rara; sucede en uno de cada cuarenta chicos, lo cual, desde el punto de vista médico, es bastante común. Sólo que no necesariamente se *siente* como algo muy común, sobre todo para los más tardíos de los tardíos.

Existe una larga lista de razones por las cuales algunos chicos (y chicas también) no inician la pubertad a tiempo, pero, por mucho, la más común es algo llamado *retraso constitucional*. Básicamente, es el término médico para la pubertad tardía que ocurre sin una razón obvia, pero que se resuelve por sí sola antes de los dieciocho años sin intervención médica. Más de la mitad de todos los chicos con desarrollo tardío son diagnosticados eventualmente con retraso constitucional (algunos estudios lo sitúan en hasta 75 por ciento), y en aproximadamente dos tercios de estos casos, uno o ambos padres también experimentaron retraso constitucional: o la mamá tuvo su primera menstruación después de los catorce años o el papá dio el estirón después de los dieciséis, lo que hace que la explicación sea sin duda genética. El retraso constitucional es un diagnóstico de exclusión, lo que significa que se han descartado todas las demás causas posibles del retraso. Entonces, para determinar si hay o no un problema médico en juego, casi todos estos chicos terminan sometidos a varios exámenes. Si después de una serie de análisis de sangre y estudios de imagen todo parece normal, entonces "no hay nada malo". (Puede que no haya nada malo desde un punto de vista médico, pero estos chicos siguen pareciendo años más jóvenes que sus amigos y compañeros de clase, a veces incluso después de graduarse de la preparatoria, lo que para ellos no se siente en absoluto correcto. Más sobre esto en un momento.)

Es, por razones obvias, aún más difícil cuando hay una explicación médica subyacente al retraso puberal. La maduración tardía tiene una larga lista de causas médicas, incluidas una serie de enfermedades crónicas como la diabetes, la enfermedad inflamatoria intestinal, la anemia de células falciformes y la fibrosis quística. El estado nutricional también juega un papel importante en el inicio de la pubertad, porque si el cuerpo no tiene suficiente reserva de energía para madurar y hacer lo que necesita hacer una vez que ha madurado, ralentizará su propio progreso. Solemos pensar en esto principalmente en relación con las chicas que pueden no tener suficiente grasa corporal para mantener un embarazo y, por lo tanto, no tienen un periodo regular, pero el mismo principio se aplica a los chicos que están desnutridos, tienen trastornos alimentarios, o incluso a algunos atletas de élite con un porcentaje de grasa corporal muy bajo. Aunque el embarazo no es el problema, porque los chicos no están diseñados para eso, el cuerpo puede ralentizar su desarrollo de todos modos. Otra causa del retraso puberal es cualquier cosa que interfiera con la producción de hormonas sexuales, lo que explica por qué los tumores y las lesiones testiculares terminan en la lista, así como condiciones que interfieren con la capacidad del cuerpo para producir ciertas hormonas desde el principio. Un diagnóstico muy específico que aparece en todos los artículos sobre este tema es el síndrome de Kallmann, que implica una deficiencia hormonal y un mal sentido del olfato. Sin embargo, esto sólo ocurre en uno de cada treinta mil chicos, por lo que es una de las causas menos comunes y mencionadas. La razón más común para la pubertad tardía es realmente ninguna razón en absoluto.

EL DOBLE CONTRATIEMPO DE MADURAR TARDE

Así es como van las cosas para muchos de los chicos en esta situación: alrededor del cuarto o quinto grado, las niñas comienzan a desarrollarse (no todas, pero muchas), y luego, tal vez hacia el final de quinto grado, aparece ese chico que de repente parece mayor. El resto de los chicos de la clase puede o no haber notado que las niñas se están desarrollando, pero casi con certeza notan cuando el primer compañero comienza a tener rasgos masculinos de la nada. Sexto grado y primero de secundaria son una mezcla de alturas, pesos y vello en el labio superior. Hay chicos con axilas peludas y nada más, y otros con acné que parece brotar en parches. La altura puede variar hasta en casi medio metro entre el chico más bajo y el más alto de la clase. Todos —padres, médicos, e incluso los propios chicos— aceptan esta amplia gama de variabilidad, porque la absoluta falta de una norma adquiere su propio sentido de normalidad. Pero para segundo de secundaria, cuando la mayoría de los chicos están cumpliendo catorce años, de repente todos parecen estar experimentando algún signo adolescente, excepto un grupo menguante que se queda rezagado.

Voy a decirlo de nuevo, porque es necesario repetirlo una y otra vez: el inicio de la pubertad se marca por el crecimiento testicular, no por el crecimiento muscular, el del bigote o el de los pies. Es el crecimiento testicular el que desencadena la producción de testosterona, lo que eventualmente provoca la aparición de las características sexuales secundarias. Pero esto puede llevar tiempo. Si examináramos los testículos de todos los chicos de una clase de segundo de secundaria, la gran mayoría ya habría comenzado a crecer. Incluso entre el grupo que se ve notablemente más joven, la mayoría mostraría signos de actividad testicular. Pero no les bajamos los pantalones para mirar —por una buena razón— y dado que pueden pasar un par de años antes de que los niveles crecientes de testosterona se manifiesten de manera obvia en el exterior, esto explica por qué el grupo de chicos de catorce años en una clase que parece no estar en la pubertad aún tiende a ser mucho más grande que 2.5 por ciento. Si acabo de describir a tu hijo, que parece estar rezagado en su desarrollo, pero no tienes idea de lo que está ocurriendo debajo de sus calzoncillos, programa una cita con su pediatra antes de mentalmente incluirlo en el grupo de los verdaderos chicos de desarrollo tardío. Técnicamente, si sus testículos miden tres mililitros o más, no se considera que esté retrasado. (Esa medición y la herramienta utilizada para realizarla se explican en el capítulo 3.)

El doble contratiempo de la pubertad tardía consiste en que, además de tener que lidiar con el aspecto juvenil del rostro (literalmente sin vello facial, sin acné, y aún con esas tiernas mejillas de bebé), casi todos estos chicos tienden a ser más bajos de estatura. Ésta es la razón: parte de la pubertad es el estirón puberal. Los niños crecen un promedio de cinco centímetros al año, todos los años, entre la infancia y la pubertad. Pero cuando dan el estirón, crecen rápidamente. Las niñas que crecen rápidamente tienden a ganar alrededor de siete centímetros al año durante dos o tres años antes de desacelerar de manera drástica; los chicos pueden crecer diez centímetros al año, a veces más, lo que, en un periodo de tres años, les da alrededor de treinta centímetros extra de altura. Entonces, cuando un chico entra en la pubertad temprano, es probable que también tenga su estirón temprano. Esto significa que no sólo se verá mayor, gracias a la acción de la testosterona en todo su cuerpo, sino que también se verá mucho más alto, lo que incrementa la ilusión de madurez.

Ahora bien, la lógica diría que, dado que parte de la pubertad es un estirón puberal, los chicos que maduran tarde, por supuesto, parecerán más bajos que sus amigos durante los años en los que no están en la pubertad, pero se pondrán al día más adelante cuando tengan su propio estirón. De hecho, se podría argumentar que los que maduran tarde podrían terminar siendo más altos que el resto, porque continúan creciendo durante más tiempo. Esto sucede a menudo entre las niñas: aquellas que se desarrollan más jóvenes y tienen su periodo primero suelen ser las más altas de la clase hasta el final de la secundaria; pero al final de la preparatoria terminan siendo más bajas en comparación, porque sus amigas que se desarrollaron más tarde simplemente siguen creciendo.

Resulta que la lógica de crecer tardíamente y crecer más no se aplica en realidad a los chicos. Claro, hay historias de algunos que desafían esto, que crecen lenta y constantemente hasta que entran en la pubertad tardía, momento en el cual crecen rápidamente y superan a sus amigos. Pero en su mayoría, los chicos que maduran más tarde pasan una parte de su adolescencia siendo más bajos para su edad, y cuando llegan a la adultez no son más altos que sus compañeros. Muchos, de hecho, son más bajos. ¿Por qué? Porque un número considerable de chicos que maduran tarde experimentan un crecimiento más lento durante esos años en los que sus cuerpos se están negando a entrar en la pubertad. La mayoría de los niños crecen alrededor de cinco centímetros por año, todos los años, antes de dar el estirón. Sin embargo, estos chicos pueden reducir su crecimiento a tan sólo un par de centímetros o incluso menos antes de volver a acelerarse. Esto significa que su ganancia neta de altura es menor, y terminan siendo entre cuatro y diez centímetros más bajos de lo esperado. Tal vez "triple contratiempo" sea una mejor descripción, porque no sólo los que se desarrollan tarde se ven más jóvenes y crecen más tarde, sino que muchos no crecen tanto como los chicos que atraviesan la pubertad a tiempo.

Hace veinte años, Howard Kulin, jefe de endocrinología pediátrica en la Facultad de Medicina de Penn State, escribió lo siguiente: "Tengo la impresión de que una buena parte de la limitación en la estatura puede ser soportada por pacientes que tienen algún grado de madurez sexual... Sin restar importancia al trauma de una baja estatura en adultos en nuestra sociedad, para los niños en edad puberal, su preocupación es cómo el mundo exterior los categoriza en relación con sus compañeros". Kulin estaba muy adelantado a su tiempo y, si me preguntas, tenía toda la razón. Los chicos que son más bajos pero que pasan por la pubertad de manera típica parecen estar menos afectados por el hecho de ser relativamente más bajos. Muchos no lo disfrutan, se quejan de ello, incluso quieren corregirlo, pero es un obstáculo único y, por lo tanto, parece más manejable, si no superable. No he visto un estudio que compare a los chicos que son de baja estatura pero que están madurando con los chicos que son de baja estatura y no están madurando. Dicho esto, los chicos que viven parte (o toda) su adolescencia con pocos o ningún signo externo de maduración han sido estudiados bastante, y son más propensos que los que maduran a tiempo o de forma temprana a tener uno o más de los problemas en la siguiente lista: depresión, baja autoestima, mal rendimiento escolar, agresión hacia los compañeros o comportamiento oposicional hacia los adultos, menos contacto con los compañeros y una inmadurez general, tanto social como en términos de metas futuras. En otras palabras, nadie descarta el impacto social y emocional de la baja estatura en nuestra sociedad, pero el impacto de experimentar una maduración tardía parece ser mayor. Es decir, peor.

TOMA ACCIÓN CUANDO LAS
HORMONAS ESTÁN INACTIVAS

Resulta muy injusto que uno de cada cuarenta chicos pase al menos parte de su adolescencia sintiéndose completamente rezagado y que la respuesta médica sea: "No te preocupes, hemos descartado lo peor y todo debería resolverse por sí solo a los dieciocho. Si no es así, lo abordaremos entonces". El artículo de Kulin fue un llamado a la acción, una negativa a aceptar esto como el estándar de cuidado, porque los costos sociales y emocionales son demasiado altos. Aunque no soy partidaria de una intervención médica excesivamente agresiva, sobre todo para un problema que tal vez se resolverá por sí solo, creo que en este caso debemos sopesar los problemas médicos frente a los psicológicos. No es justo pedirle a un chico que espere hasta los dieciocho años para ver si sus testículos comenzarán a crecer por sí solos, ignorando el tormento que siente porque, a pesar de ser un estudiante de preparatoria, parece, a todos los efectos, un preadolescente. No estoy sola en esta creencia: muchos pediatras y endocrinólogos pediátricos (pediatras especializados en hormonas) piensan de la misma manera y no se quedan de brazos cruzados, esperando hasta que un chico se gradúe de la preparatoria. Ellos logran el delicado equilibrio de investigar sin caer en una medicalización excesiva.

Mientras tanto, los padres también deben abogar por sus hijos con madurez tardía, y la única manera de hacerlo de manera efectiva es hablar con ellos. Si cada capítulo de este libro parece aterrizar en el mismo lugar, no es por casualidad. La primera intervención para casi todos los problemas relacionados con la pubertad en los chicos es la conversación. En lo que respecta al momento de la pubertad, abre líneas de comunicación con tu hijo preguntándole cómo se siente respecto a su estatura, sus estados de ánimo o simplemente sobre el hecho general de llegar tarde a la pubertad. Algunos chicos no se sienten especialmente afectados por nada de esto: tienen un fuerte sentido inherente de sí mismos y sienten que la pubertad sucederá cuando tenga que suceder. Estos chicos tienden a ver el lado positivo, y algunos incluso se sienten aliviados de no tener que lidiar todavía con cosas como el acné y el mal olor corporal. Pero la mayoría de los chicos que maduran tarde, cuando se les pregunta (aunque a veces no lo admitan hasta la cuarta, quinta o incluso décima vez), revelan sentimientos de frustración, tristeza o preocupación. Al igual que otros chicos de su edad, muchos se refugian en el silencio: los testículos no tienen que comenzar a crecer para que nuestros hijos empiecen a cerrar sus puertas, y sólo necesitan un pequeño empujón para abrirse. Por lo tanto, trabaja para romper este silencio, incluso (y tal vez especialmente) con un chico que aún no ha entrado de lleno en la pubertad.

Vale la pena añadir aquí que nuestras preguntas pueden volverse sugestivas: si preguntamos a nuestros hijos con suficiente frecuencia cómo se sienten acerca de su desarrollo, podríamos sembrar inadvertidamente semillas de preocupación, una situación clásica de efecto contrario. Entonces, ¿cómo alentamos a nuestros hijos, en particular a los que maduran tarde, a hablar sobre sus sentimientos sin causar accidentalmente una preocupación que antes no existía? De manera muy similar a como manejamos cualquier tipo de orientación anticipada: empujamos donde creemos que necesitamos empujar, compartimos lo que pensamos que debemos compartir y, en general, improvisamos, acertando en la mayoría de las veces y fallando estrepitosamente en al menos un área. Si tu hijo es particularmente ansioso, naturalmente vas a enmarcar tus preguntas de manera diferente, porque has tenido toda su vida prepubescente para aprender a hacerle preguntas delicadas. Pero incluso si tu hijo es estoico, sé cauteloso en tu enfoque. La pubertad tardía puede ser un tema particularmente sensible, y son los chicos más callados quienes a menudo se sumergirán aún más en su tristeza o frustración, haciéndonos creer que están bien.

Más allá de hablar, aborda los hechos fisiológicos. Si tu hijo no muestra signos de la pubertad para cuando tenga catorce años, llévalo al pediatra para que lo evalúe. En muchos casos, un simple examen testicular revelará que en realidad ya está en la pubertad, sólo que ésta es un poco más tardía que en muchos de sus amigos y tomará tiempo para que la testosterona que está produciendo se manifieste externamente. El alivio para esos chicos es palpable, incluso para aquellos que nunca expresaron preocupación. Para otros, si no hay crecimiento testicular, se justifica el inicio de una evaluación. Recuerda que hasta tres cuartas partes de todos los niños que maduran tarde tienen un retraso constitucional, por lo que cada prueba y estudio resultará normal. Pero eso deja un cuarto de los casos en los que hay algo subyacente detrás de la pubertad retrasada, y ese algo puede necesitar tratamiento.

Una nota sobre qué decir antes de que evalúen a tu hijo, porque una visita al médico puede generar ansiedad en algunos chicos: abórdalo como harías con cualquier otra cosa —un dolor de oído, una erupción extraña, un bulto donde solía estar el ombligo— y tranquiliza a tu hijo diciéndole que sólo quieres que lo revisen de pies a cabeza, pero que no estás preocupado. ¿Necesitas una excusa para llevarlo a un chequeo anual regular? ¡La pubertad es una excelente razón!

Contar con apoyo social y emocional hace una diferencia tremenda para los chicos, sobre todo porque la larga lista de problemas asociados con la pubertad tardía incluye cosas como la depresión, la agresión y el aislamiento social. Terapeutas, consejeros escolares y otros adultos de confianza pueden proporcionar un apoyo invaluable en este sentido. Si es posible, busca a alguien que haya pasado por la pubertad tardía; no hay nada como un confidente que haya vivido esta experiencia.

Y luego está la medicación. Los pediatras y endocrinólogos pediátricos tienen la capacidad de prescribir andrógenos, como la hormona testosterona, para ver si pueden hacer que un adolescente entre en la pubertad cuando su cuerpo no lo hace por sí solo. Sin embargo, hay pros y contras al tratar la pubertad tardía con medicamentos. Mientras que los chicos que reciben andrógenos pueden comenzar la maduración sexual, empezar a crecer más rápido y, como resultado, reportar un mejor estado de ánimo, lazos sociales más fuertes y un bienestar general, todos los medicamentos tienen efectos secundarios. Algunos estudios sugieren que estos tratamientos resultan en una estatura más baja en la adultez de la que se habría alcanzado sin ellos; otros enumeran efectos secundarios como reacciones alérgicas, coágulos sanguíneos y consecuencias hormonales exageradas (como un crecimiento excesivo de vello, pérdida de cabello, hinchazón del tejido mamario o un acné severo, como si algún tipo de "*poltergeist* de la pubertad" habitara el cuerpo). El otro problema es que el tratamiento hormonal podría no tener resultados, sobre todo si se inicia después de los catorce años en los chicos, lo cual es un umbral absurdo e irónico dado que la definición de pubertad retrasada *comienza* a los catorce años para los varones. Sin embargo, este último dato está en constante cambio, con una serie de nuevos estudios en el horizonte que evalúan diferentes variantes de tratamientos hormonales. A pesar de todo, los chicos con una pubertad tardía siguen atrapados, al menos en este momento, en una especie de dilema: por un lado, hay que tener cuidado con los medicamentos y usarlos sólo como último recurso; pero, por otro lado, si esperas demasiado, podría ser demasiado tarde para que la medicina tenga algún efecto.

Pasar por la pubertad tardía es difícil tanto para los chicos como para las chicas, pero como ellas tienden a madurar primero, incluso las que maduran tarde generalmente no son las últimas. Casi siempre es un chico quien se queda con la corona. A medida que se investiga más sobre la pubertad en general, cruzo los dedos para que los recursos no sólo se destinen a descubrir por qué esta etapa está comenzando más temprano, pues el 2.5 por ciento más tardío también merece sus propias respuestas.

Si tienes un hijo que está atravesando la pubertad tardía, haz lo que puedas para reconocer la situación juntos. Tres de cada cuatro de estos chicos serán declarados completamente sanos después de una serie de pruebas y estudios. Si eso sucede, aunque tú respires aliviado, tal vez tu hijo siga sin ver la luz al final del túnel del desarrollo. Respétalo. Compréndelo. Habla con él, señala recursos alternativos como un consejero, entrenador o incluso un hermano mayor, para proteger su autoestima. Ayúdalo a canalizar su frustración o sensación de desventaja, porque esas habilidades le serán muy útiles más adelante. Y apóyate en tu pediatra o en un endocrinólogo pediátrico para que te ayuden a sopesar los pros y los contras del tratamiento. Si él está bien con la situación, eso es genial para él; si no lo está, es completamente comprensible.

Siempre habrá chicos de pubertad tardía; como mencioné al principio, uno de cada cuarenta está, por definición, en el extremo final de estas curvas estadísticas. Como sociedad, hemos normalizado la pubertad temprana en las chicas, y quizás haremos lo mismo con el desarrollo de los chicos una vez que la gente empiece a reconocerlo. Al menos, este capítulo es una llamada para normalizar el otro extremo del espectro y aliviar las preocupaciones donde sea posible.

Cómo se desarrolla el cuerpo de los niños varía ampliamente de un chico a otro. Sin embargo, sorprendentemente, la madurez del cerebro sigue un camino mucho más predecible. Y ocurre mucho más lentamente de lo que podrías pensar.

CÓMO HABLAR CON LOS CHICOS SOBRE... LA PUBERTAD TARDÍA

1. PREGÚNTALE CÓMO SE SIENTE. Si tu hijo madura tardíamente, puede que le preocupe llegar tarde a la fiesta de la pubertad. Lo mismo si está en el extremo de más baja estatura. Algunos padres temen que hablar de esto pueda crear preocupación. Pero la mayoría de los chicos me dicen que se sienten aliviados cuando se les pregunta algo como: "He notado que muchos de tus compañeros de clase se están viendo bastante altos últimamente... ¿quieres hablar de eso?". O: "¡Vaya, mi coche tenía un olor peculiar cuando llevé a todos a casa después de la práctica el otro día! ¿Te gustaría que te avise cuando empieces a oler parecido?".

2. SI ÉL ESTÁ BIEN CON ELLO, ¡TÚ TAMBIÉN DEBERÍAS ESTARLO! A algunos chicos no les molesta en realidad tener un desarrollo tardío. Se sienten aliviados de crecer lentamente, o tal vez reciben atención por ser quienes son. De cualquier manera, si la pubertad tardía no le molesta a tu hijo, no debería molestarte a ti: no hay nada de malo en ello. Dicho esto, comienza a hablar con su pediatra alrededor de los catorce años si el desarrollo parece inexistente, ya sea que a tu hijo le importe o no.

3. NO PROMETAS DE MÁS. Este punto es muy importante porque los chicos (¡y las chicas!) sólo quieren saber que van a ponerse al día con —o al menos encajar con— sus compañeros. Aunque por lo general termina siendo así, a veces el camino para llegar hasta allí se alarga demasiado. Y no hay ninguna garantía de que un niño vaya a alcanzar un determinado hito a una edad específica, y mucho menos una altura concreta. Así que si te pregunta cuándo va a cambiar su cuerpo, la respuesta más honesta y poderosa es: "No lo sé". Luego, puedes seguir con una pregunta para iniciar la conversación, como: "¿Quieres hablar sobre cómo te sientes al desarrollarte más tarde que muchos de tus amigos? Porque supongo que tienes sentimientos al respecto...".

Capítulo 5

Cuando parecen adultos, pero no piensan como tales

Cuando mis hijos comenzaron la escuela primaria, tenían la norma de que sólo podían abrirles la puerta principal a cinco personas: sus tres abuelos, su papá y yo. Eso es todo. Sólo esos cinco. (Y, por cierto, los cinco tenían llaves de la casa.) No, no importaba si la persona que tocaba el timbre era alguien a quien habían conocido desde que nacieron. En un esfuerzo por combatir el peligro de extraños, teníamos la norma de que los niños no le abrieran la puerta a *nadie* excepto a esas cinco personas, dejando esa tarea al adulto que estuviera en casa con ellos. Con este mandato tan claro, no había ninguna posibilidad, sin importar la tentación, de que mis hijos abrieran la puerta a una persona al azar.

La regla no sólo era clara, sino que se les inculcaba y recordaba, de manera regular, cada pocas semanas. Así es como se triunfa en la crianza, solía decirles a los padres en mi consultorio. Tan sólo establece un límite y repítelo una y otra vez. Justo eso fue lo que hice una tarde, cuando estábamos sólo los tres en casa: repasé la instrucción aparentemente por enésima vez, terminando con una mirada profunda y dramática hacia sus ojos y la pregunta culminante: "¿Entendido?".

"¡Entendido!", respondieron al unísono. En ese momento, caminé por el pasillo para darme una ducha.

Mientras estaba en el baño, me pareció escuchar que sonaba el timbre. Salté de la ducha, me puse algo de ropa y corrí hacia la puerta principal. Esto es lo que encontré: parado *dentro* de mi casa estaba un repartidor de Amazon.

"¡¿Qué?!". Miré a mis hijos, que estaban parados en la entrada junto a este completo extraño. Estaban sonriendo, pero cuando vieron la expresión en mi rostro, sus sonrisas se desvanecieron.

"¿En qué estaban pensando?", pregunté (bueno, grité). Estaba totalmente desconcertada. "¡¿Saben qué fue lo que hicieron mal?!".

Mi hijo, que para ese momento tenía tan sólo seis años, me miró, y luego su expresión facial cambió drásticamente, juro que casi pude ver un foco encenderse sobre su cabeza.

"Oh, mamá", dijo, "lo siento mucho. Siempre nos dices que usemos nuestros modales, pero no nos presentamos". En ese momento, extendió su mano y se presentó cortésmente al tipo vestido con la ropa de Amazon. Claramente, era el foco equivocado.

Hubo una larga pausa.

"Deberías decirles a tus hijos que no abran la puerta a extraños", dijo el repartidor.

¿Qué estaba mal con mis hijos?

Eso sucedió hace ya varios años. Hoy en día, mis hijos abren la puerta con mayor libertad, reciben a personas que conocen más allá de las cinco principales, y están bien informados de que no deben abrirla a extraños. Además, en la entrada principal de nuestra casa ahora hay una puerta con un intercomunicador que suena a través de nuestra línea telefónica. Justo el otro día, mi ahora hija adolescente y yo estábamos en la cocina. El timbre de la puerta sonó y ella levantó el auricular del teléfono.

"¿Hola?", dijo, con una mirada que sólo una adolescente puede poner mientras hace algo tan mundano como necesario, pero aun así buscando reconocimiento. No podía escuchar a la persona al otro lado, pero después de unos segundos, vi cómo le dio acceso.

"¿Quién llegó?", pregunté, justo cuando alcancé a ver a un completo desconocido acercándose a nuestra puerta principal.

"No lo sé". Se encogió de hombros. "No entendí lo que estaba diciendo, así que lo dejé entrar".

¡¿En serio?!

Si alguna vez te has asombrado por la inteligencia de tu hijo sólo para verlo hacer algo tan irreflexivo, impulsivo, peligroso o, francamente, tan tonto que no puedes creer que alguna vez hayas pensado que él podría ser brillante, ten la seguridad de que no estás solo. Estoy contigo. Abrir la puerta a extraños, repetidamente, es sólo la punta del *iceberg* de las decisiones insensatas.

De hecho, cada padre que he conocido se ha preguntado —y a menudo en voz alta— cómo su hijo puede ser tan inteligente y tan tonto a la vez. La respuesta tiene que ver con la maduración del cerebro. El desarrollo del cerebro no está conectado de manera directa con la pubertad, pero es importante tomarlo en cuenta al mismo tiempo. Esto se debe a que, a medida que nuestros hijos empiezan a parecer más adultos, el mundo parece esperar que *piensen* como adultos, aunque sus cerebros no pueden ofrecer decisiones similares a las de un adulto de manera confiable.

Los chicos mejoran en la toma de decisiones con el tiempo, sí. Pero, literalmente, no están conectados neurológicamente para sopesar las implicaciones a largo plazo de sus acciones, sobre todo cuando se enfrentan a placeres a corto plazo. Por eso, casi todos los padres con hijos entre el nacimiento y los treinta años lidian con cierto grado de malas decisiones al menos en algún momento. Tal vez, en tu casa, esto ocurra la mayor parte del tiempo.

Cómo piensan nuestros hijos —o por qué no lo hacen— es tan sólo una función de su desarrollo cerebral, y de eso trata este capítulo. Hay muchas maneras en las que ser un niño influye en cómo el cerebro toma decisiones —un tema central en la segunda mitad de este libro—, pero, en las próximas páginas, el objetivo es dominar (o al menos comprender) el proceso de maduración mental, independientemente del género. Por lo menos entender cómo crece y cambia el cerebro nos da una enorme ventaja en la crianza durante todos los años de preadolescencia y adolescencia de nuestros hijos.

LA MADURACIÓN DEL CEREBRO ADOLESCENTE, EN RESUMEN

Damos por hecho, de manera general, que los niños pequeños no son pensadores consecuentes, pero algo sucede cuando dejamos a nuestros hijos en el kínder el primer día y, de repente, parecen haber crecido. Sin duda, para cuando llegan a la secundaria, les atribuimos la capacidad de tomar decisiones maduras de manera consistente. Bueno, no lo hacen y no pueden hacerlo.

La realidad es que estos dos procesos, la maduración del cuerpo y la del cerebro, funcionan con relojes por completo separados. Sí, claramente existe cierto mutualismo. Por ejemplo, las hormonas de la pubertad pasan a través del cerebro y afectan su manera de gestionar la información, a veces con mucha profundidad. Pero el desarrollo del cerebro —la forma en que se organiza y maximiza su propia eficiencia— es, casi en su totalidad, independiente al desarrollo del cuerpo, incluyendo sus cambios de forma y crecimiento. Sin mencionar que el cerebro tarda mucho más en desarrollarse que todo lo que está al sur de él. En otras palabras, aunque nuestros hijos parezcan adultos, su madurez mental es lenta.

En el fondo del funcionamiento de la cabeza de nuestros hijos, se encuentran dos aspectos básicos del cerebro: (1) crecimiento y encogimiento, y (2) mielinización. Vamos a profundizar en ambos, pero un resumen general ayudará a contextualizarnos:

1. **Crecimiento y encogimiento.** El cerebro crece y se encoge, vuelve a crecer y se encoge de nuevo a lo largo de la infancia, y después de eso, prácticamente sólo se encoge. Esto no es, por fuerza, algo malo; de hecho, es bastante importante, porque parte de este encogimiento es altamente específico y fundamental para perfeccionar habilidades que, con el tiempo, nos hacen expertos en ciertas cosas.

2. **Mielinización.** Los cables sin aislamientos envían señales muy lentamente en comparación con los que están aislados. Así funciona en la vida y también en el cerebro. Esto explica por qué el proceso de *mielinización* —la construcción lenta de una capa de aislamiento alrededor de una célula nerviosa— puede hacer que el cerebro funcione de manera más eficiente. Y por qué los niños cuyos cerebros están sólo parcialmente mielinizados, es decir, todos los niños, tienen partes de sus cerebros (¡las divertidas!, ¡impulsivas!, ¡buscadoras de sensaciones!) que funcionan mucho mejor que otras (las partes sabias, mmm, a largo plazo, mmm, que sopesan las consecuencias).

Ahora volvamos atrás y abordemos algunos detalles, comenzando con el punto #1: crecimiento y encogimiento.

ÚSALO O PIÉRDELO

Los bebés humanos nacen con demasiadas células nerviosas en sus cerebros, alrededor de cien mil millones. Poniéndolo en contexto, eso quiere decir que en un feto en el útero crecen doscientos cincuenta mil neuronas cada minuto. Sorprendentemente, siguen apareciendo nuevas neuronas durante los primeros años de vida. Con el tiempo, la *proliferación neuronal*, como se llama técnicamente, se desacelera hasta convertirse en un goteo relativamente lento hasta llegar a la preadolescencia, cuando hay un aumento dramático en el engrosamiento de muchas neuronas. Después de los doce años, hay algunas áreas pequeñas del cerebro que pueden generar nuevas células y engrosarse, pero en general, el número total de neuronas comienza a disminuir de forma constante a lo largo de la vida. Esta idea de que el cerebro crece en la infancia y luego vuelve a acelerar su crecimiento alrededor de los ocho o nueve años es relativamente nueva; tan reciente que cuando yo estaba en la escuela de medicina se consideraba normal que una persona naciera con todas las neuronas que iba a tener. Por cierto, muchos conocimientos adquiridos en la escuela de medicina se refutan y descartan con el tiempo.

¿Por qué importa el número de neuronas? Porque las neuronas son las trabajadoras físicas del cerebro, interconectándose entre sí (¡una sola neurona puede conectarse incluso con otras diez mil!) para generar pensamiento, movimiento, emoción y todo lo demás que ocurre en la cabeza. Los bebés y los niños pequeños desarrollan habilidades a un ritmo sorprendentemente rápido. Luego, ese ritmo frenético de adquisición se ralentiza un poco —a un ritmo increíblemente rápido, digamos— hasta que un día tu hijo de tercero o cuarto grado da un giro y domina un juego de mesa, un deporte, una estrategia de construcción o un instrumento musical a cierta velocidad y de una manera que te recuerda los saltos que daba en su infancia. ¿Eso se deberá a la aparición de más neuronas en su cabeza? Tal vez, pero si es así, sólo se daría de manera parcial.

Eso se debe a que, a medida que el cerebro crece, e incluso cuando no lo hace, elimina activamente las neuronas que no se usan. Todos nuestros cerebros han hecho esto desde el nacimiento y continuarán haciéndolo hasta el fin de nuestras vidas. Esto se conoce informalmente (y con cierto cariño) como el fenómeno de "úsalo o piérdelo": si una neurona no se utiliza, está ocupando un espacio valioso dentro de una cabeza llena, y debe desaparecer. La muerte de esa célula no es, en absoluto, algo malo, ya que nos permite concentrar energía y recursos en las neuronas que apuntan a un objetivo particular. En otras palabras, perder neuronas sobrantes nos ayuda a acrecentar las habilidades propias de las que permanecen.

El cerebro también trabaja duro optimizando las conexiones entre neuronas, eliminando las conexiones que no se utilizan. Dado que cada neurona puede conectarse con cientos, e incluso miles, de otras neuronas, limitar estas redes es crucial para la especialización. El término médico y elegante para la pérdida de una conexión entre células nerviosas es *poda sináptica*: una sinapsis es el pequeño espacio que hay entre dos terminaciones nerviosas, y "poda" se refiere a lo que hacemos con los árboles para darles forma, eliminando el crecimiento excesivo. (Ahora puedes usar esa frase para impresionar a tus amigos, como en: "La increíble habilidad de mi hijo al jugar *Fortnite* parece aumentar cada semana... ¡debe ser la poda sináptica!".)

¿Cómo encaja el crecimiento y la reducción del cerebro en el contexto de la crianza de un niño durante la pubertad? Simplemente en cuanto a que nos ayuda a recordar que volverse ágil en algo, ya sea un idioma, una habilidad física, una interacción social o seguir una regla, lleva tiempo. A lo largo de muchos años, el cerebro se reconfigura físicamente, consolidando las vías que se recorren con frecuencia y eliminando las que no se utilizan. Así que, aunque tu hijo pueda comprender una lección en un momento dado, puede llevar mucho más tiempo que ese conocimiento se asiente en su cerebro. Y esto explica por qué es posible que tengas que repetir algo mil veces antes de que tu hijo en verdad lo entienda.

MENSAJERÍA CEREBRAL A MÁXIMA VELOCIDAD

Ahora pasemos al punto #2: mielinización. La mielina está formada por células grasas que envuelven el exterior de las neuronas. Las neuronas desnudas, sin mielina, se ven grises, pero las mielinizadas se ven blancas gracias al brillo de la grasa. La construcción de una neurona mieliniza-da es notablemente similar al cable del cargador de tu dispositivo móvil, donde el cable interno sería el brazo largo de la célula nerviosa y la capa plástica que lo recubre sería la mielina. Todo esto es importante por el hecho de que las neuronas desnudas, sin mielina (al igual que los cables desnudos y sin aislamiento), son bastante lentas para transmitir impulsos; pero una vez cubiertas con una capa externa, la señal se mue-ve significativamente más rápido: en el cerebro, es hasta tres mil veces más rápido. La conclusión es ésta: un cerebro que puede intercambiar información con velocidad y eficiencia máximas se considera "maduro", y dado que la mielina acelera la transmisión de señales, se considera un indicador confiable de la madurez.

El cerebro se mieliniza muy lentamente y con una secuencia muy es-pecífica. Este patrón de desarrollo es gradual y lineal, por completo di-ferente al del desarrollo del cuerpo durante la pubertad. Del cuello para abajo, la maduración física se da relativamente rápido —por lo general, en unos cinco o seis años— y en ningún orden particular. El vello, las curvas, los cambios de voz, el acné, el mal olor corporal... todos parecen aparecer cuando se les antoja, comenzando en algún momento entre los siete y once años de edad. En el cerebro, por otro lado, la mielina se va asentando célula por célula, como si se tratase de calentadores de pier-nas que se tejen solos; comienza su trayecto antes del nacimiento y se extiende durante décadas sobre miles de millones de neuronas.

Durante mucho tiempo, los científicos han sabido que la mielina se toma su tiempo para recorrer el cerebro. Sin embargo, históricamente se subestimaba qué tan lento era este proceso. Antes, estaba extendida la creencia de que cuando un chico se graduaba de la escuela secunda-ria, su cerebro ya estaba maduro. Eso fue antes de que los investigadores pudieran observar el cerebro con herramientas de imagen sofisticadas. A partir de la década de 1990, los científicos utilizaron escáneres de re-sonancia magnética (IRM) para generar imágenes de alta resolución del cerebro, construyendo mapas de mielinización y reescribiendo la línea de tiempo del desarrollo. Dado que la IRM no utiliza radiación, los investigadores podían justificar la toma de imágenes de cerebros normales y saludables. No hay manera de exagerar la importancia de esto: una cosa es cuando los médicos y científicos utilizan técnicas de imagen con riesgos significativos (como la radiación) para estudiar cuerpos enfermos, porque hay una compensación, un análisis de riesgo-beneficio en el que la desventaja de una prueba se ve compensada por la ventaja de descubrir qué está pasando, pero es muy diferente cuando se puede aprovechar la tecnología con un riesgo muy bajo para comprender qué es normal. Recopilar información sobre enfermedades es crucial para el avance de la medicina, pero también lo es entender el desarrollo típico.

Un investigador en particular, Jay Giedd, ha seguido a un grupo de niños durante veinticinco años, realizando imágenes de más de tres mil quinientos de ellos. Él suponía que cuando sus sujetos llegaran al final de la adolescencia, su estudio sobre la mielinización estaría completo. Pero las imágenes mostraron una historia muy distinta, por lo que Giedd tuvo que traer a sus sujetos de vuelta año tras año, durante toda la universidad y hasta sus años veinte. Sus cerebros aún no habían terminado de madurar, no hasta casi tocar los treinta años.

Giedd y sus colegas investigadores utilizan imágenes cerebrales generadas por computadora a las que se le puede ajustar la gama de colores para mostrar dónde la mielina está más concentrada y dónde está prácticamente ausente, creando un mapa viviente de la maduración cerebral. Esto es lo que han documentado una y otra vez: la mielina se desplaza hacia arriba y hacia afuera, desde la parte inferior hacia la parte superior y desde el interior hacia el exterior. Las primeras áreas en madurar son las que se encuentran en la parte inferior del cerebro, cerca del cuello, y en el núcleo central del cerebro, las regiones que controlan las funciones corporales más básicas, como la respiración, la alimentación y el movimiento general. La mielina puede visualizarse en estos lugares de manera tan temprana como en el tercer trimestre del embarazo, incluso antes de que un bebé nazca. A lo largo de los primeros años de vida, la mielina comienza a avanzar hacia arriba y hacia afuera, moviéndose hacia los centros del lenguaje y los sentidos, mejorando habilidades como la visión, la audición, el desarrollo del lenguaje y la coordinación motora.

Esto ya se conocía hace tiempo. La investigación de Giedd se tornó realmente interesante en lo referente a los últimos años de la adolescencia.

En la preadolescencia, la mielina ha ocupado por completo la parte central del cerebro. Entre otras cosas, aquí se encuentra el epicentro emocional, un área llamada el sistema límbico. Esta región está llena de diferentes estructuras cerebrales específicas que quizás hayas oído mencionar, como la amígdala, el hipocampo, el tálamo y el hipotálamo. En términos de su funcionalidad, el sistema límbico gobierna los sentimientos, comportamientos, motivaciones y recuerdos. Es la región de riesgo/recompensa, la parte que busca la novedad y las sensaciones emocionales o físicas que resultan de ella. Para cuando un niño llega a la escuela secundaria, su sistema límbico está práctica y completamente maduro, con sus neuronas bien aisladas y, por ende, capaces de enviar y recibir señales a gran velocidad. Los niños de esta edad pueden formar recuerdos que conservarán por el resto de sus vidas; se sienten motivados por las personas que los rodean y las historias que escuchan; desarrollan pasiones; inventan juegos y estrategias, y también son muy buenos siendo impulsivos y emocionales. Gracias, sistema límbico.

¿Sabes qué parte *no* está mielinizada en la secundaria? La más externa del cerebro, justo debajo de la frente: el lóbulo frontal. La mielina simplemente no ha llegado del todo hasta allí todavía. De hecho, ésta es una de las últimas partes del cerebro en madurar, siendo la última de las últimas la punta superior del lóbulo frontal, el área llamada la corteza prefrontal.

La corteza prefrontal es la parte donde una persona sopesa las consecuencias de hacer algo en contraposición a no hacerlo: la parte del cerebro que ayuda a tomar decisiones buenas, inteligentes y con una visión global. Decisiones a largo plazo. Lo opuesto a las decisiones de gratificación inmediata. Es donde procesamos la percepción y la empatía, controlamos nuestros impulsos y evitamos comportamientos arriesgados. La corteza prefrontal es el contrapeso del sistema límbico, por lo que se ha ganado el apodo de "el CEO del cerebro". Y lo que Giedd demostró es que ésta no estará completamente mielinizada hasta, al menos, una década después que el sistema límbico y, por lo general, mucho más tarde.

No estoy diciendo que la corteza prefrontal en el cerebro de tu hijo sea totalmente disfuncional, para nada. La corteza prefrontal existe, llena de neuronas completamente capaces de comunicarse entre sí. Y todos hemos visto eso en acción en nuestros hijos: son completamente capaces de pensar en escenarios, sopesar las consecuencias y comportarse con precaución. Pero la corteza prefrontal no está mielinizada por completo, mientras que las neuronas en el sistema límbico sí lo están. Y eso significa que, si se envían dos mensajes de manera simultánea, uno al sistema límbico y otro a la corteza prefrontal, en el cerebro de un preadolescente o adolescente, el mensaje que va hacia el sistema límbico llegará mucho más rápido... tres mil veces más rápido. No se puede acceder tan fácil a la corteza prefrontal como al sistema límbico. Y eso significa que nuestros hijos pueden, y lo harán a menudo, tomar decisiones emocionales o impulsivas (como: "Abramos la puerta porque alguien está tocando el timbre") antes de sopesar las consecuencias (como: "Ese tipo en la puerta es un completo extraño y no tengo idea de lo que quiere"). El sistema límbico gana; gracias, mielina.

Además, hay una gran cantidad de datos que demuestran que cuando los niños están rodeados de sus amigos, el sistema límbico se encuentra aún *más* activo, como si estuviera en alerta máxima. Esto es cierto tanto para los amigos en la vida real como para los virtuales, lo que significa que las redes sociales, con su reloj 24/7, tienen un impacto, en apariencia, interminable en el sistema límbico. En nuestra época, la presión grupal se limitaba a las horas en que estábamos físicamente con nuestros amigos o tal vez hablando con ellos por teléfono, pero hoy en día existe de manera ininterrumpida. Resulta que darle a un niño tiempo para pensar en una decisión en presencia de adultos —o al menos, sin otros niños alrededor— puede facilitarle acceder a su corteza prefrontal de una manera que no ocurre cuando está rodeado de un grupo de amigos. Esta configuración mental explica cómo un adolescente puede sentarse con sus padres en la mesa y prometer que no va a beber en una fiesta y en verdad creer en lo que dice, pero luego, dos horas más tarde, ese mismo chico, rodeado por su grupo de amigos, puede terminar bebiendo una cerveza o dos o cinco.

En cambio, en nuestros cerebros adultos, la finalización de la mielinización indica que un mensaje puede llegar a la corteza prefrontal tan rápido como al sistema límbico, dando paso a una confrontación entre ambas áreas. ¿Pensando en hacer trampa? ¿Estudiar? ¿Acelerar? ¿Ponerse ese casco? ¿Decir sí? ¿Decir no? Cuando todo el cerebro madura y las señales llegan a todas las regiones, prácticamente al mismo tiempo, el sistema de chequeo y equilibrio del cerebro puede activarse, ayudando a tomar decisiones "maduras". Por supuesto, muchos factores externos pueden interferir, desde el alcohol, las drogas y la medicación hasta la privación del sueño y las enfermedades cerebrales. Pero en un cerebro adulto sano, sobrio y maduro, el CEO prefrontal puede competir con el sistema límbico y, a menudo, ganar.

Giedd y otros han demostrado que la corteza prefrontal no madura por completo sino hasta mediados o finales de los veinte —algunos dicen que esto puede pasar incluso hasta a principios de los treinta— pero, mientras tanto, el centro emocional estará totalmente maduro en los años preadolescentes, y dominará al cerebro joven. En los adultos, hay un equilibrio entre estos dos centros; no así en los preadolescentes, adolescentes y veinteañeros.

La maduración tardía de la corteza prefrontal en comparación con la del sistema límbico no es del todo negativa. Muchos biólogos evolutivos y sociólogos creen que tener un cerebro gobernado por el sistema límbico confiere grandes beneficios. Los preadolescentes y adolescentes están dispuestos y son capaces de tomar riesgos que muchos adultos no pueden. No me refiero a los riesgos imprudentes que, evidentemente, representan un peligro, sino más bien a la disposición de probar algo nuevo, explorar, inventar, descubrir. En el contexto de un cerebro que está creciendo y podándose, es fácil ver cómo el cerebro joven anhela nueva información y puede aprender más, más rápido. Nuestros hijos están altamente motivados, son capaces de retener nuevos conocimientos y están programados para desafiar los límites, ya que sus cerebros son muy maleables y absorbentes. Sólo considera el ejemplo moderno del clásico fundador de una empresa tecnológica: un veinteañero con un sistema límbico todavía dominante, y te encontrarás con un ejemplo perfecto de cómo esta combinación ha afectado profundamente la experiencia humana.

Pero hasta que nuestros hijos hagan uso de su desequilibrio de mielinización para el bien, o incluso mientras lo hacen, los padres nos preocuparemos por la búsqueda de emociones y la toma de decisiones impulsivas que puedan llegar a tener grandes consecuencias negativas a largo plazo. Los niños están programados para pensar —o mejor dicho, no pensar— de esta manera. Deberíamos estar un poco preocupados, sobre todo en el mundo de hoy, y ellos también. El objetivo de entender la mielinización en el contexto de la maduración cerebral está en poder contrastar la idea del porqué nuestros hijos inteligentes a veces pueden tomar decisiones tontas. Una vez que lo hagamos, nos daremos cuenta de que hay pasos que, como padres, podemos dar para superar esta programación, minimizando el riesgo y maximizando los beneficios de esta anatomía temporal.

CONOCIMIENTO ES PODER

Sí, el cerebro se desarrolla a lo largo de un trayecto bien coreografiado, independiente del acné, el desarrollo de los senos y el crecimiento testicular. Y, sin embargo, las hormonas que impulsan estos cambios físicos, y que nos acercan a la adultez, también se infiltran en el cerebro, bañando a las neuronas —tanto las no mielinizadas como las mielinizadas— de un nuevo *caldo* químico. Existen efectos hormonales muy certeros en el cerebro, que a su vez se traducen en cambios emocionales y físicos. Esto va mucho más allá del enfoque estereotipado de que el estrógeno provoca cambios de humor o de que la testosterona genera ira, ambas visiones pueden estar en lo cierto, pero no para todas las personas y, ciertamente, no todo el tiempo.

Las hormonas en sí mismas poseen un lenguaje complicado con el cual se comunican, de modo que cuando el nivel de una es alto, hace que otra hormona suba o baje, dependiendo de los bucles de retroalimentación preexistentes. Y como sabes desde el capítulo 2, la pubertad comienza en el cerebro, con el hipotálamo y las glándulas pituitarias liberando hormonas precursoras que activan el interruptor de ENCENDIDO de una cascada mucho mayor. Así que, aunque te he dicho que la pubertad y el desarrollo cerebral son por completo independientes, la verdad es que sólo funcionan en relojes separados y superpuestos: en realidad, se impactan mutuamente.

Y hablando de relojes, el hecho de que los niños estén entrando en la pubertad a edades cada vez más tempranas añade una capa que merece ser abordada en esta conversación. La pubertad en edad temprana hace notar que los niños parecen más adultos a edades cada vez más jóvenes. Los niños de nueve, diez y once años solían verse como niños, pero hoy en día ya no parecen precisamente niños, pero tampoco adultos... están en un punto intermedio... son preadolescentes. Sus cambios corporales pueden aparecer antes, pero el desarrollo cerebral no se ha acelerado; no existe evidencia de una aceleración en la poda sináptica o la mielinización. De hecho, si acaso, los científicos han reconocido lo contrario: los cerebros maduran más lentamente de lo que se pensaba, incluso en el contexto de cuerpos que comienzan a cambiar más rápidamente. Y más allá de los años de la preadolescencia, cuando los niños están de lleno en la etapa adolescente, aparentando mayor adultez, y con permisos para hacer cosas de adultos (como conducir o votar), *todavía* les queda una década por delante antes de que sus cerebros alcancen un total desarrollo.

Comprender el contraste entre la rapidez de los cambios físicos y el ritmo lento de la maduración cerebral nos ayuda a todos, padres e hijos, a entender por qué los preadolescentes y adolescentes a veces toman decisiones en verdad buenas, aunque no siempre. Y por qué a menudo las personas miran a nuestros hijos como si *debiesen* tomar grandes decisiones por el hecho de que se ven como adultos —o al menos, están empezando a verse—, pero no piensan como adultos.

Pausar es una de las herramientas más poderosas contra la mielinización incompleta. Si las señales viajan más rápido al sistema límbico, los mensajes sólo necesitan un poco más de tiempo para llegar a la corteza prefrontal racional. En serio, tan sólo contar hasta diez antes de hacer algo impulsivo puede marcar toda la diferencia del mundo. En última instancia, comprender el *porqué* ayuda a los niños a evitar elecciones imprudentes: les permite encontrar una manera de superar su propia programación cerebral. También nos ayuda a los padres a evitar poner a nuestros hijos en situaciones para las que no están preparados. Y mientras tanto, los beneficios del sistema límbico —desde la curiosidad hasta la innovación y la pasión— permanecen en su lugar, listos para ser usados cuando se requieran.

Soy una gran defensora de educar a los niños en torno a la maduración del cerebro y la mielina. Si este conocimiento nos ayuda a nosotros como padres, imagina cómo puede marcar la diferencia en un niño que logra entender el porqué de su comportamiento. Si sientes que tú solo no puedes enseñarle el tema, simplemente haz que tu adolescente lea este capítulo: los chicos me dicen todo el tiempo que comprender la biología es el primer paso hacia una mejor toma de decisiones.

También es tremendamente empoderador para los niños (y sus padres) apreciar el impacto de las hormonas de la pubertad sin sentirse víctimas de ellas. Las hormonas circulan por todo el cuerpo, y eso significa que impactan el cerebro. Es bueno saberlo. Mejor aún, todos deberíamos comenzar a identificar cómo nos hacen sentir estas sustancias químicas, tanto en la pubertad como más allá de ella. De esa manera, podemos anticipar y gestionar esos sentimientos.

Idealmente, debemos evitar poner a nuestros hijos en situaciones que sus cerebros no puedan manejar. Aquí es donde la palabra *no* resulta muy útil. Si tu hijo está pidiendo salir con un amigo que ha estado metiéndose en problemas últimamente, o si está rogando ir a una fiesta donde no habrá supervisión, o incluso si tan sólo quiere quedarse con su teléfono en su habitación cada noche y sabes que no puede resistir la tentación de estar usándolo sin parar... di no. Él te dará todas las razones correctas por las cuales no deberías preocuparte, pero ahí estaría su corteza prefrontal hablando. Fuera de tu casa, o incluso detrás de una puerta cerrada en su habitación, la influencia de los compañeros aumenta el volumen de su sistema límbico. ¿Por qué poner a nuestros hijos en situaciones donde sus cerebros estarán predispuestos a tomar un camino preocupante? Habrá muchas situaciones que nuestros hijos no podrán controlar, así que ayudémosles a evitar aquellas que puedan anticiparse. La corteza prefrontal no madurará más rápido si se coloca en situaciones complicadas.

Las malas decisiones pueden surgir del hecho de que los cerebros de los preadolescentes y adolescentes simplemente no pueden tomar las decisiones más inteligentes cuando sus sistemas límbicos dominan. Por eso sus decisiones pueden ser tan disímiles, y dependerán de dónde se encuentren o de quién les esté haciendo una pregunta específica. Todo se reduce a la poda sináptica y la mielinización, las cuales están en pleno proceso.

CÓMO HABLAR CON LOS CHICOS SOBRE...
EL DESARROLLO DEL CEREBRO

1. CONECTA LA BIOLOGÍA CON LA TOMA DE DECISIONES.
Es muy útil que los niños comprendan que nuestras decisiones como padres están relacionadas con su capacidad para tomar decisiones inteligentes. No es que no confiemos en ellos (aunque a veces no confiemos en ellos), sino que no confiamos en que sus cerebros hagan lo correcto. ¡Y con buena razón! Así que explica la maduración del cerebro lo mejor que puedas, lean este capítulo juntos o encuentra un video en línea que explique el tema con claridad (para los chicos mayores a los que les gustan los videos, siempre recomiendo *SciShow*, de Hank Green).

2. ENSEÑA ESTRATEGIAS DE PAUSA PARA QUE LOS MENSAJES LLEGUEN TAMBIÉN A LA CORTEZA PREFRONTAL.
Enseña a tu hijo (¡o hija!) a tomarse un momento antes de tomar una decisión que no sea claramente inteligente y segura. ¿Cómo? Contar hasta diez, o respirar lenta y profundamente un par de veces, o, si el tiempo lo permite, tomarse un descanso más largo para dar un paseo, jugar basquetbol, escribir en un diario... lo que sea que ayude a despejar la mente. Esto es algo real, por cierto, y permite una distribución más equitativa de las señales en todo el cerebro.

3. EMPIEZA CON LO POSITIVO.
Hay una razón por la cual los jefes, maestros y otras figuras de autoridad más exitosos comienzan una conversación difícil con una nota de elogio: hace que la crítica sea más digerible. Así que, si tu hijo ha estado tomando malas decisiones, no empieces la conversación adentrándote directamente en lo negativo. Trata de dar un poco de cariño primero. Dile lo orgulloso que estás de que haya sacado una buena nota en su examen de matemáticas antes de reprenderlo por pasar tres horas jugando videojuegos, los restos de comida y los calcetines sucios que dejó tirados. O agradécele por haber lavado los platos antes de recordarle que debe limpiar su habitación.

Este enfoque puede cambiar las reglas del juego. Si ha hecho algo en verdad grave, esto puede resultar un consejo difícil de aplicar, ¡en esos casos es mejor no empezar con elogios!

SEGUNDA PARTE

Fuerzas externas

Capítulo 6

Los chicos y "la conversación": disruptores de la información del siglo XXI

El camino, en apariencia, interminable de la pubertad consiste en tener más curvas y llegar a ser peludo, maloliente y temperamental. Pero, al final de ese camino no tan lejano —quizá tu hijo ya esté allí— se encuentra el punto cumbre: la capacidad de gestar un bebé. Aunque una gran parte de la pubertad guarda muy poca relación con el sexo, en algún momento cada niño experimentará nuevos impulsos sexuales que son estimulados por las mismas hormonas que lo transforman físicamente. Así que, básicamente, mientras que la pubertad comienza como una historia lenta y profundamente individual sobre la metamorfosis del cuerpo de una persona, por su propia naturaleza, y de manera eventual, preparará a esa persona para querer interactuar con otros cuerpos. Lo cual significa que, si vamos a examinar todo el espectro de esta etapa de la vida, no podemos evitar hablar de sexo.

Pero el sexo es un punto cumbre, y nuestros hijos necesitan acumular una gran cantidad de información en el camino hacia él, desde lo más básico sobre el cuidado personal, hasta el hecho de desmentir mitos sobre productos para el cuerpo que prometen más de lo que cumplen. Hay tanto que abarcar, de hecho, que los padres han desarrollado ideas radicalmente diferentes en torno a cómo tratar el tema. Muchos asumen que sus hijos aprenderán ciertos aspectos sobre educación corporal en la escuela, o al menos lo tomarán del mundo que los rodea. Aun así, la mayoría abordará parte de esta información por sí misma.

Desde mis primeros días como pediatra, siempre les he preguntado a los adolescentes si hablan con sus padres sobre los temas relacionados con la pubertad o el sexo, sobre todo porque no deja de sorprenderme la brecha de información. Una y otra vez, tanto chicos como chicas me dan alguna versión estilo: "No, nunca hemos hablado de nada de eso". Adquieren su conocimiento a través de la música, los medios o amigos de la vida real, lo que es aún más convincente, ya que dicha información no proviene de su madre o padre. En muy pocas ocasiones, la respuesta es distinta, y recalco "muy pocas", en particular cuando se trata de sexo.

Luego, cuando trato con los padres, en ausencia de sus hijos, hago la misma pregunta. Casi cien por ciento de ellos responde, asombrado: "¡Por supuesto!". Aunque no pido detalles, muchos comienzan a dar una (a veces exasperantemente) detallada explicación de cómo abordaron "la conversación", esa famosa charla sobre el sexo. Esta experiencia se repite con tanta regularidad que no me llevó mucho tiempo darme cuenta de que existe una gran desconexión entre la mayoría de los padres y los hijos cuando se trata de hablar sobre la pubertad. Y en lo que respecta al sexo en particular —quizá la conversación más trascendental para un adulto, un hito importante en la crianza, y también un obstáculo superado—, dicho momento, a menudo, ni siquiera queda grabado en la mente del niño.

Uf.

Esta dicotomía nos ha colocado en una situación incómoda. Como sociedad, ciertamente nos hemos acostumbrado a hablar con detalle sobre la vida de celebridades, figuras políticas y completos desconocidos. Pero al navegar por los campos minados que representan los cuerpos e intimidad de nuestros propios hijos, la ecuación cambia de manera dramática. Conversar sobre personas fuera de nuestros hogares —en especial, sobre sus vidas sexuales— parece un tema válido (¡y un juego divertido!), pero cuando se trata de nuestros propios techos, muchos quieren esconder la cabeza en la arena lo más profundo posible o contener la respiración y terminar la conversación pronto.

Por desgracia, esta incongruencia deja a nuestros hijos, por falta de una palabra mejor, jodidos.

El objetivo de este capítulo está en arrojar luz sobre lo que los niños necesitan saber acerca del camino hacia el sexo, cómo obtienen esos "hechos" y las diferentes maneras en que la información se les transmite a chicos y chicas. Porque el mundo es un sitio muy diferente con respecto al lugar en el que crecimos, y hoy en día la información es fácil de conseguir. Aunque esto puede no sorprenderte (en realidad no debería, porque... internet), lo que podría cambiar tu perspectiva es esto: tu principal competencia en la educación sexual de tu hijo no es otro niño en la escuela, ni un maestro asignado para cubrir "la conversación de los pájaros y las abejas", ni siquiera un libro o una revista "para adultos". No, es el contenido en línea porque... internet. Cuando tuviste que asumir tu rol de padre por primera vez, los factores de estrés se concentraban en los pañales sucios y en hacerle frente a los berrinches. Ahora, desearías que eso fuera lo peor.

No podemos mantener a nuestros hijos a salvo y saludables si no abrimos los ojos a cómo ha cambiado el contexto temático en las últimas décadas, tanto la educación corporal como la sexual son ejemplos primordiales aquí. Dicho esto, ¡no todo es pesimismo! Sí, hay una gran cantidad de imágenes que tendrás que buscar y bloquear (por ejemplo, la pornografía, un tema lo suficientemente grande como para justificar su propio capítulo). Pero también existe todo un mundo nuevo de contenido educativo, gran parte del cual está disfrazado de entretenimiento, y es de fácil acceso para cuando necesites que intervenga una voz alternativa. Esta enseñanza ya no recae exclusivamente en ti o en el maestro de ciencias de la secundaria, aunque desearías que así fuera. Así que, adentrémonos en el camino hacia el sexo, en el cuándo y cómo hablar sobre ello, y en a quién más invitar a la conversación.

LO QUE LOS NIÑOS NECESITAN SABER, Y QUIÉN DEBERÍA EDUCARLOS

Algunos padres reciben con los brazos abiertos la oportunidad de conversar sobre los cambios corporales y el sexo, pero muchos otros ni siquiera creen que estén listos para abordar estos temas, sobre todo con los chicos. Esta división de género se acentúa por la tendencia natural que tenemos los seres humanos de abordar lo que vemos más que lo que conocemos (o al menos, sospechamos). Como la pubertad temprana en las niñas es tan visible, con las jóvenes con senos en desarrollo, volviéndose más curvilíneas o cayendo en algunos dramas súper estereotípicos, la mayoría de los padres la suelen reconocen con facilidad: "¡Ajá! ¡Influencia hormonal! Debe ser la pubertad. Tal vez deberíamos hablar de eso. Y, oh, Dios mío, la gente está mirando a mi hija como un objeto sexual. *Gulp*, parece que también tenemos que hablar sobre eso…".

Mientras tanto, la pubertad en los chicos de la misma edad es, a todos los efectos, invisible. Como se explicó en el capítulo 3, ésa es la razón por la que, a menudo, no nos damos cuenta de que están pasando por ella. Sólo se ven más altos (si acaso, porque a veces sólo se ven con forma de L: con sus enormes pies de cachorro y sus piernas aún cortas) y tienen un ligero mal olor (aunque todavía queremos abrazarlos y, en general, lo superamos). La falta de señales evidentes de pubertad en los chicos nos permite fingir que no necesitamos abordar estos temas aún… Tal vez sea demasiado para sus cerebros inmaduros… Abordaremos el tema cuando estén listos, aunque por ahora ni parecen ni actúan como si lo estuvieran. Y ahí entran las bromas de flatulencias.

El sutil inicio de la pubertad en los chicos a menudo retrasa el inicio de las conversaciones con nuestros hijos y, para cuando muchos padres se dan cuenta, ya es tarde. Algunos de nosotros ni siquiera tenemos la oportunidad de abordar lo básico con respecto a lo que está sucediendo y al motivo por el cual nuestros chicos están transformándose, antes de que, de repente, sea el momento de las grandes conversaciones sobre lo que harán con estos nuevos cuerpos. El sexo es la culminación de la pubertad, el gran premio final, y la razón por la cual el término "educación sexual" tiene tanto peso. Pero esto no describe todo lo que nuestros hijos deben aprender, ni de lejos. Entonces, ¿qué necesitan saber? ¿Cuándo? ¿Y quién debería enseñarlo? Eventualmente, necesitan comprender todo, desde los cambios físicos de la pubertad hasta las consecuencias emocionales y reproductivas. Son estas repercusiones las que han llevado a la mayoría de las escuelas a asumir la responsabilidad de abordar la educación corporal y sexual. Y esto se debe a que las personas que *deberían* estar enseñándoles —padres, tutores y cuidadores principales— a menudo no lo hacen. Históricamente, han temido dar mala información o a sentirse incómodos; algunos fueron criados para creer que hablar de estos temas es vergonzoso. Así que el contenido fue delegado a las escuelas, donde, dependiendo del estado en el que viva el niño y el tipo de escuela a la que asista, las clases pueden cubrir una variedad de temas que van desde la aparición de las hormonas hasta el coito. Pero no hay una estandarización con respecto a cómo enseñar todo esto.

Por ejemplo, las escuelas utilizan definiciones muy diversas en torno al "sexo". Algunas hablan del sexo en términos de género, o de las categorías en las que se dividen los miembros de una especie según su función reproductiva. Otras —la mayoría, de hecho— también abordan el sexo como la intimidad física entre dos (o más) personas, que puede tomar diversas formas y puede o no incluir el coito con el objetivo (o efecto secundario, dependiendo de la perspectiva) de la reproducción. Si bien un beso no es sexo, un beso no deseado es acoso sexual, por lo que en estos días los maestros tienden a mantener la conversación amplia. Sin embargo, a menudo no *demasiado* amplia; algunos cursos no cubren el sexo en términos de sexualidad u orientación sexual, ni cubren el lenguaje sexual y las imágenes, como en el sexo telefónico o los mensajes sexuales (conocidos como *sexting*), aunque éstos puedan ser altamente excitantes. Básicamente, cuando describimos lo que se enseña en una clase típica de educación sexual en la escuela, muchas veces hablamos del sexo como actividad, no como identidad, y de vivirlo en carne propia en lugar de a través de fotos o videos. La semántica es importante, porque cuando se trata de diálogos con nuestros hijos sobre el sexo, lo último que cualquiera de nosotros quiere hacer es sumergirse en una gran conversación en la que pensamos que estamos hablando de la *actividad* mientras ellos piensan que estamos hablando de identificarse como hombre o mujer. La falta de comunicación se da. Más a menudo de lo que imaginamos.

Así como el *sexo* en la "educación sexual" puede tener distintos significados, no hay nada coherente en la parte de *educación* tampoco. Las reglas sobre lo que se puede (o no) enseñar en las escuelas varían según el estado, con requisitos de educación sexual establecidos año tras año, y de la misma manera en que se establecen las pautas para materias menos controvertidas como historia y matemáticas. Esto significa que el contenido enseñado en California puede diferir bastante al que se enseña en Mississippi, a pesar de que la transformación hormonal de los estudiantes en estas aulas es la misma.* Por lo tanto, cuánto y cuándo se

---

* Aunque muchas escuelas han comenzado a incorporar currículos de "bienestar" desde el kínder o primer grado, estos cursos se centran sobre todo en temas como el

discute depende totalmente de dónde vives. También vale la pena señalar que algunos estándares estatales se aplican sólo a las escuelas públicas, lo que significa que no hay garantías en cuanto a lo que se enseña sobre ciertos temas en las aulas privadas y parroquiales.

La educación sobre el cuerpo y el sexo puede, en teoría, abarcar innumerables lecciones potenciales. La magnitud de esta tarea puede explicar la razón por la que muchas escuelas se limitan a la definición clásica de sexo (la acción, no la identidad) y, por extensión, equiparan la educación sexual exclusivamente con la educación sobre el coito heterosexual. Para muchas escuelas —e incluso para muchos padres— resulta muy abrumador manejar una interpretación más amplia del sexo. Sin embargo, esta definición restrictiva, aunque más fácil de abordar, es demasiado limitada para cubrir lo que los niños necesitan; para estar adecuadamente educados, deben aprender mucho más que sólo sobre el coito. Todo esto deja a las escuelas en una posición casi intrascendental cuando se trata de enseñar sobre el sexo o, francamente, sobre cualquier comportamiento riesgoso de los preadolescentes y adolescentes que todos intentamos minimizar.

Los educadores, en general, saben que los niños están hambrientos de información, en especial ante el inicio más temprano del desarrollo corporal y el contexto actual, en el que el acceso a más información sucede a edades cada vez más jóvenes. También entienden que quienes informan primero suelen tener el mayor impacto, independientemente de si esa información proviene de un educador capacitado o de un video aleatorio lleno de contenido incorrecto o extremadamente gráfico. Y sumado a esto, los maestros en la primera línea de la educación sexual escolar saben que la clase que enseñan puede ser, para algunos niños, la primera conversación formal sobre *cualquier tema* relacionado con la

---

lavado de manos, la nutrición y el sueño. La enseñanza sobre el cuerpo, en cuanto a genitales y desarrollo físico, por lo general no ocurre sino hasta alrededor de quinto grado, momento para el cual, vale la pena señalar, la gran mayoría de los niños en la clase ya ha entrado en la pubertad, y algunas niñas incluso han comenzado a menstruar. A partir de ahí, el contenido cubierto aumenta rápidamente e incluye desde el acoso escolar hasta la violencia, las drogas y, sí, el sexo. Aunque, una vez más, el contenido suele centrarse en el sexo heterosexual.

pubertad o el cuerpo, sobre todo entre los chicos. Puede haber un salto abismal cuando se pasa de preguntarse en silencio qué tan grande se tiene el pene a aprender cómo usarlo de manera responsable. Los educadores comprometidos entienden todo esto y quieren hacer lo correcto por sus estudiantes.

Durante muchos años, se han dado intensos debates sobre si la educación sexual debería impartirse en las escuelas o dejarse en manos de los padres en casa. Algunos padres quieren tener el control absoluto de toda la conversación (lo cual es comprensible), mientras que otros piensan todo lo contrario ("¡No quiero enseñar eso! ¡Que lo hagan ellos!"), y un tercer grupo, quizás el más numeroso, en realidad ni siquiera le presta mucha atención al tema (hasta que reciben una carta de la escuela anunciando el próximo curso, y entonces la mayoría desarrolla opiniones fuertes de manera inmediata). Si nunca te has detenido a pensar en lo que enfrentan los maestros al abordar el temido currículo de educación sexual, tal vez ahora sientas un poco más de empatía por ellos.

¿LOS PADRES HACEN UN MEJOR TRABAJO AL ENSEÑAR ESTOS TEMAS QUE LAS ESCUELAS?

Nosotros, los padres, no siempre hemos tenido éxito donde las escuelas han tropezado. La mayoría de los padres me dicen que su objetivo para con sus hijos, tanto varones como niñas, es que tengan relaciones saludables, amorosas, apasionadas y positivas —consigo mismos y con los demás— a lo largo de sus vidas. Pero, al igual que los maestros luchan con el contenido, el tono y el enfoque de la enseñanza del cuerpo en general y del sexo en particular, los padres también enfrentan esos desafíos, a veces de manera todavía más pronunciada.

Una conversación cara a cara puede generar una presión tremenda al momento de hablar sobre lo que está sucediendo con el cuerpo, y cuando se aborda el tema del sexo, las implicaciones pueden ser mucho mayores. A menudo, esto hace que, por instinto parental, se plantee al sexo como muy poco atractivo, con algunos padres hablando del tema de manera estoica y formal, mientras que otros lo tratan como si fuera una plaga. Pero el mensaje no tan subliminal de "esta conversación no es divertida, ¡y el sexo tampoco lo es!" no logra retrasar la experimentación sexual de la mayoría de los niños. De hecho, existe una gran posibilidad de que sea contraproducente, porque todos sabemos que el sexo no es algo malo, y tampoco es una aflicción sin emociones. Demonizarlo no garantiza que retrasarán el acto; todo lo que esto hace es añadir una capa de vergüenza, con el "beneficio" adicional de reducir significativamente la probabilidad de que nuestros hijos nos hablen sobre sus relaciones íntimas en el futuro. Sin embargo, es increíblemente difícil evitar la negatividad, sobre todo cuando tu audiencia —tu propio hijo, que además es una consecuencia del sexo— te ofrece un tiempo de atención limitado.

Todos nosotros, como padres, vivimos nuestra propia versión de la pubertad, pero la mayoría apenas recordamos gran parte de ella. Esto distorsiona, y a veces afecta profundamente, nuestra manera de abordar el tema con nuestros hijos. Sí, sí, sí, todos podemos recordar algunos momentos cumbre o difíciles como si hubieran ocurrido ayer. Pero a menudo nos apoyamos en ellos como si representaran la totalidad del proceso. Mientras tanto, muchas de nuestras experiencias han sido guardadas en los rincones más profundos de nuestro inconsciente.

Por lo general, entre los recuerdos más vívidos y accesibles de la pubertad se encuentran fragmentos de nuestra educación sexual. Se trate de una conversación intensa con nuestros propios padres, una clase ridiculizada en la escuela o una información vital obtenida de un amigo o de la revista *Playboy* de ese amigo, cuando se nos pregunta, la mayoría de nosotros podemos evocar al menos un recuerdo de cómo nos informaron sobre el tema. Para mí: el cartel del Día de la Educación Sexual, cuando pequeños grupos presentaron todo lo que necesitabas saber sobre un método anticonceptivo específico (el cartel sobre espuma era un desastre). Recordamos principalmente imágenes, porque así es como funciona el cerebro, y estas memorias se transforman en advertencias o lecciones de vida que compartimos con nuestros hijos. El camino hacia una educación sexual impartida por los padres está lejos de ser objetivo, basado en datos, por lo que resulta predecible. No existen estándares ni manuales que los padres puedan seguir y, como resultado, cada uno enseña este contenido a su manera. Esto sería una solución eficaz si todos los padres realmente participaran en las conversaciones y enseñaran el contenido de manera adecuada. Aunque nuestra generación lo hace mucho mejor que la de nuestros padres, todavía, y por una infinidad de razones que van desde nuestros propios complejos hasta el miedo a equivocarnos, gran parte de esta enseñanza no se da en casa.

LA REINVENCIÓN DE LA EDUCACIÓN CORPORAL Y SEXUAL

En conjunto, décadas de controversias en torno a la enseñanza sobre el cuerpo y la educación sexual en las escuelas y en el hogar han impulsado la necesidad de un cambio. Además, la forma en que recibimos la educación sexual muchos de nosotros —una charla seca y temida que sucedía una sola vez— claramente necesitaba una renovación. Así que, sin que una sola persona esté a cargo, este currículo ha recibido una especie de transformación: "la conversación" (en singular) ha sido reemplazada por múltiples conversaciones a lo largo de los años, con lo que se reconoce que la educación sobre el cuerpo y la sexualidad es un proceso continuo. De repente, los padres y maestros ya no son los únicos calificados para transmitir este conocimiento, y, en algún momento, se aceptó que, aunque el tema del sexo es serio, también puede ser incómodo, divertido y, en ocasiones, absurdo.

La nueva educación sobre el cuerpo y el sexo alienta a nuestros hijos a ser parte de una conversación bidireccional, lo que propicia que los adultos también aprendamos sobre temas que abarcan desde términos que nunca habíamos escuchado hasta cómo es en realidad la vida amorosa para la generación de nuestros hijos. Estas técnicas interactivas y relajadas han sido protagonizadas por una nueva generación de educadores: *youtubers*, comediantes y personajes animados, un pequeño ejército de "entretenedores-educadores" que han creado voces ruidosas y, resultan, extremadamente efectivas en este campo. Son disruptores, mensajeros atípicos (muchos no son padres y no están entrenados en educación, mucho menos en biología o educación sexual), cuyas ideas se difunden en computadoras y dispositivos móviles por todo el país. En gran parte, han reemplazado a los padres ansiosos por explicar "qué está pasando allí abajo" o al desafortunado entrenador de educación física encargado de enseñar sobre sexualidad en la escuela. Y todo esto ha sucedido en los últimos años.

Podemos rastrear el origen de esta reinvención educativa a más de una década atrás, cuando la entonces estudiante universitaria Laci Green publicó un video reseñando un método específico de control de natalidad. Resultó que una cantidad sorprendente de personas quería escuchar lo que ella tenía que decir. El canal de YouTube de Green, fundado en 2008, ganó rápidamente seguidores mientras ampliaba el alcance de su contenido para incluir videos educativos de una sexualidad positiva. Para 2012, era portavoz de Planned Parenthood y daba conferencias por todo Estados Unidos. En 2014, a la temprana edad de veinticinco años, ya tenía más de un millón de suscriptores en su canal de YouTube; había creado una serie con MTV, y sus videos llegaban a más de cinco millones de personas mensualmente en más de cien países. Hoy en día, se estima que los videos de Green han sido vistos más de ciento cincuenta millones de veces. Básicamente, ella inventó el campo de la educación sexual en línea, o al menos, lo llevó a un público masivo. Green allanó el camino para un movimiento casi inesperado: *youtubers* y vlogueros (es decir, blogueros de video, para quienes no estén familiarizados con el término) en su mayoría mujeres, que ofrecen educación sexual para las masas jóvenes.* Hoy en día, hay un gran número de creadores de contenido como Laci, la mayoría de ellos producen alguna versión de lo que ella comenzó, es decir, videos de formato corto que abordan un tema a la vez, desde los conceptos más básicos que podrían enseñarse en un aula de quinto grado hasta consejos sexuales muy específicos, tanto anatómicos como acrobáticos. Estos videos —y sus narradores convertidos en protagonistas— comparten una inclinación educativa, pues ofrecen respuestas a

* Un movimiento paralelo estaba surgiendo entre los *youtubers* adolescentes, aunque no era exactamente de educación sexual. Este grupo, liderado por pioneros tempranos como Bo Burnham, publicaba videos que cubrían temas desde los cambios corporales hasta las relaciones. Pero el objetivo de estos primeros vlogueros era únicamente entretener a otros jóvenes, no educarlos formalmente. Al verlos ahora, estos videos se sienten casi como entradas de diario grabadas, memorias de la vida en la secundaria y preparatoria. Relatan historias que resonaron con millones de espectadores y continúan haciéndolo, incluso después de todos estos años.

preguntas ampliamente buscadas. También comparten un formato simi- lar (cabezas parlantes con animaciones intercaladas o modelos de estilo "muestra y explica"), un ritmo rápido (casi siempre a gran velocidad) y una vibra de anfitriones jóvenes, frescos y animados —sobre todo muje- res— que parecen tener una energía infinita al abordar todos los temas.

La popularidad de los videos de Green y de todo el género que ella inspiró demostró que había un vacío en el mercado: la gente quería in- formación sobre sus cuerpos y el sexo. No sólo los adolescentes, por cierto: muchos adultos también ven estos videos en línea. Pero aunque han generado innumerables horas de contenido optimista, algunos in- cluso dirían aspiracional, estos videos siguen estando claramente en el ámbito de la educación. ¿Son efectivos? Sí. ¿Populares? Sí. Pero ¿entre- tenidos hasta el punto de volverse virales? Ése no es el objetivo. ¿Y están diseñados para niños más pequeños? Con pocas excepciones, no. Esto explica por qué las personas que consumen este contenido de educa- ción sexual suelen ser adolescentes mayores y adultos que buscan infor- mación específica; quieren ser educados activamente, pero no en un sentido escolar.

Luego vino un segundo grupo, quizá más grande, de espectadores que navegaban por la web, no para educarse, sino para iluminarse o tan sólo obtener información general, y a menudo intrigante, a veces re- lacionada con el sexo y, en otras ocasiones, no. Estos espectadores se congregan en sitios como TED (sigla de Tecnología, Entretenimiento y Diseño), una organización de treinta y cinco años fundada con el objeti- vo de compartir "ideas que vale la pena difundir". TED es mucho más an- tiguo que YouTube o incluso que Laci Green, ya que comenzó como una serie de conferencias presenciales sólo por invitación. Pero su impacto se multiplicó varias veces cuando, en 2006, incluyó un formato en línea. Hoy en día, los TED Talks descargables cubren casi todos los temas imagi- nables, incluido el sexo.

Allá por 2010, justo cuando el canal de Laci Green comenzaba a ga- nar popularidad, la comediante Julia Sweeney apareció en un TED Talk. Sweeney, exintegrante de *Saturday Night Live*, ofreció un relato alegre so- bre el momento en que, sin querer, se encontró dándole a su hija de ocho años "la conversación" sobre sexo. Todo empezó inocentemente cuando ambas comenzaron a hablar sobre la reproducción de las ranas, tema que se había abordado ese día en la escuela. Una cosa llevó a la otra a lo largo de la tarde, hasta que, de alguna manera, Sweeney y su hija terminaron viendo videos de gatos apareándose, luego de perros, y la inevitable pregunta surgió: "Mamá, ¿crees que haya en internet videos de humanos apareándose?". La humilde, pero increíblemente graciosa narración de Sweeney sobre cómo por accidente llevó a su hija a preguntar sobre pornografía en línea merece ser vista, si es que no eres una de los tres millones y medio de personas que ya lo han hecho.

Sweeney no fue la única, ni la primera, comediante en aparecer en línea bromeando sobre el sexo. Pero fue una de las primeras en destacar utilizando una plataforma de perfil educativo, en este caso TED, y tuvo éxito porque su "idea digna de ser compartida" se reducía a una versión del mayor temor de cualquier padre: enfrentarse inesperadamente con "la conversación". Su humanidad nos resulta familiar, al igual que su humillación. Todos nos hemos encontrado en una conversación con nuestros hijos que se sale de control, sin poder retomar el rumbo; Sweeney tan sólo contó la suya mejor de lo que cualquiera de nosotros podría haberlo hecho. Y, en los primeros días del contenido compartido en línea, ella demostró que reírse del sexo en general, y de "la conversación" en particular, no sólo es un alivio, sino también una herramienta efectiva para enseñar.

La historia de Sweeney sobre cómo la educación sexual se salió de control fue más fácil de identificar por su naturalidad a diferencia de si hubiera sido planeada, lo que la convirtió en una maestra accidental. Y esto, al parecer, es clave para llegar a audiencias que buscan más inspiración que educación. A diferencia de Laci Green y su equipo de educadores sexuales bien preparados y semiguionizados, Sweeney no se propuso necesariamente ser una educadora. Tan sólo contó una historia universal, que conectó por su sinceridad. Así, con el tiempo, muchas personas encontraron su TED Talk (y varias versiones similares, algunas incluso más graciosas), no sólo porque querían aprender sobre cómo hablar de sexo —o, más bien, sobre cómo *no* hacerlo—, sino porque querían entretenerse. Cuando el entretenimiento es lo que atrae al público y el tema es el sexo, a menudo aparece una audiencia inesperada. Y cuando lo hace, tienden a aprender algo. Es una educación sexual accidental y sorprendentemente efectiva.

Eso fue justo lo que ocurrió en 2017 con el lanzamiento de *Big Mouth*. Este programa animado sobre la pubertad se estrenó en Netflix y se volvió, al instante, popular entre los adolescentes de secundaria y preparatoria, aunque no haya sido creado para ellos (y menos para más jóvenes) ni estaba pensado para ser una fuente de información válida (no fue diseñado como "eduentretenimiento"). *Big Mouth* no sólo proporcionó educación sexual accidental, sino que lo hizo para una audiencia inesperadamente joven que necesitaba —¡y anhelaba!— esa información.

No me malinterpretes: *Big Mouth* no se parece en nada a la charla TED de Julia Sweeney ni a los videos de Laci Green. Más bien, es un programa de dibujos animados, con episodios de unos treinta minutos, ambientado en la pubertad, de la misma manera en que una serie sobre la Segunda Guerra Mundial podría situarse en la Europa de los años cuarenta. La serie sigue a los mejores amigos Nick y Andrew —quienes, aunque tienen la misma edad, asisten a la misma escuela y comparten el mismo grupo de amigos, viven en cuerpos completamente diferentes. Mientras Andrew está mucho más desarrollado que Nick en la pubertad, ambos luchan desesperadamente por manejar lo que sus hormonas están (o no están) causando. Escrito desde la perspectiva de adultos que recuerdan las horribles experiencias de esa etapa de la vida, y destinado a una audiencia que quiere reírse pesadamente de su propia adolescencia, *Big Mouth* retoma las historias dolorosas y llenas de palabrotas de la pubertad, exagerando cada insulto físico, emocional y, por supuesto, sexual.

Lo último que sus creadores, Nick Kroll y Andrew Goldberg (sí, ellos *son* Nick y Andrew), imaginaron fue que *Big Mouth* se convertiría en una fuente significativa de contenido educativo para estudiantes de secundaria. Si tienes alguna duda al respecto, sólo necesitas ver el tráiler de la primera temporada, que en dos cortos minutos cubre todo, desde la masturbación hasta el sexo oral, pasando por una vagina parlante, con muchas palabrotas añadidas para darle un toque extra. No es sorprendente que el programa obtuviera una clasificación TV-MA (para público adulto) y eso estaba bien para Nick y Andrew en la vida real.

El equipo detrás de *Big Mouth* nunca tuvo la intención de llegar a ser un educador sexual. Era un grupo de talentosos guionistas y actores de Hollywood que utilizaban la pubertad como premisa y la animación como plataforma para crear un programa entretenido, y nada más.

Como describió Andrew (el humano, no el personaje animado) en los primeros días del proyecto: "Empezamos escribiendo el programa para nosotros, con lo que nos parecía gracioso. Y luego recuerdo que, antes de que saliera el programa —pero después de que saliera el tráiler— aparecieron comentarios como: 'Éste es un programa para niños que los niños no pueden ver. ¿Para quién es?'. Y por primera vez pensé: '¡Oh no! ¿Hicimos un programa para nadie?'. Pero ahora parece que no es el caso".

De hecho, lo que ocurrió fue esto: hicieron un programa para nadie que atrajo a casi todos. Bueno, al menos a todos los que estaban en el borde de la pubertad.

A los pocos meses de su estreno, *Big Mouth* se convirtió en un torbellino de entretenimiento para preadolescentes y adolescentes en todas partes. Combinando las fuerzas individuales de Green y Sweeney —contenido informativo (como el de Green) mezclado con un humor fácil de identificar (como el de Sweeney y otros cómicos)— *Big Mouth* añadió un nuevo ingrediente clave a este género educativo: irreverencia dirigida directamente a la adolescencia y, de paso, a los adolescentes. Su mezcla sobre el recorrido biológico real y la cruda burla de uno mismo (¿mencioné ya el lenguaje soez?) se transmitió sin problemas a través de la plataforma de Netflix, llegando a teléfonos y computadoras portátiles de todo el país.

Nadie sabe con certeza qué tan popular es *Big Mouth*, gracias a la política de Netflix de mantener en secreto sus datos de audiencia. Sin embargo, el programa se ubicó entre los veinte más vistos en 2018. Pregunta a cualquier adolescente y rápidamente te harás una idea de su alcance. No es sólo el hecho de que, prácticamente, todos los adolescentes conocen *Big Mouth*, sino que cada persona con la que he hablado siente una conexión profunda con algún personaje que experimenta algún insulto típico de la adolescencia. Los temidos escenarios de la pubertad, desde los pantalones blancos manchados de sangre hasta la revelación de lo mucho que ha crecido el pene de tu mejor amigo, se desarrollan con tanta irreverencia que es difícil desviar la mirada, ya sea que el espectador haya superado la pubertad o apenas esté empezando.

Además, los cocreadores Jennifer Flackett y Mark Levin, junto a los creadores de *Big Mouth*, tienen entre todos cuatro hijos, que abarcan las etapas que van desde antes de la pubertad hasta la inmersión completa en ella. Esto significa que Kroll, Goldberg, Flackett y Levin están escribiendo historias recordando su propia adolescencia, mientras observan, en primera fila, cómo la próxima generación, propia del siglo XXI, se desenvuelve.

PONER EL "ÉL" EN LA EDUCACIÓN PARA LA SALUD

Más allá de su enfoque sin restricciones, sus tramas centradas en la masturbación y un diálogo lleno de groserías, lo que en realidad hace que *Big Mouth* destaque por encima de todo lo que le ha precedido en el ámbito de la salud general, el cuerpo y la educación sexual es su perspectiva de género. *Big Mouth* se inclina decisivamente hacia lo masculino.

Por alguna razón, la gran mayoría del contenido informativo en línea, desde las transformaciones físicas hasta el orgasmo, tiende a centrarse en lo femenino.* Tal vez se deba a la menstruación, cuyo estatus como tema candente en la secundaria proviene del hecho de que la mitad de las niñas deben lidiar con sus periodos antes de ser adolescentes. La enseñanza sobre la menstruación va de la mano con los programas de educación sexual en la primaria por una buena razón. Con el tiempo, el contenido se equilibra, por lo que en la secundaria las conversaciones sobre las enfermedades de transmisión sexual (ETS), consentimiento e incluso embarazo se perciben relativamente neutrales en cuanto al género. Pero, al principio, una clase sobre salud puede parecer muy inclinada hacia los problemas femeninos y su anatomía.

Con el auge de educadoras en línea como Laci Green, el contenido actual suele incluir un claro enfoque en el empoderamiento femenino. Y eso no tiene nada de malo, de hecho, "¡bravo!" tanto para las mujeres que se apropian de su cuerpo como para los hombres que desean entender más sobre él. Pero esta inclinación dificulta la búsqueda de

---

* Vale la pena mencionar que no considero la pornografía como contenido informativo en línea. ¿Te intriga esta afirmación? Veremos más sobre esto en el próximo capítulo.

información legítima centrada en el cuerpo masculino. Es casi imposible buscar educación sexual orientada a los hombres.

Big Mouth representa un cambio importante. La serie gira en torno a dos chicos, Nick y Andrew, y su grupo de amigos, en su mayoría varones. Incluso sus impulsos alimentados por la testosterona están representados: los Monstruos Hormonales, personificaciones de su masculinidad interna y sus deseos. Como dijo Nick (Kroll, no el de la caricatura) casi con nostalgia cuando hablamos por teléfono: "Espero que un Monstruo Hormonal se convierta en una herramienta o plataforma para que los chicos hablen de estas cosas".

No es que *Big Mouth* no aborde temas femeninos; sin duda lo hace... y la Monstrua Hormonal es una fuerza seria a tener en cuenta. Pero el programa en realidad profundiza en lo masculino, tanto que la mayoría de las luchas físicas, emocionales y hormonales en *Big Mouth* giran en torno a la testosterona. Casi todos los episodios llevan a los espectadores a reflexionar sobre cómo es crecer siendo chico.

"Hemos dedicado, con razón, tanta energía en recuperar el tiempo perdido empoderando a las niñas en los últimos diez o veinte años que, aunque los recursos no deberían ser finitos, de alguna manera hemos olvidado un poco a los chicos", me dijo Goldberg, justificando la inclinación masculina de la serie. "Y creo que los chicos lo sienten, sobre todo con el auge del movimiento #MeToo. Incluso en espacios progresistas, ahora los chicos se sienten un poco incómodos al hablar, porque sienten que también deben cargar con una especie de vergüenza debido al privilegio".

De muchas maneras, la formalización de la educación sobre el cuerpo y la sexualidad en los planes de estudio escolares ayudó a las chicas a cambiar la vergüenza, e incluso el bochorno, por conocimiento y poder. Una típica clase de salud escolar habla mucho sobre la fisiología femenina, y las chicas a esa edad tienden a ser particularmente buenas para responder. *Big Mouth* ofrece a los chicos un camino en ese sentido. A simple vista, el programa parece ser atrevido y, bueno, con mucha "boca suelta", pero en su esencia trata sobre el silencio. Como lo describe Kroll: "Creo que cuanto más callados se quedan los chicos —y las chicas— y no pueden hablar sobre lo que están pasando, más erigen una base de vergüenza que más adelante conduce a comportamientos erráticos".

Kroll y sus cocreadores han revelado que los chicos llegan a la pubertad con muchas preguntas, además de con orgullo, valentía, incomodidad y torpeza. Son más callados de lo que solían ser, al menos muchos de ellos, a pesar de que sus Monstruos Hormonales internos gritan con fuerza. *Big Mouth* les dice a los chicos que es normal preguntarse todas estas cosas y sentir todas estas emociones. Incluso más que eso, el programa les muestra a las chicas que los chicos también tienen mundos internos profundos, llenos de muchas de las mismas curiosidades y preocupaciones que ellas. Fomenta que los jóvenes hablen sobre sus inquietudes, malentendidos (y logros también), sin importar el género. Y les recuerda a los adultos —sí, muchos adultos ven *Big Mouth*— sus historias personales reprimidas o modificadas, alentándolos a reenfocar su perspectiva parental sobre cómo podrían sentirse sus hijos durante esta etapa de la vida.

A lo largo del camino por la pubertad, *Big Mouth* puede ser uno de los mejores maestros de nuestros hijos debido a que dice la verdad, aunque de manera exagerada, disfrazada bajo el manto de un dibujo animado, con lenguaje soez, contenido sexual explícito y una ligera obsesión con la masturbación.*

AUNQUE HAYA GRANDES HERRAMIENTAS DISPONIBLES, LOS PADRES SIGUEN TENIENDO UN PAPEL CLAVE...

Si algo has aprendido de este capítulo, es que hoy en día la educación sobre el cuerpo y la sexualidad está por todas partes. Nuestro rol como

---

* Durante el año en que me dediqué a escribir este libro, los programas sobre la pubertad se convirtieron casi en la norma, al menos en las plataformas de *streaming*. Junto con *Big Mouth*, *Sex Education* y *PEN15* encabezaron la lista de los más populares. Aunque cada uno aborda el tema de manera completamente distinta —acción real *versus* animación; drama *versus* comedia—, juntos han tenido un impacto mayor al que *Big Mouth* podría haber tenido por sí mismo. Lo mejor de todo es que cada uno inicia conversaciones desde perspectivas diferentes, atrayendo a jóvenes de diversos orígenes. El futuro de la educación sexual y corporal continúa evolucionando ante nuestros propios ojos.

padres es participar en las conversaciones, en plural. Pero ¿cuándo empezar, con qué frecuencia y qué decir exactamente?

Al igual que la mayoría de los pediatras, creo firmemente en proporcionar información cuando el niño está en una etapa de desarrollo que le permita asimilarla. Sin embargo, los niños de hoy viven en un mundo saturado de imágenes y lenguaje sexual. Merecen saber cómo manejar esta avalancha, que a menudo llega antes de que estén preparados. Y si es cierto el dato que indica que la mitad de los niños de once años ya han visto pornografía en línea, entonces tenemos la obligación de adelantar la conversación.

Los niños tienen derecho a recibir información precisa, ya que la necesitan para mantenerse seguros y saludables. Pero, en general, sólo pueden procesar esta información (al menos de la manera en que se espera que la entiendan) cuando se les presenta de manera apropiada para su edad. Por eso, muchos libros introductorios sobre la pubertad para niños que están comenzando el proceso evitan por completo el tema del sexo. Lo sé, porque he escrito varios. Después de todo, la pubertad es el largo recorrido del cuerpo hacia el desarrollo reproductivo, un proceso durante el cual los niños se transforman en adultos. Este camino dura cinco, seis, siete años... y la madurez mental tarda mucho más. Adelantar la educación sexual no siempre funciona.

No existe una edad mágica para comenzar a hablar sobre sexo con nuestros hijos. Muchos padres me piden sugerencias sobre esto, en parte porque tener una pauta de cuándo abordar el tema hace que la conversación sea menos intimidante. Ojalá pudiera darte una lista con fechas exactas, pero no es así de simple. Dicho esto, siempre hay al menos un niño en el círculo de tu hijo —ese niño— que está lleno de información sensacionalista, y no hay forma de saber si a tu hijo le tocará recibir esa "verdad", proveniente de ese niño, sobre el Hada de los Dientes, Santa Claus o el sexo. Mi consejo general es que trates de adelantarte a ese niño.

La mayoría de las escuelas comienzan las clases de educación para la salud alrededor del cuarto o quinto grado, por lo que es útil tratar algunos temas antes de que los compañeros de clase empiecen a compartir su información extra. En cuanto a los niños más pequeños, que tienen hermanos o amigos mayores (piensa en primos, compañeros de autobús o amigos del barrio), podrías comenzar diciéndoles que llegarán a escuchar cosas sobre sus cuerpos en boca de otros niños, y que siempre pueden acudir a ti para obtener la verdad. Esto te permite impedir que se adelanten conversaciones sobre la intimidad antes de que estén preparados para procesarlas.

Para aquellos padres que se sienten nerviosos, existen algunas reglas básicas para hablar de sexo. A continuación, te doy algunas de mis recomendaciones favoritas. Sobre todo, no te castigues si una conversación no fluye perfectamente, porque todos cometemos errores en algún momento: todos decimos cosas que no queríamos decir, o juzgamos las preguntas de nuestros hijos (a veces en silencio, pero ellos lo notan), o nos enfrentamos a preguntas que realmente no queremos responder. Al final, cada familia aborda este tema de la manera que le resulte más cómoda o, mínimo, menos incómoda. Deja de lado los juicios y concéntrate en ofrecer a tu hijo el conocimiento que necesita.

Cuando éramos niños, si nuestros padres no hablaban sobre lo que sucedía con nuestros cuerpos (muchos no lo hacían) y nuestras escuelas no impartían esa educación (de nuevo, la mayoría no lo hacía), nos quedaba buscar información a través de nuestros amigos o en un libro de texto con algunos diagramas clínicos, y tanto los amigos como los libros generaban una mezcla de asco, miedo y confusión. El silencio en torno a estos temas no era en absoluto beneficioso; "horrible" podría ser una descripción más precisa, considerando la falta general de acceso a datos concretos. Dicho esto, en aquellos tiempos, cuando la información era más escasa, la ventaja era la ausencia de exceso de información.

Avancemos rápidamente hacia la paternidad en el siglo XXI. Nuestros hijos enfrentan los mismos efectos fisiológicos y emocionales de las hormonas con los que nosotros lidiamos hace décadas. Sin embargo, hoy en día, son bombardeados con imágenes y mensajes que los sexualizan de una forma que jamás llegamos a experimentar —ni podríamos haber imaginado— a su edad.

Las personas que lideran el movimiento de educación sexual y corporal no pretenden sustituir tu voz en la mente de tu hijo, aunque a veces pueda parecerlo; más bien, buscan reconocer lo que está ocurriendo por debajo del agua. Al hacerlo, logran conectar con nuestros hijos justo en el punto donde se encuentran (hormonalmente), e inician su educación mucho antes de que nosotros nos demos cuenta de su necesidad de información. Puede resultar sorprendente escuchar a un pediatra elogiar a maestros en línea sin credenciales o series que se adentran en temas inapropiados. Pero, para los chicos en particular, este subgénero va más allá de lo informativo: libera las conversaciones sobre pubertad y sexo, y las convierte en un fenómeno cultural clave.

CÓMO HABLAR CON LOS CHICOS... SOBRE SEXO

1. **EL MOMENTO OPORTUNO.** De cierto modo, la información es poder, así que empieza pronto. Por otro lado, no pondrías el decorado en un pastel antes de que esté completamente horneado, así que no le des demasiada información antes de tiempo. Tú decides cuándo iniciar la conversación con tu hijo, pero recuerda que hoy en día tiene muchas fuentes alternativas, por lo que retrasar la conversación no va a retrasar el flujo de información.

2. **HAZ QUE LA CONVERSACIÓN SEA PLURAL.** Hablar sobre sexo con tu hijo no es algo que se pueda hacer de una sola vez, por mucho que lo desees. Trata un tema a la vez y repítelo muchas veces a lo largo de varios años. Confía en mí cuando te digo que cuanto más hables de esto, más fácil será. Conocemos el tema —hemos *tenido* sexo—, podemos manejar la mayoría de las situaciones que se presenten.

3. **UTILIZA DEFINICIONES AMPLIAS.** Eso comienza cuando definimos los términos. El sexo es el contacto físico íntimo que involucra los genitales. No olvides hablar sobre el sexo con uno mismo (es decir, la masturbación) y sobre todas las actividades previas al sexo, esas "bases" de nuestra juventud también son íntimas y también son tema de conversación.

4. NO HAGAS TUS EMOCIONES A UN LADO. Es tan importante profundizar en el componente emocional de las citas (o, francamente, de no tener citas) como lo es hablar sobre el funcionamiento de la intimidad física. Nuestros hijos están creciendo en una cultura de "encuentros casuales" donde, al menos en muchos casos, la intimidad no tiene ataduras —en teoría, claro. En la realidad, las emociones acompañan al placer físico, así que ayuda a tu hijo a expresar con palabras sus sentimientos.

5. LA EDUCACIÓN SEXUAL NO ES SOBRE TI. Si sientes que podrías morir de vergüenza con nada más pensar en hablar con tu hijo sobre sexo, está bien. Lo mismo ocurre si te sientes completamente cómodo con todo lo que trata este capítulo y no puedes esperar para hablar del tema con tu hijo. Todos estamos conectados de manera diferente y nos comunicamos de formas únicas. Sólo recuerda que esta charla sobre sexo no es *tuya*, es de *él*. No necesitas contar toda tu historia personal para demostrar vulnerabilidad o ser "genial" o lo que sea que pienses que estás logrando. Habla un poco sobre tu propia vida si quieres, pero no acapares la conversación.

6. ABORDA LOS ASPECTOS LEGALES. A medida que tu hijo crece, es fundamental incluir temas que abarquen tanto la intimidad como la legalidad. Entre estos temas está el *sexting*: qué hacer si alguien le pide una foto desnudo (respuesta: ¡no la envíes!) y por qué tu hijo no debe solicitar un desnudo de otra persona. También están el consentimiento, la violación y el impacto de las drogas y el alcohol, cada uno de los cuales merece su propia conversación, pero deben abordarse a la par, ya que tu hijo debe entender que el consentimiento no existe bajo los efectos de las drogas o el alcohol. Hay mucho más que discutir en cuanto a aspectos legales, pero no quiero abrumarte. He reservado este tema para el capítulo 7...

7. NO ASUMAS QUE YA LO SABEN TODO. Aunque en la escuela de tu hijo haya un currículo robusto, aunque haya visto todos los episodios de *Big Mouth* o tenga cuatro hermanos mayores, asegúrate de proporcionarle los datos correctos sobre las partes del cuerpo, los métodos anticonceptivos y las enfermedades de transmisión sexual.

8. ENFATIZA EL AMOR, NO EL MIEDO. No hagas ver el sexo como algo negativo, porque el objetivo final es que tu hijo, algún día en el futuro, tenga una experiencia sexual gratificante como parte de una relación amorosa —hago énfasis en el "futuro" para la mayoría de ustedes—. Recuerda que si siempre haces ver el sexo de forma negativa, llegará el día en que, cuando tu hijo tenga relaciones sexuales (como casi todos los seres humanos), habrás creado un ambiente poco propicio para hablar contigo al respecto. Sin mencionar que tu negatividad sobre el sexo hoy puede generar sentimientos de vergüenza en él más adelante. Así que, por encima de todo, no olvides hablar sobre el amor.

Capítulo 7

Los chicos y el sexo: los roles que cambian las reglas del juego en la pornografía, los desnudos y el consentimiento

Vivimos en una cultura basada en la imagen que nos bombardea desde todas direcciones y que se reproduce en pantallas cada vez más pequeñas. Fotografías, memes, juegos, GIF, videos cortos, programas de televisión, largometrajes... Este contenido está disponible donde quiera que estemos, fluyendo libremente (a menudo literalmente) a través de sitios web, aplicaciones, plataformas digitales y, ahora más que nunca, en las redes sociales. Por si eso no fuera suficiente, hay una segunda capa de contenido superpuesta a la primera: esos anuncios invasivos que llenan los márgenes de una página web, emergen para obstruir la pantalla o difuminan al máximo la línea entre el contenido pagado y el auténtico al simplemente insertarse en un *feed* como si fueran parte del contenido generado por el usuario. En medio de este bombardeo de contenido en todas sus formas y tamaños —ya sea creativo o informativo, objetivo o editorial, pagado o gratuito—, es fácil olvidar en estos días que, aunque buscamos activamente la información, también ésta nos busca de manera pasiva y agresiva.

Los adultos ciertamente batallamos contra este monstruo de contenidos que no deja de crecer, pero de alguna manera, parece más feroz para nuestros hijos. Parte de esto ocurre porque nosotros, como adultos, tenemos las cortezas prefrontales desarrolladas por completo y, en teoría, éstas deberían permitirnos elegir hacer a un lado nuestros dispositivos o, al menos, apagar las notificaciones, reconocer los anuncios cuando los vemos y andar con cautela cuando navegamos en Google. Pero toma el teléfono de cualquier adolescente por cinco minutos y escucharás el diluvio; en el modo silencio lo puedes sentir, es como un masaje completamente intermitente e insatisfactorio. Las notificaciones, los "me gusta" y los comentarios activan sus sistemas límbicos aún más que los nuestros. Si crees que eso no tiene sentido, vuelve a leer el capítulo 5.

Gracias a esta nueva normalidad de sobrecarga de contenidos, ya no existe una manera de protegernos ni a nosotros ni a nuestros hijos, conectados a todo: tiroteos o desastres naturales; dramas políticos; *selfies* en bikini; las Kardashians; ese suéter tan deseado que se pone en oferta o la pornografía. Sobre todo, la pornografía.

¿Te sorprendió esto último? No debería, porque la pornografía está en todas partes. Tal vez lo hayas notado. Si no, sólo abre un poco más los ojos la próxima vez que navegues y comenzarás a verla; mientras que el porno más explícito por lo general se limita a sitios web para adultos que están a sólo un clic de distancia, el contenido menos explícito se difunde por todas partes, desde anuncios producidos profesionalmente hasta desnudos tipo *selfie* tomados con teléfonos y subidos a mensajes de texto, redes sociales y aplicaciones de citas. Decir que está "en todas partes" podría incluso quedarse corto.

Ahora piensa que el niño tiene preguntas como "¿qué rayos le está pasando a cierta parte de mi cuerpo?" o "¿esto es normal?". Con un teléfono en la mano, puede eludir fácilmente a los padres, maestros y amigos, sin mencionar la lejana costumbre de consultar libros en su búsqueda de información. Con sólo tocar la pantalla aparece una imagen o, mejor aún, un video que le muestra lo que quiere saber —y a menudo, mucho más de lo que esperaba— en la privacidad de la palma de su mano. Este abrumador bufet de imágenes está conformado por cosas que la mayoría de los niños en realidad no quieren presenciar, y ninguna de las cuales podrán olvidar una vez que las hayan visto.

Así que olvídate de enmarcar una conversación sobre, literalmente, cualquier tema —desde lecciones de historia hasta comentarios sociales y, sí, pornografía— de la manera que creas más adecuada para tu hijo, porque CNN, BuzzFeed, Instagram o Pornhub ya están teniendo esa conversación mucho antes de que tú puedas hacerlo, algunas veces verbalmente, pero con mayor frecuencia a través de imágenes. Hoy en día, es una locura pensar que podemos curar el entretenimiento de nuestros hijos, y mucho menos su entorno, lo cual representa un cambio bastante fundamental en la experiencia de ser tanto padre como hijo. En pocas palabras, ellos ven más de lo que nosotros veíamos cuando teníamos su edad, incluso aunque no lo estén buscando. Sobre todo, la pornografía.

Éste es un problema neutral en cuanto al género... pero no del todo. Las imágenes pornográficas pueden ser vistas tanto por hombres como por mujeres, pero en el mundo de los adolescentes, los chicos suelen buscarlas con mayor frecuencia. Esto no quiere decir que nuestras hijas no se vean afectadas —lo están, ¡y de qué manera!—, pero es importante entender por qué los adolescentes, e incluso los preadolescentes, tienden a quedar atrapados en la red de la pornografía. La información que se tiene sobre este aspecto es confusa, pero casi todos los expertos en el tema parecen coincidir en que, aunque la pornografía está extendiendo su alcance a audiencias cada vez más jóvenes, captando un número creciente de miradas, los chicos son quienes más luchan con la adicción a la pornografía, o al menos con su visualización repetitiva.

El objetivo de este capítulo no es asustarte. Se trata, más bien, de abrirte los ojos a un nuevo orden mundial y proporcionarte las herramientas a fin de criar a tu hijo en este contexto o, si tu hijo ya está bastante crecido, de reorientar tus conversaciones con una buena dosis de realidad. Los estudios actuales sugieren que más de 90 por ciento de los chicos de dieciocho años o menos han visto pornografía; en el caso de las chicas, es 60 por ciento. No me gusta pensar en estas cosas más de lo que te gusta a ti, pero ellos están viendo pornografía, hablemos con ellos al respecto o no, y eso no se parece en nada al póster central de una revista de la década de 1970. Han desaparecido incluso los indicios de intimidad o seducción, por no hablar del número limitado de páginas para ver. En su lugar, hay una interminable sucesión de videos que muestran a personas (una, dos, a menudo muchas más) participando en sexo explícito, por lo general agresivo, a menudo envuelto en violencia. Historias de sexo que no sólo carecen de romance, sino también de consentimiento. En cuanto termina el primer clip, otro está listo para ser visto —o tal vez comienza a reproducirse automáticamente— y después de ése, otro, y luego otro. Las imágenes que nuestros hijos ven suelen quedarse grabadas en ellos, casi siempre sin que nosotros, los padres, lo sepamos. Que estas dinámicas, muchas veces éticamente aborrecibles, por no mencionar ilegales, se desarrollen en las mismas pantallas donde se muestran fotos de vacaciones familiares y juegos como *Words with Friends* es desconcertante.

Juntando todo esto, nosotros, los padres, tenemos una decisión que tomar: podemos hablar de estos temas antes de lo que quisiéramos, o podemos delegar la conversación a esas máquinas de contenido basado en imágenes que compramos para que nuestros chicos pudieran enviarnos mensajes de texto desde la secundaria. De cualquier manera, no podemos proteger a nuestros hijos del contenido sexual explícito, que es omnipresente en la actualidad. Pero si comenzamos a hablar al respecto, tendremos la oportunidad de minimizar su exposición, anticiparnos a lo que, sin duda, encontrarán, comunicar las graves consecuencias de ese comportamiento en la vida real y, en última instancia, cambiar el lente a través del cual perciben todo.

LA DOMINACIÓN DE LA CULTURA PORNOGRÁFICA

En octubre de 2016, me senté en un abarrotado salón de baile de un centro de convenciones en San Francisco, rodeada de pediatras hasta donde alcanzaba la vista, durante la sesión plenaria de la reunión anual de la Academia Americana de Pediatría (AAP). Si nunca has asistido a una reunión académica, la plenaria es una asamblea general. En cualquier otro lugar se llamaría la sesión inaugural, pero así es la academia.

Recuerdo vagamente que uno de los oradores mencionó que se habían registrado diez mil pediatras para la conferencia ese año. No tengo idea de cuántos de ellos estaban en la sala, pero no me sorprendería que ese número fuera exacto. Estaba repleto, te lo aseguro. El lugar ideal para cualquier emergencia pediátrica.

La plenaria ofrece una lista de oradores, incluyendo una figura destacada que acapara la mayor parte del tiempo. En 2016, la presentación estuvo a cargo de Gail Dines, aunque la mayoría de los presentes nunca había escuchado hablar de ella. Gail es profesora de sociología y estudios de la mujer en el Wheelock College de Boston y es, sobre todo, una experta en pornografía. Le encanta desarmar a la audiencia presentándose como una local de Boston. "¿No lo escuchan?", pregunta en inglés con un marcado acento británico. Y lo que en realidad está diciendo es: "No se preocupen, también habrá momentos de risa", lo cual es un alivio porque lo siguiente que sale de su boca es que nos va a guiar a través del paisaje altamente sexualizado —"pornificado", lo llama ella— en el que viven nuestros hijos. Eso no es tan divertido.

Gail pronunció su impactante charla de cuarenta y cinco minutos a un grupo de profesionales de la primera línea de la salud infantil y, mientras lo hacía, los rostros de los expertos palidecían hasta igualar las canas en sus cabezas. La mayoría de nosotros —incluyéndome— no teníamos idea de la pornografía actual.

Verás, aunque los pediatras estamos capacitados para preguntar a nuestros pacientes sobre su actividad sexual, educarlos sobre las ETS (enfermedades de transmisión sexual) y abordar temas como la identidad sexual, la seguridad física y la prevención del embarazo, la gran mayoría de nosotros aún relacionábamos la pornografía con echar un vistazo a la revista *Playboy* de tu papá. Y, sinceramente, casi nunca sacábamos el tema en una consulta. En primer lugar, ¿quién tenía tiempo para eso? Había tantas cosas que cubrir (nutrición, ejercicio, sueño, higiene, uso de cascos para la bicicleta, protector solar, cinturones de seguridad y tiempo frente a las pantallas, para empezar) antes de llegar al sexo (lo cual requiere hablar sobre los aspectos prácticos, las repercusiones emocionales y las consecuencias biológicas como el embarazo y la transmisión de enfermedades), ¿cómo se suponía que íbamos a añadir la pornografía en una visita de quince minutos? Pero, en segundo lugar, y quizá de manera más profunda, no incluíamos la pornografía en la lista de revisión médica porque... ¿por qué lo haríamos? Según lo que creíamos colectivamente, esto no era un problema de salud pediátrica particularmente significativo.

Gail nos sacó de ese error y, además, dejó claro que es una cuestión importante que afecta tanto a nuestros chicos como a nuestras chicas, aunque de maneras radicalmente diferentes.

Gail explicó con vívidos detalles la dominación de la pornografía en línea, compartiendo estadísticas impactantes como: 35 por ciento de todas las descargas de internet son pornográficas; cuarenta millones de estadounidenses son visitantes regulares de sitios pornográficos; 70 por ciento de quienes visitan estos sitios en un mes promedio son hombres (chicos, en realidad) de entre dieciocho y veinticuatro años; 25 por

ciento de todas las solicitudes en motores de búsqueda están relacionadas con la pornografía. ¿Ya te mareaste? Los datos se han vuelto aún más
abrumadores en los últimos años desde que escuché a Gail hablar por
primera vez en la plenaria. A finales de 2018, Pornhub, el sitio de pornografía más dominante en la web (y vale la pena señalar que forma parte
de la empresa matriz MindGeek, el mayor distribuidor de pornografía en
el mundo) atraía un promedio de noventa y dos millones de visitantes
por día. Si crees que sabes en qué anda tu hijo —sobre todo, si estás leyendo esto mientras en el fondo de tu mente piensas "mi hijo no"—, ten
en cuenta que investigaciones recientes estiman que la mitad de todos
los niños de once años han visto pornografía en línea, aunque la información más precisa sugiere que la edad promedio del primer visionado está
más cerca de los doce o trece años. Ya sea que esto le esté ocurriendo a
tu hijo en sexto, primer o segundo grado de secundaria, los investigadores
coinciden claramente en que, para cuando terminan la escuela secundaria, la mayoría de los chicos ya han estado expuestos a la pornografía.
Mientras tanto, nosotros, los padres, lamentablemente seguimos siendo
ingenuos: sólo la mitad de nosotros, con hijos entre catorce y dieciocho
años que ven pornografía, estamos conscientes de lo que en verdad están viendo en sus computadoras portátiles y teléfonos. Y cuando se les
pregunta a los padres sobre los encuentros sexuales específicos que están presenciando nuestros hijos, subestimamos sus hábitos de visualización en hasta diez veces.*

* Por supuesto, las chicas de educación media también están expuestas a la pornografía
de manera significativa. Pero los datos aquí son más confusos. En este momento, la
mayoría de los estudios sugiere que los chicos son los primeros en ver pornografía,
por lo que, si el promedio de su primer visionado ocurre durante la secundaria, entonces, el promedio del primer visionado de las chicas es, presumiblemente, más tarde.
   Algunos de los datos más sorprendentes son publicados por los propios sitios
de pornografía. No puedo dejar de impactarme con las estadísticas autopublica-
das de Pornhub, que se encuentran en su sitio web —separadas por completo de
cualquier imagen pornográfica— bajo el título "Resumen del año". Es como su informe anual, impregnado de orgullo. Un punto destacado del resumen de 2017 incluía
la siguiente estadística: en 2017 se subieron un total de 595482 horas de video, lo
que equivale a sesenta y ocho años de pornografía si se vieran de manera continua.

Desde el escenario de la conferencia de la AAP, Gail continuó describiendo la amplia gama de cosas que los niños ven cuando se topan con la pornografía en línea: desde imágenes hipersexualizadas hasta videos deplorables que representan fantasías en las que el sexo se mezcla con la violencia. Hay tramas (o al menos ángulos de la cámara) enfocadas en los hombres, por supuesto, pero la gran mayoría lo hace en las mujeres. Parte de este contenido es producido de manera profesional, pero en los últimos años, una proporción desconcertante (y en constante crecimiento) ha sido creada por aficionados con teléfonos celulares, lo que explica el aumento dramático en el volumen de contenido. Y aunque estas fotos y videos están igualmente disponibles para mujeres y hombres, con el tiempo, son los hombres los que permanecen enganchados.

Dado que un efecto secundario de ver mucha pornografía es la necesidad de imágenes cada vez más estimulantes para alcanzar el orgasmo —y Gail fue muy directa en este punto: el orgasmo es el objetivo para la mayoría de los consumidores de pornografía, o al menos para los más experimentados—, en la última década, los productores de pornografía se han sentido obligados a ir más allá de filmar sólo partes del cuerpo y la interacción de esas partes. Han intensificado las cosas al vincular el sexo con la violencia, un movimiento claramente dirigido a los espectadores masculinos.* En realidad, esto no es tan sorprendente, dada la extensa transformación cultural hacia la normalización de todo tipo de contenido que, en los tiempos de nuestra adolescencia, habría sido rechazado y censurado (o ambas cosas) en un instante. ¿Recuerdas la

---

* Un amigo mío —hombre, no es que importe— leyó esta frase y la encontró ofensiva. Entiendo su reacción, pero no estoy de acuerdo, por lo que decidí dejarla. Aunque las imágenes violentas atraen a espectadoras femeninas en plataformas como el cine, la televisión y los videojuegos, sabemos que atraen más a los espectadores masculinos. Además, aunque estoy segura de que hay algunas mujeres en el mundo que pueden afirmar que disfrutan viendo pornografía con violencia sexual perpetrada contra las mujeres, no hay absolutamente ninguna duda de que son muy pocas. Por ello, aunque aprecio profundamente que haya muchos hombres que consideran que la violencia sexual es reprobable —y estoy agradecida por ello—, sigue siendo cierto que el incremento de este tipo de "líneas argumentales" está destinado a atraer a los espectadores masculinos.

definición de una película con "clasificación B" en los años ochenta, sin mencionar al tipo sentado en la taquilla verificando la edad? Ah, cómo han cambiado las cosas. Como resultado de este giro radical, hoy en día existe una nueva normalidad no sólo en la abundancia de contenido pornográfico de fácil acceso en dispositivos móviles, sino también en su mayor intensidad y agresividad, casi siempre dirigida contra las mujeres. Debido a que los creadores de contenido compiten por captar la atención, y todos tienen acceso a prácticamente todo en línea, es inevitable que veamos imágenes cada vez más indignantes. Y las vemos. Y nuestros hijos también.

Esta escalada no está confinada a un vacío virtual: tiene consecuencias que impactan la vida real. Gail se centró en la disfunción eréctil, también conocida como DE, un término familiar para cualquiera que haya visto un corte comercial en televisión en los últimos años. Varios estudios han demostrado que los hombres que ven pornografía con regularidad y luego intentan tener relaciones sexuales en la vida real presentan tasas mucho más altas de disfunción eréctil. ¿Por qué? Porque el sexo real es aburrido en comparación. Y no estamos hablando sólo de hombres adultos. Algunos datos sobre adolescentes que ven pornografía muestran una incidencia igualmente creciente de disfunción eréctil, lo que resulta sorprendente si nos detenemos a pensarlo, dado que el estereotipo del chico adolescente es que siempre está interesado en el sexo. En la actualidad, hay una distinción entre estar dispuesto y estar en verdad *preparado* para ello. En décadas pasadas, la disfunción eréctil era un diagnóstico poco frecuente antes de la mediana edad y por lo general se atribuía a desequilibrios hormonales o problemas de próstata, pero parece que esto ya no es así, gracias a la evolución del porno.

Otro efecto secundario de la pornografía fácilmente accesible en su versión actual es la redefinición de lo que buscan las parejas sexuales. A medida que la pornografía se ha ido transformando, su argumento estándar gira en torno a —o al menos culmina con— una degradación cada vez más agresiva de las mujeres. Los ejemplos de Gail incluyen la estrangulación y la asfixia, el sexo entre muchos a una persona (a menudo, violación en grupo) y el sexo anal forzado. Estos tópicos aparecen con tanta frecuencia en la pornografía que ya no representan extremos. Una oleada casi palpable de náusea recorrió a la audiencia mientras todos nos tomábamos un momento para reflexionar sobre cómo aconsejamos a los chicos en nuestras prácticas. Aunque, en efecto, hablamos sobre la seguridad en las relaciones, por mi parte, nunca pensé que necesitaría decirle a una chica, o a un chico, que estrangular a alguien no está bien, o que elegir tener relaciones sexuales no implica el consentimiento para el sexo anal.

Antes de que Gail abandonara el escenario, amplió su enfoque. Explicó que hay muchos niños, tanto chicos como chicas, que no han estado expuestos a imágenes pornográficas explícitas. Y a pesar de la omnipresencia de ese contenido, muchos nunca se toparán con lo peor de ello. Se escuchó un suspiro colectivo. Pero, argumentó Gail, la nueva normalidad no se aplica sólo a los extremos. Nuestra cultura ha reajustado el medidor de lo aceptable cuando se trata de imágenes sexualizadas en general, un fenómeno que se aceleró hace un par de décadas, cuando comenzaron a circular videos sexuales de celebridades. Y ha avanzado rápidamente hacia la práctica actual de intercambiar *selfies* de desnudos, una actividad común en todas las edades (sí, pregúntales a tus amigos solteros de treinta, cuarenta e incluso cincuenta y tantos que están en aplicaciones de citas). Incluso, hoy en día, las imágenes con ropa parecen excesivamente sexualizadas, como cuando los estudiantes de secundaria posan con la lengua de fuera, no con la manera infantil en tono de burla, como diciendo "ña, ña, ña", sino en esa forma que sugiere "voy a lamer algo que no debería". Algunos de ellos son tan jóvenes que no pueden comprender los mensajes que están enviando.

Seamos claros: ni las palabras de Gail desde ese escenario ni mi interpretación de ellas desde la audiencia constituyen un discurso en contra del sexo. Más bien, ambas reconocemos que nuestros hijos no son inmunes a la sexualización de todo lo que les rodea; eso se filtra y moldea la forma en la que ellos se muestran al mundo. Es lo que ven —en línea y en la vida real— constantemente. La pornografía accesible e intensificada ha jugado un papel en la normalización de una cultura hipersexualizada dominante, que a su vez ha llevado a la pornografía a extremos aún mayores, y así sucesivamente, como la historia del huevo y la gallina.

Salí de la sesión junto a un grupo de compañeros pediatras, todos en estado de *shock*. Era la hora del almuerzo, pero nadie tenía apetito.

¿Cómo habíamos pasado por alto todo esto? ¿Acaso Gail estaba exagerando las proporciones de esta epidemia? ¿O estaba ocurriendo justo delante de nuestras narices y, al mismo tiempo, fuera de nuestro campo de visión? Esos cuarenta y cinco minutos marcaron un punto de inflexión para muchos de los profesionales de la salud en esa sala; para mí, fue un punto sin retorno. Como pueden atestiguar mis hijos, que en ese momento estaban en la secundaria, después de escuchar a Gail, la realidad de la pornografía del siglo XXI de repente me consumió.

Tenía tantas preguntas que no sabía por dónde empezar. Así que comencé con una encuesta informal en mi localidad. Empecé a preguntarles a los chicos —pacientes de mi consultorio, niños en las aulas donde doy clases, e incluso a los amigos de mis propios hijos (sí, lo hice, ¡pero tenían muchas ganas de hablar, para sorpresa mía, como si sintieran alivio de que alguien les preguntara!)— sobre su exposición a la pornografía, sólo para descubrir que casi todos la habían visto de una forma u otra antes de llegar a la adolescencia. Algunos intercambiaban *selfies* de desnudos con sus amigos, otros miraban a completos desconocidos; la mayoría evitaba Pornhub y sitios similares, pero algunos más sí se dirigían directamente a estos sitios, y todos sabían que existían. Sus experiencias con imágenes sexuales variaban, pero cada uno, a su manera, describía la pornografía como un efecto secundario de la conectividad como forma de vida. Con los padres regalando teléfonos inteligentes a sus hijos a edades cada vez más tempranas, y las escuelas requiriendo conexión a internet para completar las tareas escolares, todos nuestros hijos están en línea explorando todo el tiempo y, de manera inevitable, muchos de ellos —quizá la mayoría, tanto hombres como mujeres, aquellos que son sexualmente activos y aquellos que nunca han tenido relaciones sexuales, y los que ni siquiera tienen una idea de lo que el sexo será para ellos— se topan con el espectro de la desnudez, con imágenes supersexuales en un extremo y pornografía explícita en el otro. Tal como Gail había descrito.

Y, ten en cuenta, no espero que todos me hayan dicho toda la verdad. Estas conversaciones son incómodas, embarazosas y vulnerables. Estoy acostumbrada a hablar directamente con los chicos —como pediatra me capacitaron para hacerlo y quizás ésta es mi parte favorita del trabajo—, pero, aun así, esta línea de preguntas presenta un gran desafío.

El hecho de que casi todos ellos describieran al menos alguna exposición a la pornografía dice mucho, y cuando se toma en cuenta que la información puede ser insuficiente, ese mensaje se vuelve casi ensordecedor.

Quería entender cómo los chicos habían llegado a encontrarse con la pornografía y si este grupo de jóvenes —en la pubertad, adolescentes y universitarios— estaba compuesto mayoritariamente por hombres. En resumen, sí, pero no es tan simple. Un pequeño grupo de los chicos con los que hablé —tanto chicos como chicas— reconocieron haber buscado pornografía de manera activa, pero la mayoría me dijo que, en realidad, la pornografía los había encontrado a ellos. Esto ocurría a menudo, sobre todo cuando estaban buscando algo sobre una pregunta específica y se encontraban con una respuesta no relacionada, tal vez para definir una palabra o entender qué rayos estaba sucediendo con alguna parte de su cuerpo; para algunos, ocurrió mientras intentaban desmentir un "hecho" recién descubierto que resultaba ser un mito urbano. Y luego estaban los chicos que no buscaban nada de esto: los que por accidente cometieron un error tipográfico en la barra de búsqueda, que hicieron clic en un anuncio o descubrieron una foto desnuda en un hilo de mensajes de texto o en un mensaje instantáneo. Independientemente del camino, ¡zas!, de repente se encontraban mirando pornografía. Este proceso de descubrimiento fue bastante neutral en cuanto al género.

De hecho, cuando les hice la pregunta: "¿Cuántos chicos han visto pornografía para cuando llegan al final de su adolescencia?", mis entrevistados respondieron de manera unánime: "Básicamente, todos". Los datos publicados son un poco menos dramáticos: el número más alto que he encontrado en un estudio sugiere que más de 80 por ciento de todas las chicas menores de veinte años han visto pornografía, y 97 por ciento de todos los chicos. Aun así, no está estadísticamente lejos de "todos". Sin embargo, no todos la ven de manera habitual. Hay una gran diferencia entre ver pornografía una vez y verla regularmente, una distinción que muchos estudios no hacen. La investigación que sí examina este contraste sugiere que hay una gran diferencia de género en lo que respecta al visionado habitual. En un estudio, por ejemplo, sólo 8 por ciento de las chicas encontró imposible desconectarse de la pornografía y alejarse de la pantalla, mientras que los chicos, en casi tres veces más casos (23 por ciento), dijeron lo mismo.

LA BRECHA DE GÉNERO

Esta asimetría entre la experiencia de los chicos y las chicas me desconcertó. Las chicas parecían tener una mayor capacidad de resiliencia frente a la pornografía, describiendo una capacidad para verla y luego seguir adelante, mientras que los chicos a menudo se encontraban atrapados, mirando por más tiempo o regresando una y otra vez a estos sitios. Permíteme ser clara sobre esta brecha de género: no es que las chicas no encontraran pornografía con la misma facilidad que los chicos, evidentemente lo hacían; no es que algunas de ellas no la buscaran activamente, porque también lo hacían; no es que la pornografía no las afectara, por supuesto que lo hacía. La pornografía simplemente parece impactar a chicas y chicos de manera diferente, al menos según mi encuesta no científica y altamente anecdótica de chicos que viven en un pequeño rincón del sur de California, además de algunos pequeños estudios publicados. Los psicólogos a menudo describen un patrón de retorno al sitio de un trauma no sanado, y mientras que los chicos con los que hablé veían pornografía de manera reiterada, las chicas, en general, me dijeron que no lo hacían. Esto me sugiere que, para las chicas, el trauma de la pornografía podría ser manejado de otra manera. Y créeme, entiendo en verdad que éste no siempre es el caso.

Mi estudio de una muestra completamente no aleatoria de jóvenes no pretende ser ciencia, y es totalmente posible que las chicas con las que hablé hayan subestimado en gran medida sus experiencias o su interés en la pornografía. Tal vez sólo me estaban diciendo lo que pensaban que yo quería escuchar. Pero creo que sus comentarios cuentan una historia que tiene sentido: la razón de la diferencia de género en el consumo de pornografía por los jóvenes podría reducirse a tan sólo hablar sobre ello. Cada chica a la que entrevisté describió haber crecido en una cultura que fomenta el diálogo, comenzando con las conversaciones sobre sus cuerpos en la preadolescencia, cuando experimentaron sus primeras curvas. La mayoría de las chicas me dijeron que, dado que la información está fácilmente disponible para ellas y las conversaciones son alentadas en todo momento, se sienten cómodas expresando en voz alta cualquier duda relacionada con el cuerpo, utilizan un lenguaje anatómicamente correcto y hacen preguntas sin sentir vergüenza. Atribuyen este enfoque cultural hacia la pubertad como la razón que las aleja de la pornografía cuando aparece; no necesitan buscar respuestas en soledad y no compran la narrativa de la mujer como víctima, esclava sexual o saco de boxeo que la pornografía vende tan a menudo.* Sin darse cuenta, estas chicas estaban defendiendo la conversación como un ingrediente clave de la resiliencia.

Sin embargo, estas chicas no son por completo inmunes a los efectos de la pornografía, ya que una cantidad significativa de ellas termina viendo pornografía en línea: los estudios muestran que las adolescentes tienen muchas más probabilidades de hacerlo que las mujeres de los veinte años en adelante. Más aún, a medida que todas estas chicas —tanto las que ven como las que no ven pornografía— se vuelven sexualmente activas, son muy conscientes de la influencia de la pornografía en las dinámicas de su intimidad (incluidas las expectativas en torno al sexo anal, las relaciones de dominación, que los hombres eyaculen sobre ellas, filmar el sexo, y podría seguir...), y muchas describen que se entregan a estas prácticas. Pero lo que estas jóvenes *no* describen, al menos según los datos de mi pequeña muestra y los pocos estudios oficiales sobre este tema, es que tengan una rutina de ver pornografía de manera incesante.

En contraste, están los chicos, quienes parecen ver pornografía —al menos con más frecuencia— y no están abiertos a platicar al respecto. Tampoco, dicho sea de paso, lo están sus padres. El mundo espera que guarden silencio (¿cuántas veces has escuchado a un padre lamentarse y expresar?: "Tengo un hijo adolescente, así que, por supuesto, no sé nada sobre su vida"), y muchos de nosotros alimentamos ese silencio cuando ocurre. Esto se agrava por el hecho de que los primeros años de la pubertad de los chicos por lo general transcurren sin que ellos sepan que la están viviendo. Cuanto más conversadoras se vuelven las niñas preadolescentes, más callados son los chicos de su edad. No todos, pero

---

* Reitero aquí para enfatizar: claramente, éste no es el caso de todas las mujeres. Hay innumerables ejemplos de lo contrario: mujeres victimizadas que se entregan a esta narrativa, y hombres que las victimizan al imponerla. Sencillamente, me parece fascinante que hablar sobre los cambios corporales de chicas y chicos pueda proporcionar un terreno fértil para las raíces de un movimiento que algún día, con suerte, romperá con este patrón.

los estereotipos suelen existir por una razón. Los chicos que encuesté estuvieron plenamente de acuerdo con esta generalización, la mayoría asintiendo con la cabeza o diciendo simplemente: "Sip".

Ésta es mi ecuación desfavorable de los aspectos que suman al problema de la pornografía entre los chicos: la edad promedio en la que un niño comienza a experimentar un aumento de testosterona e inicia la pubertad es de diez años (nueve, si es negro); del mismo modo, la edad promedio para que un niño estadounidense obtenga un teléfono inteligente, u otro dispositivo digital móvil considerado "suyo", también es de diez años. Con el lento crecimiento de los testículos llegan nuevas experiencias (¡sueños húmedos!) y sentimientos (¡atracción sexual temprana!) que, sin duda, confundirán incluso al más inteligente de ellos. Es el escenario perfecto: "¿Tienes dudas? Pregúntale a Google". Y así es como muchos de los chicos con los que hablé describieron su introducción involuntaria a la pornografía. "Haz clic aquí para obtener la respuesta a la pregunta que no creíste poder hacer en voz alta, o a la que nunca supiste que tenías".

En mi propia miniinvestigación, casi todos los chicos, independientemente de su género, mencionaron el fácil acceso a la pornografía gracias a Google, con su increíble velocidad y su interminable lista de resultados, pero le dieron un reconocimiento específico a la opción de búsqueda ultra eficiente de Google Imágenes. En esta pantalla, los resultados de imágenes aparecen en forma de galería. ¿Por qué alguien optaría por una búsqueda que arroja sólo palabras y proporciona apenas un puñado de enlaces por página (enlaces y más palabras), como me explicaron todos estos chicos, cuando puedo cambiar eso por docenas de imágenes que me llevan rápidamente a donde creo que quiero ir? Ésa es la diferencia entre una búsqueda en Google y una en Google Imágenes. Y, por cierto, adultos, si no han probado esto cuando están investigando sobre bancos de cocina, paquetes de baterías o cómo quitar manchas de sangre, en serio deberían hacerlo: nuestros hijos saben lo que hacen. Si aún no lo han descubierto, están al menos una década atrasados. Google, por supuesto, no es el único camino hacia la pornografía. Los chicos señalan los infames videos recomendados en YouTube, que aparecen en los márgenes de la página, los anuncios en Snapchat, el contenido patrocinado de Instagram y docenas (aunque el número real quizá sea de cientos) de otras versiones de motores de búsqueda que generan menús llenos de imágenes altamente sexualizadas a un clic de distancia. Todas estas diferentes formas de ser bombardeados con imágenes gráficas e información perturbadora las habían experimentado de primera mano los jóvenes con los que hablé, muchos de ellos de manera frecuente.

La tesis de todo este libro es que la pubertad cambia radicalmente cómo nuestros hijos nos hablan y cómo nosotros les hablamos a ellos, y este cambio empodera a los chicos comunicadores (que más a menudo son chicas) mientras deja a los no comunicadores (típicamente los chicos) en una clara desventaja. Esta diferencia de género en la comodidad conversacional podría ser el punto clave cuando se trata de gestionar el impacto de la pornografía, porque aquellos que describen una comodidad innata para hablar sobre sus cuerpos —las chicas— son los mismos que parecen ser capaces de apretar el botón de apagado de la pornografía. Tal vez no necesitan la "educación" que ofrece la pornografía, porque ya tienen suficientes buenos recursos disponibles. Tal vez la ven y comparten lo que han visto con alguien que desmiente esas historias míticas. Hay docenas de razones que podría proponer para explicar por qué las chicas parecen ser más resilientes aquí —¡alguien debería hacer ese estudio!—, pero estoy dispuesta a apostar que todo tiene que ver con la existencia de líneas abiertas de comunicación.

LA DISTANCIA ENTRE HIJOS Y PADRES

Después de mi contacto con Gail y de mis conversaciones con preadolescentes, adolescentes y universitarios, me sentí como una idiota al darme cuenta de lo mucho que me había perdido. Para evitar que otros padres experimentaran la misma sensación de incompetencia, comencé a compartir mi conocimiento con ellos. Todos, salvo unos pocos, me miraron con escepticismo.

Los padres no terminan de creer en esta historia de fácil acceso a la pornografía, porque nosotros también estamos en línea todo el día y toda la noche, y no estamos sumergidos en un mar de desnudez. Entonces, ¿cómo es posible que ése sea el universo en línea que habitan nuestros hijos? Pero les dije lo que (ahora) sabía y les di este consejo: Presten atención a los anuncios que aparecen en sus pantallas; disminuyan la velocidad al desplazarse y observen los titulares llamativos en sus *feeds*; busquen una frase que podrían haber buscado cuando eran más jóvenes, si hubieran tenido esa opción. Puede que nosotros no hagamos clic en esas cosas—puede que ni siquiera notemos que existen esos anuncios—porque sabemos a dónde nos llevarán. Pero ¿nuestros hijos? Con sus hormonas en aumento, sus sentimientos de curiosidad sexual recién descubiertos y su ya conocida falta de equilibrio al procesar el riesgo frente a la recompensa, están destinados a morder el anzuelo (lo que, incidentalmente, los lleva a ser atraídos con mayor frecuencia; los motores de búsqueda saben lo que estás buscando y te lo ofrecen sin que lo solicites). Los chicos no están pensando en las consecuencias. Francamente, incluso si lo hicieran, tal vez ni siquiera saben a dónde los llevarían esas pistas. Así que hacen clic y llegan a la pornografía. Y luego —como muchos niños me lo han descrito, al menos—, la ven. Tal vez sólo por un momento, tal vez por más tiempo. Tal vez algunos de ellos, en particular los chicos, vuelven una y otra vez, porque es excitante. ¡Es pornografía, por Dios! Es una industria en línea multimillonaria (algunos estiman que alcanza los noventa y siete mil millones de dólares) por una razón.

Y ahí radica el dilema: la ven, aunque saben que no deben hacerlo, y los excita (en particular a los chicos) aunque sea un poco agresiva, aterradora, desagradable o demasiado intensa para su edad. Aquí nacen sentimientos de vergüenza que rápidamente se transforman en culpa, y como lo explicaron la mayoría de los chicos que consulté: no saben cómo pueden hablar con algún familiar o incluso con un amigo sobre todo esto cuando se encuentran con ello... y todos tropiezan de alguna forma con ello.

No puedo ni contar la cantidad de llamadas que he recibido a lo largo de los años que comienzan con: "Dios mío, tenías razón".

Cuanto más aprendía, más crecía mi enojo. Porque nada de esto es accidental. La industria del porno en su conjunto no está dirigida a hombres de mediana edad y tan sólo recoge accidentalmente, en el camino, a unos cuantos adolescentes rezagados. No. Existe una estrategia a largo plazo altamente lucrativa para captar a los jóvenes espectadores. Como la mayoría sabe ya —incluidos los creadores y distribuidores de porno—, los cerebros en desarrollo de preadolescentes, adolescentes y jóvenes de veintitantos son más susceptibles a todo tipo de estímulos.

En términos simplistas, ésta es la razón por la cual los jóvenes son más propensos a volverse adictos a casi cualquier cosa (nicotina, videojuegos y —sorpresa, sorpresa— pornografía; más sobre esto en el capítulo 9), en comparación con los adultos plenamente desarrollados. Entonces, cuando un sitio web atrae la atención de los jóvenes, es un poco más probable que esos ojos vuelvan una y otra vez. La mayoría de los chicos no tienen mucho dinero para gastar, e incluso si lo tuvieran, han crecido en un mundo donde el contenido gratuito es el rey, por lo que la industria del porno ofrece material introductorio sin costo. Esta estrategia empresarial estándar de "producto gancho" atrae a los espectadores y los mantiene viendo lo suficiente como para preparar sus cerebros a desear más: más videos, más intensidad, más extravagancia. En ese punto, los sitios comienzan a cobrar.

Por eso no es una coincidencia que nuestros hijos terminen en sitios porno, explicó Gail hace tantos años, y yo estoy completamente de acuerdo. Esto no exime a los padres de toda culpa por lo que hacen los niños en sus pantallas, pero si tu hijo está viendo pornografía en línea, la mayor parte del tiempo no toda la culpa es tuya ni suya: este proceso de reclutamiento es una máquina bien engrasada y financiada, diseñada para atraer a tu hijo y mantenerlo allí, sobre todo si no sabe cómo hablar con alguien sobre lo que está viendo.

La principal consecuencia de crecer en una cultura pornográfica es que estas imágenes están escribiendo las historias del sexo para nuestros hijos. Están redefiniendo los ideales de belleza y las expectativas sexuales. No vemos lo que ellos ven en sus pantallas, ni tenemos idea de cómo esto se refleja en nuestros hijos cuando están a solas con un novio, novia o con un "amigo con derechos", para los nuevos en el tema. Por lo general, estamos en la oscuridad cuando se trata de cómo se preparan nuestros hijos para posibles encuentros sexuales (alerta de *spoiler*: muchos de ellos se *depilan por completo*, lo que significa que eliminan todo el vello púbico afeitándose, depilándose con cera o incluso con láser permanente —¿influencia del porno, acaso?). Y aunque entendamos intelectualmente que la cultura del porno incorpora una tremenda agresión y violencia, seguimos sin anticipar que nuestras hijas están en un riesgo creciente de abuso, y nuestros hijos tienen la impresión de que esto es un componente de alguna manera aceptable o, al menos, permitido e incluso generalizado del sexo. A medida que la pornografía se ha desplazado en esta dirección, y a la par que espectadores cada vez más jóvenes la ven, la lección para ellos es que el sexo y la violencia van de la mano. Esto se ha traducido en una mayor probabilidad de que las mujeres que ven pornografía estén en el extremo receptor del abuso, y que los hombres que ven pornografía sean más propensos a perpetrarlo.

Nunca he conocido a un padre que no tenga la esperanza de que cuando su hijo crezca encuentre una relación amorosa y segura. Esto incluye la vida sexual futura —o actual— de sus hijos, aunque presionar a un padre para que lo diga puede hacer que se sonroje. Digo esto para que nadie confunda mi mensaje: la positividad sexual es el objetivo (¡para todos nosotros!), pero ver pornografía que vincula al sexo con el dolor, el sufrimiento, la crueldad o la falta de consentimiento no nos conduce hacia allí. Hablar de todo esto sí podría hacerlo.

A menos que hablemos con ellos, los niños no sabrán que las historias de sexo que ven a través de sus pantallas son ficticias. Así que hablen con sus hijos sobre la pornografía, hayan visto algo o no. Al final del capítulo hay muchos consejos sobre cómo hacerlo. La clave, sin embargo, es propiciar la conversación tan a menudo que, cuando la vean, o al menos cuando estén listos para hablar al respecto, sepan que ustedes están listos para escuchar.

LO QUE DEBE DECIRSE CUANDO SE HABLA DE PORNOGRAFÍA

Algunos padres se preocupan de que serán juzgados por compartir demasiado, demasiado pronto con sus hijos; otros padres se preocupan justo por lo contrario. Deja de lado cualquier miedo a ser juzgado y enfócate en el objetivo: informar a tu hijo. Aquí tienes una lista de temas que deben abordarse en el contexto del sexo. Pero recuerda, tienes mucho tiempo para hacerlo, ya que estas conversaciones deben darse de manera repetida, muchas veces a lo largo de varios años.

HABLA SOBRE LA SEGURIDAD. Deja claro que la violencia y la agresión no tienen lugar en la intimidad. Define estos términos, ya que abarcan mucho más de lo que podrías imaginar al principio.

INFÓRMATE SOBRE LAS LEYES FEDERALES QUE CUBREN LA PORNOGRAFÍA INFANTIL. Son estrictas y se aplican con firmeza. Los niños dirán que todos los que conocen han enviado o recibido un desnudo de otro niño, y que nadie ha terminado en la cárcel como resultado. Aunque eso pueda ser cierto en su entorno, hay muchos ejemplos en los que se ha aplicado la ley, alterando radicalmente el curso de la vida de un buen niño. Investiga algunos de estos casos en línea. Las historias son poderosas. En esta misma línea, infórmate sobre las reglas en la escuela de tu hijo. Habla sobre por qué una escuela podría no querer iniciar un caso federal en medio de un escándalo de *sexting*. Sin embargo, pueden hacerlo, y algunas lo han hecho...

HAZ UN PLAN SOBRE QUÉ HACER CUANDO LE PIDAN UNA FOTO DESNUDO. Casi inevitablemente, alguien le pedirá un desnudo a tu hijo, así que ten un plan. Ayúdalo a encontrar una manera de decir "no" que le resulte cómoda. He escuchado de niños que responden a la solicitud enviando una foto de fideos ("*noodles*") o una paleta de colores neutros. Muchos chicos simplemente no responden, y ésa también es una excelente estrategia. Asegúrate de que sepa que algunas aplicaciones de redes sociales prometen que una imagen desaparecerá después de ser abierta, pero en realidad no desaparece y fácilmente se le puede hacer captura de pantalla, guardar y reenviar. La mayoría de los chicos son conscientes de este hecho, pero nunca está de más recordárselo.

HAZ UN PLAN SOBRE QUÉ HACER CUANDO ÉL RECIBA UN DESNUDO. Esto también es bastante inevitable. El mejor plan es eliminarlo de inmediato. Siempre les he dicho a mis hijos que me lo pueden mostrar si estoy cerca, pero la posesión de pornografía infantil es un delito, por lo que cuanto más tiempo lo mantengan en su teléfono, más tiempo corren el riesgo de ser descubiertos con él. En otras palabras, no necesito ver el desnudo para creer que lo recibieron. Esfuérzate en recordarle a tu hijo (una y otra vez) que nunca debe reenviar la imagen.

HABLA SOBRE LA DISFUNCIÓN ERÉCTIL. Es algo común en estos días. Si el porno explícito es necesario para alcanzar el orgasmo, tu hijo podría tener dificultades para lograr o mantener una erección durante el sexo, una situación que los chicos me han descrito como aterradora por un lado y humillante por el otro. Si compartes estos hechos con él, es más probable que hable contigo si esto le sucede o te cuente si ya le ha pasado. Y si te sientes abrumada, hay varios recursos excelentes en internet sobre el tema, o puedes pedir ayuda a tu pediatra.

DESNUDOS Y PORNOGRAFÍA PERSONAL

Ésa fue una gran dosis de pornografía, y estoy segura de que estás esperando que este capítulo llegue a su fin. Pero no tan rápido. Por fortuna, hay un rayo de esperanza: hay buenas noticias que compartir. Muchos niños logran evitar caer en la trampa de la industria pornográfica. Si, dependiendo del estudio en el que creas, la mitad de todos los niños de once, doce o trece años ve pornografía, eso significa que la otra mitad no lo hace. También hay una tremenda diferencia entre los niños que se topan con ella una vez y los que la ven con frecuencia, aunque los estudios no siempre hacen el mejor trabajo al distinguir entre esos grupos. Esto no es para restarle importancia al problema, pero es importante ponerlo en contexto: aunque las cifras de exposición a la pornografía son alarmantes, ver continuamente a extraños teniendo sexo no es un rito de paso inevitable.

Desafortunadamente, ahí no acaba la historia del porno. Estos chicos que evitan Pornhub y sus primos con clasificación X no están del todo aislados. De hecho, hay un vasto mundo de imágenes alternativas con las que lidiar, completamente fuera del porno explícito: los desnudos generados por los usuarios. Y resulta que la cultura de intercambiar fotos de desnudos está mucho más extendida que la de ver videos con clasificación X, sobre todo entre los niños. Sólo Pornhub cuenta con más de noventa y dos millones de espectadores diarios, lo cual ya es mucho decir.

¿No me crees? Entonces pregúntale a tu hijo lo que yo les pregunté a docenas y docenas de chicos: ¿alguna vez has enviado o recibido imágenes de desnudos? ¿Alguien te ha pedido una o has sido tú quien la pidió? ¿Y qué hay de tus amigos o hermanos, les han pedido estas imágenes o ellos las han pedido? Casi el cien por ciento de los chicos a los que consulté —y éstas son preguntas que he hecho durante años y que sigo haciendo en cada clase que imparto sobre el tema— dicen que para cuando se gradúan de la escuela secundaria, les han solicitado o han sido receptores de *nudes* (desnudos), *noodz*, *noods*, *nudz*... hay tantas formas creativas de escribirlo.* Incluso en los grupos de sexto grado obtuve un sí unánime, aunque en este grupo demográfico de edad la mayoría de ellos dijeron sólo conocer a alguien a quien le habían pedido algún desnudo, pero a ellos aún no les habían solicitado nada. Aun así, ¿era eso con lo que estabas lidiando cuando tenías doce años? ¿Estabas esperando a convertirte en adolescente para que te pidieran que compartieras una foto con el torso descubierto o sin ropa interior?

Los desnudos están muy lejos del porno de Pornhub, pero representan una versión diferente, otra consecuencia de la hipersexualización de nuestro mundo, sólo que en una dirección totalmente distinta. Tus hijos pueden nombrar a un amplio abanico de personas que envían imágenes de desnudos al universo, desde modelos de conducta hasta otros chicos de la escuela (sólo pregúntales), y esto empuja a algunos de los demás

---

* Los desnudos son muy similares al *sexting*, que técnicamente se traduce como *sexo + texto* (en inglés). Pero dado que el *sexting* implica el uso de texto, prefiero el término "desnudos", los cuales pueden enviarse por mensaje de texto, pero tienden a compartirse en una amplia gama de plataformas de redes sociales. Por cierto, los chicos también eligen este término. Y dado que están creciendo en una cultura altamente visual, tiene sentido. Sin embargo, es importante recordarles que, así como hay implicaciones al enviar imágenes de desnudos, también hay consecuencias al compartir contenido sexual en forma de palabras.

a hacer lo mismo. El problema es el siguiente: mientras que los adultos de nuestra sociedad son libres de intercambiar imágenes de sí mismos y obtener lo que desean con ello —fama, fortuna o tan sólo un momento fugaz de atención—, los niños no lo son. Cualquier imagen de desnudo de una persona menor de dieciocho años es pornografía infantil, un delito federal. Eso es cierto incluso si la foto fue tomada voluntariamente, incluso si es una *selfie* tomada sin coacción y compartida voluntariamente. No importa: es pornografía infantil. Así que cuando la cultura anima a los chicos a hacerlo (tanto a las niñas como a los niños, no te engañes), puede haber graves consecuencias. Digamos que a una chica le gusta un chico y ese chico le pide que le envíe un desnudo, una petición sorprendentemente común durante la etapa de flirteo. En cuanto ella toma la foto, ya produjo pornografía infantil. Cuando le envía la imagen por SMS al chico, distribuye pornografía infantil. Y cuando sube a internet el desnudo que él le envió a cambio, está en posesión de pornografía infantil. Son tres delitos diferentes.

Las leyes se establecieron en un inicio para proteger a los niños de los depredadores adultos, bloqueando a los pornógrafos infantiles y a los traficantes de personas. Sin embargo, han tenido un efecto contraproducente. Hoy en día, gracias a las cámaras en cada teléfono y al envío de mensajes de texto —o mejor aún, a las aplicaciones de redes sociales, en particular aquellas que prometen que los mensajes desaparecerán—, algunos de los infractores más comunes son los propios niños. El problema del intercambio de *selfies* de desnudos es tan grande que podría ocupar un libro entero. Tal vez en otra ocasión. Pero como es una extensión natural de la pornografía —en su propia forma, en realidad—, no hay manera de escribir este capítulo sin mencionarlo. Así que, por ahora, lo abordaré brevemente, omitiendo la mayoría de los aspectos legales y enfocándome en las consecuencias sociales.

Los desnudos femeninos suelen ser instantáneas rápidas del torso, ya que el objetivo general es que los senos aparezcan en el encuadre. Algunas chicas envían fotos de cuerpo entero, pero muchas de las más jóvenes, sobre todo, se levantan la camiseta, sostienen un teléfono delante de ellas, hacen clic, suben la foto y la envían, todo en treinta segundos o menos, sin necesidad de edición. A muchas de ellas no les importa en particular su apariencia, un hecho que me parece tremendamente irónico, pero que se evidencia en la gran mayoría de las imágenes que envían a diario a través de aplicaciones de redes sociales como Snapchat (una rodilla, el techo, una cara fruncida o una imagen a menudo borrosa). La cuestión es que, la mayoría de las veces, los desnudos se toman de forma rápida e impulsiva —al menos cuando son adolescentes y preadolescentes los que toman las fotografías— y las chicas no consideran que también podrían aparecer en ellas rasgos característicos que las identifiquen como los labios, la barbilla, el cuello, las pecas, el color del pelo y las joyas. Esto puede no parecer un gran problema si envías la imagen a alguien a quien en verdad le gustas (los padres no suelen estar de acuerdo), pero sí es un *gran* problema cuando esa persona la reenvía a otras personas (los niños y los padres suelen estar de acuerdo en este punto). No siempre, pero sí una buena parte de las veces se puede reconocer a la chica que aparece desnuda.

Compara esto con las *selfies* de chicos desnudos, conocidas como *dick pics*. La misma rapidez, la misma carga impulsiva. La gran diferencia es que los chicos se bajan los pantalones y toman la foto "a vuelo de pájaro". No siempre, pero sí la mayoría de las veces. Así que en realidad no hay características distintivas en esta imagen: tal vez veas piernas y pies, quizás incluso la parte inferior del vientre, pero ¿cuántas veces puedes mirar una instantánea en la que aparece la mitad inferior del cuerpo y decir definitivamente: "¡Sí! ¡Ése es Jaime, el de la clase de matemáticas!".

La importancia del intercambio de los desnudos es enorme, con los niños participando con una frecuencia desconcertante. Sin embargo, las consecuencias son bastante diferentes para los chicos y las chicas. Cualquier desnudo puede ser reenviado, y muchos lo son. Como las chicas no siempre mantienen el anonimato, esto puede ser socialmente devastador; mientras tanto, los chicos que permanecen no identificados son casi intocables. Esto podría parecer una ventaja para los chicos, como si algo en este capítulo por fin estuviera a su favor. Pero yo no lo veo así. De hecho, parece que el anonimato de sus desnudos refuerza la falta de consecuencias... hasta que las hay. En otras palabras, existe un aspecto más negativo en el hecho de que los chicos enfrenten menos inconvenientes al enviar imágenes de desnudos: esto aumenta la probabilidad de que participen. Es raro el chico que rechace un subidón de endorfinas cuando no hay repercusiones consistentes. Mientras tanto, dedica cinco minutos a investigar este tema y encontrarás historias de chicos expulsados de la escuela, otros despojados de sus becas y algunos incluso enfrentándose a cargos, todo por culpa de los desnudos en sus teléfonos. Es más probable que las chicas paguen la sanción social por aparecer en las fotos (aunque los chicos también pueden hacerlo, sin duda); los chicos, en cambio, se enfrentan a consecuencias por posesión, distribución y a veces incluso venta (aunque esto también les ocurre a las chicas). Ambos lados de la ecuación son oscuros.

He llegado a creer que, entre los adolescentes, el impacto del intercambio de desnudos es tan profundo como el de la pornografía explícita; en algunos aspectos, puede ser incluso mayor. Más allá de los problemas legales, los desnudos son personales, afectan la reputación y pueden ser utilizados para acosar y extorsionar. Los desnudos no sólo plantan una semilla visual de lo que podría ser el sexo, sino que también introducen la expresión de la sexualidad individual de una persona y la proyectan al mundo, todo mientras se infringe la ley.

Hay una razón por la cual te presenté dos temas de alta intensidad a la vez en un mismo capítulo y, por cierto, déjame felicitarte por llegar hasta aquí (¡ya casi terminas!), porque cualquiera de estos temas, la pornografía explícita o el intercambio de desnudos, son lo suficientemente intensos como para hacer que quieras renunciar a la crianza, a este libro, o quizás a ambos. Pero son cuestiones tan importantes como difíciles de digerir, y comparten un tema crítico en común: el consentimiento.

CÓMO PREVENIR LA EXPOSICIÓN A LA PORNOGRAFÍA DESDE EL PRINCIPIO

Si tuviera la respuesta, no habría necesitado escribir este capítulo en primer lugar. Pero hay dos formas de minimizarla, ambas desaprovechadas.

Primero, RETIREN LOS DISPOSITIVOS DEL DORMITORIO POR LA NOCHE. ¿Sentiste que te grité eso? Bien. Los pediatras han insistido en esto durante años, por lo general señalando que los niños duermen más cuando sus dispositivos están lejos de ellos. Pero los datos sobre la pornografía son igual de convincentes. Cuanto más tarde sea, más probable es que los niños estén en línea viendo pornografía o intercambiando desnudos. No es que estas actividades no puedan ocurrir al mediodía, pero es mucho más probable que sucedan a la medianoche. Estar solo en un dormitorio, sintiendo la privacidad del momento y la impulsividad que tiende a crecer por las noches... ya ves hacia dónde va esto. Así que, acostúmbrate a cargar todos los dispositivos (teléfonos, laptops, iPads, lo que sea) en un área común de la casa que esté fuera del dormitorio. Después de un tiempo, los niños me dicen que les encanta esta solución porque les da un descanso forzado de sus dispositivos por el cual pueden culparte.

Y, en segundo lugar, EMPIEZA A HABLAR SOBRE PORNOGRAFÍA. Por si te lo perdiste, ése era todo el punto de este capítulo. Hablar sobre ello protege a nuestros hijos de buscarla y les ayuda a gestionar lo que ven. Les permite acudir a nosotros para procesar las imágenes que están viendo. Nos ayuda a entender a qué se enfrentan en el mundo, que difiere radicalmente de las fuerzas que estaban en juego cuando nosotros estábamos creciendo. Si tienes dudas, empieza a hablar. Y a escuchar.

EL DENOMINADOR COMÚN DEL CONSENTIMIENTO

El consentimiento solía implicar un acuerdo, como en: "Sí, eso es lo que quiero hacer contigo en la cama" (o en el sofá, o en el asiento trasero del automóvil, o donde sea). Más específicamente, durante mucho tiempo, la noción de consentimiento era: "No significa no", pero todo lo demás significa sí. Por cien razones, todas absurdamente obvias en retrospectiva, éste no era un gran estándar. Hoy en día, el objetivo del consentimiento es un acuerdo entusiasta con un acto sexual. "¡Sí! ¡Quiero hacer exactamente esto que estamos haciendo en este momento!".

Para aumentar la confusión: aunque la noción de consentimiento se ha vuelto más estricta con el tiempo, su interpretación varía según el lugar donde vivas o, en realidad, donde tenga lugar el encuentro sexual, que puede o no involucrar el coito. Cada país tiene su propia definición de consentimiento; no existe una regla única. Técnicamente, esto significa que mientras en un lugar puede considerarse aceptable que una persona toque a otra en ciertas circunstancias y de cierta manera, en un lugar vecino eso podría no ser permitido.

Muchos campus universitarios han intentado resolver la confusión imponiendo sus propias reglas, por lo general más estrictas, sobre este tema. Han nombrado a su versión "consentimiento afirmativo" —a veces conocido como: "Sí significa sí"— y en su interpretación más estricta, implica que cada acto sexual dentro de un encuentro debe ser acordado. "Sí, puedes tocar mi hombro derecho. Ahora, sí, puedes tocar mi hombro izquierdo. Sí, podemos besarnos". El consentimiento afirmativo ha generado un debate tremendo, con padres enfrentados entre sí, tomando partido con relación a qué hijo recibe el beneficio de la duda en un caso determinado. Independientemente de dónde te sitúes en cuanto a la equidad en esta norma en particular, el consentimiento afirmativo impacta de manera directa sólo a un grupo limitado de adolescentes mayores y jóvenes de veintitantos años inscritos en la universidad y que tienen encuentros entre sí, en carne y hueso. Esto no aplica a actividades en pantalla, sólo a las de la vida real.

Ninguna de estas versiones de consentimiento aborda la pornografía de desconocidos o el intercambio de *selfies* de desnudos, dos experiencias sexuales radicalmente diferentes, pero comunes, que comienzan años antes de la universidad y que a menudo envían el mensaje singular de que el consentimiento es secundario. En la pornografía explícita, se viola el consentimiento si un actor es obligado a hacer algo que no quiere hacer (aunque es difícil de probar, si le están pagando) o cuando el argumento de la historia muestra que está siendo forzado (lo cual no es una violación técnica del consentimiento, pero claramente envía un mensaje a los espectadores de que la falta de consentimiento está bien, e incluso es sexy). Con los desnudos, hay una violación cuando una imagen es compartida sin permiso. El intercambio de desnudos podría parecer una ofensa menor, pero no lo es; tan sólo es una versión diferente y, además, terriblemente común. Te reto a que intentes encontrar una zona escolar en tu país donde no se haya enfrentado un escándalo de *sexting*. Esto es de profunda importancia: la normalización tanto del consumo de pornografía como del intercambio de desnudos en la secundaria y pre-paratoria sugiere a los chicos que el consentimiento tiene una definición muy difusa.

ENSEÑAR SOBRE EL CONSENTIMIENTO

Si enseñamos a nuestros hijos (y a nuestras hijas) sobre el consentimiento desde edades tempranas, en contextos no sexuales, las lecciones quedarán aún más arraigadas cuando eventualmente comiencen a intimar con otras personas. Este enfoque añade años al proceso de enseñanza del consentimiento, lo que crea una memoria muscular más profunda. Algunos consejos:

HAZ QUE EL CONSENTIMIENTO TRATE SOBRE EL RES-PETO A LOS LÍMITES DE LAS PERSONAS, no sólo a los de sus propios cuerpos. Hombre o mujer, niño o niña, no tomarías la chamarra de alguien sin pedir permiso para prestarla; es el mismo concepto aquí.

SEÑALA LAS ESTRUCTURAS DE PODER en tu lugar de tra-bajo, en los grupos sociales de la escuela, en la política. Introduce la idea de que, si una persona tiene poder sobre otra, el consentimiento se vuelve complicado. Decir sí o no está profundamente entrelazado con el libre albedrío.

SÉ CAUTELOSO. Cuando tengas dudas, no hagas ni digas algo que pueda interpretarse como un acto de agresión. Ese consejo se aplica tanto a nosotros como a nuestros hijos.

Entonces, ¿qué es aceptable o inaceptable en el mundo del sexo y sus expresiones? ¿Debería importar *dónde* se tenga una experiencia sexual, ya sea en un lugar en particular, en un campus universitario o en una pantalla? ¿Deberían cambiar ciertas reglas al cumplir los dieciocho años?

¿Deberían los menores de edad enfrentar enjuiciamientos bajo leyes de pornografía infantil que fueron redactadas pensando en ellos como víctimas y no como perpetradores? ¿Y cuál es la posición del internet en todo esto? ¿Deberían los sitios pornográficos hacerse responsables de restringir el acceso a menores de edad? (Muy bien, aquí sólo voy a decir: ¡SÍ!) ¿Deberían tener permitido almacenar y transmitir contenido que muestre' actos violentos y criminales? ¿Qué pasa con los motores de búsqueda y las redes sociales? ¿Dónde termina la libertad de expresión y comienza el reconocimiento de un modelo peligroso?

Lo prometo, ya he terminado de bombardearte con información. Pero entiendes por qué necesitaba llevarte a través de todo esto, ¿verdad? Porque si nuestro trabajo como padres es mantener a nuestros hijos seguros y sanos, entonces tenemos que comprender las fuerzas en el mundo que van en contra de ese objetivo. La pornografía, en todas sus formas, desde las *selfies* de desnudos hasta las películas explícitas, modela una variedad de comportamientos que pueden poner a nuestros hijos en riesgo físico, social, legal y emocional. Este tema gigantesco, que nunca se pensó que sería una parte significativa de la crianza, ha llegado.

Debido a que la pubertad es independiente del sexo y, al mismo tiempo, está inextricablemente vinculada a él, el manual sobre cómo abordar el enorme tema del sexo en general —en casa, en la escuela, e incluso en los entornos de atención médica— es, en el mejor de los casos, confuso. El porno añade complejidad a una situación que ya es complicada, sobre todo porque es tan violento y gráfico como fácil de encontrar. Hace unos años habría sido absurdo escribir sobre los estudiantes de secundaria y la pornografía, pero aquí estamos.

Esta situación del contenido clasificación X ha creado un mandato para que los padres nos armemos de información, nos mantengamos al día y empecemos a hablar. Somos decentes a la hora de comunicarnos con nuestras chicas sobre estas diversas facetas del sexo, pero podemos ser mejores. En comparación, somos pésimos a la hora de hablar con nuestros chicos de todo ello: sexo, porno, consentimiento, seguridad y la falacia de lo que casi todos ven en sus pantallas. Si no abrimos líneas de comunicación en este sentido, corren el riesgo de convertirse en las víctimas finales de la confusión sobre el consentimiento: preparados para violar la ley o el espíritu de otra persona.

CÓMO HABLAR CON LOS CHICOS... SOBRE LA PORNOGRAFÍA

No existe una regla de oro para hablar sobre la pornografía, en gran parte porque es un panorama en constante cambio. Pero si no comienzas a hablar, lo harán otras voces, entre ellas, otros niños con conceptos profundamente erróneos y estrellas porno que modelan lo opuesto a relaciones seguras y amorosas. Además, nuestros hijos se enfrentan a reglas sobre la intimidad, la pornografía y el consentimiento que compiten directamente con lo que ven en sus pantallas. Así que empieza a hablar.

1. SÓLO EMPIEZA A HABLAR SOBRE EL TEMA. Soy una firme creyente de que nunca es demasiado pronto para abrir conversaciones sobre cualquiera de estos temas. Pero, como mínimo, si tu hijo tiene acceso a un dispositivo móvil o una computadora con wifi, entonces lo ideal sería que comenzaras a hablar sobre qué hacer antes de que vea imágenes sexuales. Eso significa que, si tiene seis o siete años y piensas: "¡Es demasiado joven para esa conversación!", bueno, tal vez también deberías reconsiderar si le quieres dar acceso sin restricciones a internet a esa edad y retirarle ese dispositivo.

2. ¿QUÉ HACER SI YA LLEGO TARDE AL JUEGO? Aunque nunca es demasiado pronto para hablar sobre salud y bienestar, algunos padres pueden sentir que están llegando demasiado tarde, sin importar cuándo comiencen. Así que déjame ser muy clara: *nunca* es demasiado tarde para empezar a hablar con tu hijo sobre todo esto. Y si sientes que no puedes superar esa sensación, comienza la conversación diciendo: "Ojalá hubiera hablado de esto antes...".

3. COMIENZA LA CONVERSACIÓN SIN JUZGAR. Puedes explicar que has leído sobre niños que ven pornografía —que, para

cuando terminan la escuela secundaria más de la mitad de los chicos ya ha visto algo, y para el final de la preparatoria casi todos los chicos y las chicas lo han hecho—, y por eso no te enfadarás si él también lo ha hecho. Hazle saber que estás disponible para hablar sobre lo que ha visto y responder a cualquier pregunta cuando esté listo. Luego, sigue ofreciéndole oportunidades para hablar regularmente hasta que decida hacerlo. Y asegúrate de agregar que la razón por la que esto es tan importante es que el sexo que puede haber visto en línea quizá sea muy diferente del sexo que algún día tendrá. Hay un millón de maneras de abordar esto, haz lo que funcione para ti y tu hijo. Pero recuerda: SIN hacer juicios y SIN vergüenza. Ésa es la clave.

4. TÓMALO CON CALMA. Siéntete libre de abrir las compuertas, pero deja que la conversación fluya poco a poco. Una forma de hacerlo es iniciar el diálogo y luego cerrar la boca y esperar a que él hable. Haz preguntas abiertas en lugar de aquellas que sólo puedan responderse con un sí o un no. El silencio puede sentirse insoportable. Pero a veces, en un esfuerzo por terminar con algo, o tan sólo por querer transmitir la información, hablamos sin parar, bombardeando a nuestros hijos con demasiado, demasiado pronto. Observa señales como que se queden callados, pongan los ojos en blanco, o salgan de la habitación... no suelen ser muy sutiles. Y recuerda que te esperan años de conversaciones incómodas por delante —¡este tema no se aborda de una sola vez!—, así que puedes guardar un poco de tu entusiasmo para el futuro.

5. ¡USA TÉRMINOS ANATÓMICOS! No hay nada de malo en decir "pene", "testículos" o "ano". De hecho, si temes usar esas palabras, podrías crear una gran confusión al intentar evitarlas. No son "malas" palabras. Y, en cuanto a este tema, creo que los niños también deberían conocer las palabras coloquiales. Más importante aún, deben saber cuándo no utilizarlas y por qué. Las conversaciones sobre el lenguaje y el respeto pueden ir fácilmente de la mano.

Capítulo 8

Los chicos y la imagen corporal: si no duele, no sirve

Hay un centro comercial al aire libre bastante popular cerca de mi casa en Los Ángeles, que cuenta con todas las tiendas que podrías esperar. En una parte se encuentran Urban Outfitters, Brandy Melville, Victoria's Secret, un par de tiendas de zapatos (tenis para correr, tenis de *skateboarding*, tenis de basquetbol, ningún mocasín a la vista), una tienda que también es un paraíso de los dulces… es el bloque diseñado para atraer a estudiantes de secundaria y preparatoria. También es el bloque que todos los padres llegan a temer, ya que absorbe tiempo y dinero.

Tengo un recuerdo muy vívido de cuando paseábamos por ese centro comercial, cuando mi hija estaba en cuarto grado. Era Navidad, y nos habíamos envuelto en chaquetas gruesas para enfrentar el clima de alrededor de 15 grados, gélido según los estándares de Los Ángeles. Al llegar a la zona de tiendas aspiracionales, que vendían ropa que no le quedaría bien a mi hija hasta un par de años después, ella se detuvo en seco. Seguí su mirada hasta que mis ojos se posaron en un hombre casi desnudo. El joven no podía tener mucho más de dieciocho años, aunque ésa no fue la primera cosa que noté. Llevaba un gorro de Santa Claus y unos bóxer —o tal vez eran shorts; mirar se sentía casi como un delito—, y con sus brazos musculosos nos hacía señas para que entráramos a Abercrombie & Fitch, mientras su enorme sonrisa brillaba bajo la luz del sol. Sentí frío sólo de mirarlo, pero él parecía completamente cómodo.

Recuerdo haber echado un vistazo a mi hija y reconocer por primera vez que ella era consciente del atractivo sexual de otra persona. Mi mente saltó hacia su futura vida como adolescente y adulta, lo que me llevó a pensar en las citas, la seguridad y luego en la cosificación general de las mujeres. Sin embargo, en ningún momento pensé en mi hijo, que con ocho años estaba al otro lado, sosteniendo mi mano. Mi montaje mental tenía como protagonista a mi hija y su futuro en un mundo que sobrevalora a las mujeres por su apariencia y a menudo infravalora todo lo demás que aportan. No consideré el impacto que el chico de Abercrombie podría tener sobre mi hijo (si no hoy, algún día) o, francamente, en cualquiera de las docenas de chicos y hombres que pasaban frente a la tienda. Ni siquiera me pregunté cómo el propio chico de Abercrombie experimentaba la situación en su totalidad, lo cual es bastante irónico, dado que estaba mirando a un tipo casi desnudo cuyo único trabajo era ser cosificado. En retrospectiva, me siento como una tonta.

Poco después, Abercrombie acaparó los titulares cuando prometió quitar a los modelos en vivo sin camisa de sus escaparates. La marca también decidió bajar el volumen de la música en sus tiendas y reducir la intensidad de la experiencia de compra impregnada de perfume, todo con el objetivo de atraer a un público un poco mayor. Lo que Abercrombie nunca hizo fue iniciar una conversación sobre los cuerpos masculinos y la presión que pueden sentir los chicos y los hombres para verse de cierta manera. La marca tuvo su momento, y lo dejó pasar. En retrospectiva, espero que *ellos* se sientan como tontos.

Verás, aunque los hombres tienden a estar muy conscientes de los extremos a los que llegan las mujeres —y el mundo en general en nombre de ellas— para lograr una apariencia particular, la mayoría no es en absoluto consciente de cómo estas fuerzas los afectan a ellos. El mayor mito del mito de la belleza es que es casi exclusivamente femenino.

Bueno, es hora de despertar y darles voz a las realidades de la imagen corporal masculina.

Los estándares de belleza impactan a todos nuestros hijos y alimentan inseguridades en todo el espectro de género. Mientras que las niñas encuentran las palabras para hablar sobre sus cuerpos y tienen el valor de hacerlo con frecuencia, los niños, al menos en este aspecto, han sido prácticamente silenciados. Sí, las niñas corren un alto riesgo de sufrir problemas relacionados con su imagen corporal, como los trastornos alimentarios. Pero no te dejes engañar pensando que los niños no están en riesgo. Este capítulo busca abordar la imagen corporal de nuestros hijos con la misma crudeza con la que lo hacemos respecto a nuestras hijas, porque resulta que los niños también están sufriendo, con frecuencia registran índices que rivalizan con los de sus pares femeninas. El problema es que los objetivos de la imagen corporal masculina y los trastornos resultantes pueden verse muy diferentes a los de las mujeres. Combinado con una cultura de silencio en torno a la mitad masculina en relación con este tema, es fácil pasar por alto la lucha de los chicos.

IDEALES CORPORALES

Con el cuidado, la alimentación, el ejercicio adecuado y, muy importante, el sueño, en teoría, casi todos podrían tener un cuerpo sano y en forma. Pero no es así. Hay miles de factores relacionados con el estilo de vida que contribuyen a esto: desde la alimentación (de baja calidad, en grandes cantidades y con alto contenido de azúcar) y el ejercicio (insuficiente), hasta el entorno (desde la seguridad personal hasta la calidad del aire, y todo lo que hay en medio) y la economía (tanto los alimentos saludables como la atención médica de calidad son muy costosos). Ni siquiera he mencionado la genética o la simple falta de sueño. La lista de razones por las cuales alguien tiene una forma corporal determinada es larga, muy larga, y debe abordarse punto por punto. Pero no aquí. Éste es un capítulo sobre el tema adyacente de cómo las personas perciben sus cuerpos.

Para las mujeres, el tipo de cuerpo ideal se ha pluralizado. Hoy en día, las chicas se debaten entre al menos tres versiones diferentes de lo que es perfecto: una superdelgada, otra en forma y deportiva, y, por supuesto, la que es ultracurvilínea, con senos y caderas pronunciadas. Esta triada puede enviar mensajes contradictorios, sí, pero también permite que más mujeres califiquen como, o al menos aspiren a ser, ideales. Ésa es la ventaja. Las desventajas, y hay muchas, incluyen el hecho de que las tres formas ideales tienden a ser irrealmente delgadas, incluso la versión curvilínea, que tiene una cintura diminuta entre caderas y senos voluminosos.*

---

* Los ideales corporales de las chicas son complicados, lo que explica por qué innumerables libros, blogs y programas están dedicados al tema. Sin embargo, existe un argumento válido que sugiere que, con el aumento de la atención prestada al tema,

En comparación, el ideal masculino se ha mantenido bastante estancado. La figura de acción de G. I. Joe con la que mis hermanos jugaban en los años setenta se ve exactamente igual al chico de Abercrombie, al menos del cuello para abajo. Sí, ahora también existe un *look* delgado y chic para los chicos, y hubo un periodo no hace mucho en el que el *Dad Bod* (cuerpo de papá) fue aclamado como una meta (aunque no estoy segura de haber escuchado a nadie usar el término "ideal" para describir la prominente barriga del *Dad Bod*). Pero para todos los efectos prácticos, el arquetipo de la perfección masculina descrito por los chicos de sexto grado no es nada nuevo, y se refuerza a su alrededor en los cuerpos de atletas profesionales y celebridades, así como en superhéroes y avatares de videojuegos. Tampoco es nuevo: los chicos no hablan mucho sobre ello. Ven especímenes "perfectos" por todas partes, pero no existe una conversación nacional, ni siquiera local, sobre cómo estas imágenes, en su mayoría inalcanzables, hacen sentir a los chicos.

La búsqueda del cuerpo perfecto comienza a una edad temprana: muchos expertos dicen que a la prematura edad de diez años, lo cual, como ya sabes, es cuando más de la mitad de los chicos han entrado en la pubertad y ya tienen sus propios teléfonos. Me refiero tanto a chicos como a chicas, aunque la gran mayoría de la investigación se enfoca en la mitad femenina de la población. Según algunos estudios, la conciencia de quién tiene el mejor cuerpo despierta a los seis o siete años, coincidiendo con el momento en que los más precoces comienzan a lidiar con las hormonas y con las imágenes en pantalla de cómo se supone que deberían verse. De hecho, la presión por lucir perfectos puede sentirse absurdamente pronto: antes del primer día de preescolar; incluso antes de dar el primer paso. Esto se debe a que, desde el primer día, nuestros hijos están inmersos en ideales corporales casi en cualquier lugar donde posen su mirada: vallas publicitarias, revistas, libros, tus pantallas, mis pantallas... Están tan sumergidos en un estándar de belleza que resulta algo ridículo intentar establecer un punto de partida arbitrario para medir su impacto. Esencialmente, desde el momento en que nuestros hijos

---

también ha habido un incremento paralelo en las nuevas definiciones de la belleza femenina. Sin duda, ha habido un saludable aumento de las conversaciones de las chicas sobre este tema en las últimas décadas.

nacen, esos dulces bebés, adorados por sus pliegues de piel y sus muslos que dan ganas de estrujar, viven en una cultura que les transmite el mensaje de buscar lo opuesto. Tanto chicos como chicas.

En su mayoría, las chicas saben todo sobre esto. Muchas —la mayoría, incluso— han sido educadas para ver a través de las imágenes que tienen frente a ellas. Para cuando llegan a la adolescencia, a pesar de su cultura de intercambiar *selfies* en bikini (a menudo mejoradas con un filtro para maximizar o minimizar ciertos rasgos), son muy conscientes de cada retoque aplicado a las imágenes que ven todo el día, todos los días. Entienden la naturaleza transformadora de los filtros de las aplicaciones, el maquillaje, el Photoshop y la cirugía plástica.

Los chicos, en cambio, al menos antes y durante la pubertad, en gran medida permanecen ajenos a la influencia del ideal físico que se les impone, a pesar de que las imágenes masculinas son retocadas de la misma manera, y muchos de los hombres se arreglan también. Las aplicaciones que ocultan granos, estrechan cinturas y realzan músculos son utilizadas por ambos géneros. Los productos capilares y los suplementos dietéticos también se comercializan para ambos grupos. Incluso la cirugía plástica se está volviendo una oportunidad igualitaria, con un número creciente de hombres optando por cosas como trasplantes de cabello, implantes en los pómulos, glúteos o pantorrillas, y reducciones mamarias. A pesar de esto, nuestras conversaciones tienden a centrarse en los estándares de belleza femenina establecidos por imágenes retocadas (y por mujeres literalmente modificadas por doctores). La manipulación de los hombres pasa casi por completo fuera de radar, a pesar de que es básicamente igual de común.

Muchas chicas hablan sobre sus cuerpos, cómo se sienten respecto a ellos y cómo el mundo conspira contra su verdadero yo con sus ideales corporales femeninos inalcanzables e irreales. La mayoría de los chicos no lo hace.

Y así, cuando enseño a estudiantes de secundaria sobre la imagen corporal, la conversación casi siempre es dominada por las chicas, quienes se sienten cómodas con el tema y están decididas a abrirles los ojos a los chicos sobre la injusticia de la situación. Al pedirles a los chicos que intervengan, los niños de once y doce años —que, por cierto, están en diferentes etapas de la pubertad, algunos notablemente más altos y con la voz una octava más grave que otros— comienzan a expresar la enorme presión que *ellos* sienten. Muchos dicen que ni siquiera se habían dado cuenta hasta esa conversación en clase, en ese mismo momento. Explican que la carga de sus ideales corporales puede ser mayor que la que se les impone a las chicas, porque se alimenta de manera muy silenciosa. Abdominales marcados, sin vello en el pecho, una cabellera completa (o un cuero cabelludo perfectamente afeitado), ni un solo grano a la vista, dientes rectos y brillantes, hombros anchos, bíceps visibles, delgados, pero definitivamente no demasiado delgados... La lista de elementos con estándares poco realistas sigue y sigue. La mayoría de las chicas nunca había considerado las presiones corporales masculinas, y si los chicos lo habían hecho, casi ninguno había compartido sus sentimientos. Observo cómo las chicas escuchan, con los ojos bien abiertos, asombradas por la enumeración de estos problemas.

TAMAÑO Y ALCANCE

La imagen corporal de los chicos no es sólo un tema de conversación; es una fuente muy real de presión que se traduce en estadísticas que podrían sorprenderte.

Uno de cada tres adolescentes varones se involucrará en comportamientos poco saludables para controlar su peso (en el caso de las chicas es una de cada dos), aunque muchos de los chicos, en realidad, están tratando de *ganar* peso en lugar de perderlo. Este deseo de aumentar volumen en su musculatura los puede llevar a consumir suplementos no estudiados o incluso esteroides anabólicos, de los que se sabe que son peligrosos. Hablaremos mucho más de eso en un momento.

En cuanto a los trastornos alimentarios graves, éstos también ocurren en los chicos, con más frecuencia de la que muchas personas creen. Cuando estaba en la facultad de medicina, me enseñaron que 10 por ciento de los casos de anorexia ocurrían entre hombres. Aún hoy en día, 10 por ciento es la cifra comúnmente citada, desde los círculos médicos hasta las revistas para padres. Así que me sorprendió descubrir recientemente que la cifra real es mucho más alta. Resulta que 25 por ciento de los jóvenes con anorexia son hombres. De hecho, un tercio de todas las personas diagnosticadas con trastornos alimentarios de cualquier tipo —no sólo aquellos que implican conductas restrictivas que ponen en peligro la salud, sino también purgas y atracones seguidos de purgas— son hombres. Esto significa que, a lo largo de su vida, entre 2.5 y 3 por ciento de todos los chicos padecerán un trastorno alimentario grave, que requerirá tratamiento, preocupará a los padres y médicos, y nos hará preguntarnos: "¿Cómo es posible que esto, que creíamos que sólo afectaba a las mujeres, también les esté ocurriendo a los chicos?". Y para empeorar las cosas, el riesgo de morir por uno de estos trastornos alimentarios es mayor en los hombres, porque con frecuencia pasa desapercibido: la mayoría de los padres, médicos, maestros y adultos de confianza no están buscando este problema ya que, según el estereotipo, se supone que no debería ocurrirles a los chicos.

Hay un subgrupo dentro del subgrupo masculino de trastornos alimentarios que merece especial atención, y ése es el de los atletas que, esencialmente, están obligados a perder peso para su deporte. Esto ocurre sobre todo en deportes con categorías de peso (como la lucha, remo y carreras de caballos) o en aquellos con un componente estético (gimnasia, natación, clavados, danza, patinaje y —más adelante, porque no es exactamente un deporte común en la secundaria— fisicoculturismo). Los estudios muestran que, en promedio, alrededor de un tercio de los chicos que participan en uno de estos deportes tendrá problemas de imagen corporal hasta el punto de desarrollar un trastorno alimentario. Ahora bien, en comparación, las mujeres enfrentan el doble de riesgo. Pero a menos que tengas un hijo que se haya enfrentado a este escenario, apuesto a que no has considerado la magnitud del problema entre estos atletas masculinos en particular, porque yo no lo había hecho, y estoy inmersa en estos temas todo el día, todos los días.

Para los casos menos graves, pero aún preocupantes, es decir, aquellas personas que no son etiquetadas con "trastornos alimentarios", pero que hacen cosas como ayunar para perder peso o realizar ejercicio extremo, la mitad son chicos. Sí, la mitad. Sin embargo, estos problemas también suelen etiquetarse como "femeninos" y, justo por esta razón, los hombres son menos propensos a buscar tratamiento. No es que no reconozcan el problema —muchos chicos lo hacen—, sino que sienten una vergüenza adicional por estar lidiando con un problema "de chicas", lo que a menudo significa que no piden ayuda hasta que es demasiado tarde, si es que alguna vez lo hacen.

Los adultos que rodean a los chicos con trastornos alimentarios suelen estar completamente a oscuras, pasando por alto los síntomas y viéndolos en su lugar como señales de que "están más saludables". Los adultos a menudo cometemos el grave error de asumir que los cambios en el estilo de vida y la apariencia física de nuestros hijos significan que están en el camino hacia una mayor confianza con su cuerpo, cuando en realidad es lo contrario. Mientras tanto, fieles a la naturaleza de la pubertad, nuestros hijos permanecen callados, lo que aumenta la probabilidad de que pasemos por alto su comportamiento extremo.

CÓMO LA MASCULINIDAD INFLUYE EN LA IMAGEN CORPORAL DE LOS CHICOS

La masculinidad es en parte psicológica y en parte física. En el aspecto emocional de la ecuación, la masculinidad puede significar, de forma general, reprimir los sentimientos, una definición conveniente considerando que los chicos suelen volverse más callados cuando entran en la pubertad y comienzan su transformación en hombres, de quienes se espera que contengan la preocupación, la tristeza y la vulnerabilidad. Dicho esto, también es clásico en los hombres sentir rabia y mostrarla, ser seguros de sí mismos y tomar el control. Y hoy en día, se alaba a los hombres al expresar su vulnerabilidad, estrés, desamor y confusión también... claro, siempre y cuando conserven ciertos aspectos, como ser grandes, fuertes y machos. La masculinidad emocional está un poco dispersa.

En contraste, la forma física de la masculinidad es bastante específica y, básicamente, se reduce a una palabra: *muscular.* Los modelos de Abercrombie, con sus abdominales marcados y brazos esculpidos,

---

* Bien, necesito hacer una pequeña pausa semántica por un momento. ¿No es fascinante que, si observas las primeras seis letras de las palabras *masculino* y *musculoso*, sean casi las mismas? Ahora bien, no soy filóloga, pero al menos en una revisión superficial, estas palabras no parecen derivar de la misma raíz. Sin embargo, nuestro uso de ellas ha hecho que parezca que deberían estar relacionadas...

representaban la máxima expresión de la masculinidad en hombres casi adultos. Este tropo no es nuevo: pinturas y esculturas del antiguo Egipto, Roma y China (por nombrar algunos lugares remotos y antiguos) muestran torsos sorprendentemente similares a los que alguna vez se vieron en los escaparates de las tiendas de Abercrombie, pero que ahora sólo aparecen en las imágenes de las bolsas. Debieron haber existido modelos de carne y hueso para que estos artistas los copiaran, cada uno con un cuerpo que gritaba: "¡Puedo cazar para conseguir comida! ¡Puedo arrasar en el campo de batalla! ¡Soy una criatura celestial! ¡Puedo levantar más peso que el de mi propio cuerpo!". Cualquiera que fuera el criterio de éxito social a lo largo de las distintas épocas, ese cuerpo esculpido, delgado-pero-no-demasiado, lo cumplía.

Todo esto es para decir que hay una lógica detrás del cuerpo masculino ideal y musculoso. Sólo que ya no es completamente racional, al menos no en la actualidad.

Ser delgado es bueno, no me malinterpretes. Al igual que la masa muscular. Pero ¿cuándo se convirtió en un problema este objetivo? Sabemos con certeza que a menor grasa corporal y más masa muscular magra se predice una mejor salud general, al menos hasta cierto punto. ¿Acaso unos bíceps definidos lo garantizan?

Aquí es donde el ideal de masculinidad y el de salud divergen. Un cuerpo saludable, avalado por un médico, es radicalmente diferente de uno digno de un anuncio de ropa interior de Calvin Klein, una distinción que no siempre es evidente para los chicos. Cuando los profesionales de la salud hablan de *peso corporal ideal*, buscan que una persona esté dentro de un rango de peso determinado por su altura. Esta proporción, llamada índice de masa corporal (IMC), predice una mejor salud general o, al menos, un menor riesgo de enfermedades. Por eso, cuando vamos al médico para un chequeo, y cuando también llevamos a nuestros hijos, todos nos subimos a una báscula y luego nos colocamos contra la pared o una vara de medición. A partir de ahí, se calcula nuestro IMC: nuestro peso (en kilogramos) dividido por nuestra altura (en metros) al cuadrado. Nadie en ese consultorio está observando nuestros abdominales o glúteos.

Muchas personas cuestionan que se use el IMC como referencia para la salud aprobada por los médicos, justo porque sólo refleja el peso y la altura, sin tener en cuenta la masa muscular, el contenido de grasa corporal o la salud cardiovascular. Esto significa que una persona puede estar numéricamente dentro del rango correcto, pero aun así ser poco saludable. (¿Alguna vez has oído hablar de "ser delgado con alto porcentaje de grasa"? Es algo real.) Aun así, el IMC es una medida aceptable para la comunidad médica en este momento, y para la mayoría de las personas estar dentro de un rango de IMC ideal es mejor que no estarlo.

Mientras tanto, la definición social de "ideal", la que nuestros hijos aprenden primero y ante todo en la forma del héroe perfecto al estilo de Superman y sus amigos y contemporáneos, no tiene nada que ver con una fórmula matemática o, francamente, con el peso. Esta noción cultural depende por completo de las apariencias.

La presión que sienten los chicos para lucir musculosos es omnipresente. Llega a través de todos los canales que esperaríamos, como la televisión, el cine, los anuncios y la influencia de las celebridades, pero también a través de uno que quizá no consideraríamos: los amigos. De hecho, más de dos de cada tres chicos dicen que es su grupo de compañeros el que los impulsa a querer verse de cierta manera. Parte de esta presión viene en forma de burlas en persona, pero las redes sociales también ejercen una gran dosis de presión de grupo. Existen sitios que promueven la perfección (como Instagram), pero también otros que permiten a los chicos lanzar preguntas al vacío y esperar una avalancha de respuestas anónimas (si no has oído hablar de Ask.fm o Sarahah, dobla la esquina de esta página y búscalos). Las opiniones de los amigos —y aquí uso la palabra *amigos* en un sentido amplio— representan la mayor influencia en la imagen corporal de los chicos, a menudo desglosadas de maneras que ninguno de nosotros, como padres, podría haber imaginado cuando estábamos en plena pubertad. Aunque las chicas ciertamente influyen en los ideales corporales de sus compañeras, también han aprendido a unirse entre sí, apoyando a sus amigas que están luchando en este aspecto. Los chicos, en cambio, informan lo contrario: sienten la presión, pero nada de amor.*

---

* Según Credos, un grupo de expertos del Reino Unido financiado por anunciantes, propietarios de medios y agencias, 23 por ciento de todos los jóvenes varones creen

No importa si se trata de una cartelera, una estrella de cine o su mejor amigo de octavo grado—y a menudo son los tres—, una vez que un chico reconoce el valor que se le da al cuerpo masculino perfecto, es muy probable que intente hacer algo al respecto.

OBTENIENDO LOS MÚSCULOS QUE DESEAN

Cuando los investigadores profundizan en el tema, alrededor de una quinta parte de los chicos reporta estar "muy preocupado" por su peso o su forma. La mitad de ellos quiere tener más músculos; un tercio quiere ser más delgado y musculoso. Pero, a diferencia de las chicas de su edad, el simple hecho de estar delgado rara vez es el objetivo; más bien, a menudo es motivo de preocupación. Según algunos estudios, hasta 25 por ciento de los chicos con peso normal piensan que son demasiado delgados, y hasta 90 por ciento de todos los chicos hace ejercicio con el objetivo de ganar músculo. Ésta es la razón principal por la que muchos padres no son conscientes de las luchas de sus hijos con la imagen corporal: nuestra cultura ha definido este problema sobre todo a través de la lente femenina, centrándose en la pérdida de peso, lo que facilita pasar por alto cuando los chicos intentan ganar peso y ponerse en forma.

¿Cómo lo hacen? El camino más común, seguido por al menos un tercio de todos los chicos en algún momento durante la pubertad (según los datos publicados, aunque personalmente creo que es una gran

que existe un solo tipo de cuerpo ideal. Como parte de una campaña de 2016 llamada "Picture of Health", Credos preguntó a chicos de entre ocho y dieciocho años si eran conscientes de las imágenes mejoradas digitalmente y si esto afectaba sus actitudes y comportamientos. Descubrieron que los amigos eran la principal fuente de presión e influencia en cuanto a la apariencia. Pero también encontraron que, aunque los chicos son más propensos a hablar con sus amigos sobre su apariencia y sus sentimientos respecto a su cuerpo que con cualquier otra persona, también son más propensos a tomarse los problemas a la ligera por miedo a represalias sociales, como las burlas y el acoso. En comparación, las chicas tienden a hablarlo cuando sus amigas hacen comentarios.

subestimación), es consumir proteínas en polvo o alimentos y bebidas enriquecidos con proteínas. Vale la pena educarnos sobre la verdadera salubridad de estos productos, ya que existe una gran variedad. Dependiendo de qué tan procesados estén, de la cantidad de azúcar añadida, de los otros ingredientes que contienen (como espesantes, vitaminas y minerales, sabores artificiales o incluso chocolate puro), y de la dosis de proteína que se consuma cada día, estas opciones pueden ser increíblemente saludables o francamente perjudiciales. Sin embargo, debido al etiquetado sensacionalista, puede ser bastante difícil distinguir lo bueno de lo malo. Y, ¿mencioné que no existen estudios a largo plazo sobre los efectos de las dietas con suplementos proteínicos en los niños? Así que mi consejo general, tanto para los niños en crecimiento como para los adultos desarrollados, es consumir proteínas en forma de alimentos integrales siempre que sea posible. O, al menos, consume proteínas que no puedan sobrevivir en la estantería de un supermercado durante tres o cuatro años. Considero que nuestros cuerpos están diseñados para absorber nutrientes que crecen en la tierra o sobre ella, lo que explica por qué no soy fanática de los polvos o barras de proteínas.

Aparte de los que buscan proteínas, un grupo más pequeño —alrededor de 10 por ciento de los chicos preadolescentes y adolescentes— utiliza píldoras para aumentar su masa muscular y hacer crecer sus pectorales y bíceps. Éstas vienen en dos formas: como vitaminas/suplementos o como medicamentos propiamente dichos. Empecemos con los medicamentos. Los fármacos con receta deberían ser difíciles de conseguir a menos que los necesites por una razón legítima; por eso los pediatras no suelen recetar medicamentos como Epogen y la hormona de crecimiento* cuando un chico quiere ganar masa muscular. Así que los

---

* Entonces, ¿cuándo deberían recetar estos medicamentos los pediatras? El Epogen es un estimulante de la producción de sangre. Los niños con cáncer a menudo reciben este medicamento porque la quimioterapia puede hacer que sus niveles de células sanguíneas caigan de manera drástica; los niños con anemia por enfermedad renal crónica o ciertas infecciones también podrían recibirlo. La hormona de crecimiento se administra a niños con baja estatura, deficiencia de esta hormona, o con diversos síndromes asociados al crecimiento lento, para ayudarlos a alcanzar una estatura adecuada.

chicos que buscan medicamentos para aumentar su volumen muscular deben conseguirlos por medio de personas fuera del sistema de salud, como compañeros de equipo, amigos de la escuela, y una variedad cada vez mayor de sitios web que entregan medicamentos directamente a la puerta de tu casa. Como resultado, es posible que no tengan ni idea de lo que están introduciendo en sus cuerpos. Éstas no son recetas dosificadas para ellos, ni provienen de farmacéuticos de confianza. Puedes ver por qué tomar medicamentos recetados para ganar masa muscular es malo en muchos niveles para un niño en crecimiento.

Tomar una vitamina o suplemento de venta libre no es mucho mejor. Sí, éstos se compran en una tienda, lo que parece mucho más legítimo que obtenerlos de un amigo, un entrenador o de internet. Pero, como son suplementos, por definición ni la tienda que los vende ni el fabricante que los produce están obligados a verificar lo que en verdad contiene el frasco. La etiqueta puede enumerar casi cualquier promesa imaginable. Puede afirmar que contiene ingredientes que no están presentes, omitir ingredientes que sí lo están y declarar dosis incorrectas. ¡Ah, y tampoco las vitaminas ni los suplementos están sujetos a ningún requisito de pruebas de seguridad! A menos que un grupo de protección al consumidor solicite pruebas de un producto específico, nuestros chicos simplemente están comprando polvos y píldoras porque sus promesas parecen confiables. No ayuda que estos frascos se encuentren en los estantes de la tienda local justo al lado de productos (más legítimos) como champús, cremas para hongos en los pies y Tylenol. ¿Por qué no confiar en sus promesas? Por cierto, la misma advertencia sobre la seguridad y validez de los suplementos aplica a todo lo que compramos en esta categoría. Así que, la próxima vez que tomes una botella de aceite de pescado o vitamina D para ti, piensa en ello y elige una marca que se someta pruebas.

Los chicos dispuestos a arriesgar más en su búsqueda de volumen muscular van más allá de consumir proteínas adicionales o buscar un potenciador muscular en la farmacia local. Estos chicos recurren a los *esteroides anabólicos*, un fármaco que se consigue en el mercado negro. Los esteroides anabólicos son los más conocidos entre los suplementos para fisicoculturismo, pero también son los menos utilizados porque casi tendrías que vivir bajo una roca para no haber escuchado acerca de sus riesgos. Por desgracia, algunos preadolescentes y adolescentes parecen vivir bajo esas rocas o prefieren enterrar sus cabezas en la arena más cercana.

La increíblemente dramática y peligrosa lista de efectos secundarios de los esteroides anabólicos incluye: depresión, ira (como en la famosa "ira esteroidea"), pensamientos suicidas y problemas cardiacos, como la miocardiopatía. He visto a usuarios de esteroides con todos estos problemas. También he visto a chicos cuyos testículos se encogen y penes disminuyen de tamaño, porque los esteroides anabólicos pueden causar eso también. Cuando les enseño a los chicos, señalo esto antes que nada; por lo general, no necesitan escuchar mucho más para ser disuadidos. También les recuerdo, y te lo recordaré a ti, que los esteroides anabólicos son muy diferentes de los esteroides que una persona podría tomar para un ataque de asma o una enfermedad inflamatoria. Estos últimos esteroides son *glucocorticosteroides* y, aunque pueden interferir con el sueño o poner nerviosa a una persona, no encogen las "joyas de la familia". La buena noticia es que sólo alrededor de 5 o 6 por ciento de los chicos tomarán esteroides anabólicos, lo cual no es un número pequeño —eso equivale a uno en cada clase de veinte niños, a lo largo de la vida de esos chicos—, pero es mucho menor que el número de los que beben batidos de proteínas o toman suplementos de creatina y suero de leche.

Una de las estadísticas más impresionantes es una cifra resumida: la gran mayoría de los chicos está dispuesta a hacer algo —algunos harán cualquier cosa— para aumentar su musculatura. Los estudios muestran que hasta 70 por ciento de los chicos entre dieciséis y dieciocho años comprarán un nuevo producto después de ver un anuncio, y una cuarta parte cambiará su rutina de ejercicios en nombre de la condición física. Diez por ciento dice que consideraría tomar esteroides para lograrlo (lo considerarían, pero no por fuerza lo harían, lo cual es una gran diferencia, pero aun así...), mientras que 12 por ciento consideraría la cirugía estética (nuevamente con esa palabra clave *considerar*). Éstas son cifras impactantes, particularmente altas porque se les preguntó a los chicos *qué podrían hacer*, no qué han hecho. Sin embargo, la presión que sienten quizá se ve amplificada por el hecho de que proviene no sólo del mundo en general, sino también de sus amigos cercanos.

LA ESPADA DE DOBLE FILO: EL MIEDO A LA GORDURA EN UN MUNDO DE OBESIDAD

Es complicado encontrar un equilibrio entre hablar con algunos chicos sobre objetivos demasiado entusiastas para estar en forma, y, con otros, acerca de la necesidad de una pérdida de peso saludable. A veces los niños lidian con ambos problemas al mismo tiempo. No podemos ignorar la realidad de que un tercio de los niños estadounidenses lucha contra el sobrepeso, justo en un momento en que las imágenes de cuerpos ideales inundan su conciencia. Y para cuando nuestros hijos crezcan y lleguen a la mediana edad, a pesar de los ideales y las imágenes que los rodean, el doble de ellos (es decir, dos tercios de todos los adultos estadounidenses) tendrá demasiados kilos de más.

En Estados Unidos, casi 40 por ciento de los adultos de hoy pesan tanto que califican como obesos.* A nivel mundial, los números son un poco menos dramáticos, pero aun así... es 13 por ciento. La obesidad es un problema que aumenta con el tiempo: comienza para algunos en la etapa preescolar, se incrementa en la primaria, y para cuando se gradúan de la preparatoria, afecta a uno de cada cinco chicos. Si sumamos a las personas con sobrepeso, pero que no son técnicamente obesas, hemos descrito a 70 por ciento de la población de Estados Unidos mayor de veinte años y 42 por ciento de todo el mundo.

Tener demasiado peso es perjudicial para la salud, nadie lo duda. Sin embargo, señalarlo puede considerarse cruel. La mayoría de los padres

---

* La definición de obesidad es diferente para niños y adultos. En la población adulta, un IMC de 30 o más califica como obesidad (un IMC entre 25 y 29.9 indica sobrepeso). Sin embargo, entre los niños, la obesidad se define con un IMC superior al percentil 95. Esto puede ser confuso, ya que el percentil 95 suena como si el 95 por ciento de todos los niños pesara menos. Pero no es así. En cambio, estos percentiles se basan en gráficos de poblaciones idealizadas. Por lo tanto, cuando lees que 20 por ciento de todos los chicos graduados de la preparatoria (o en edad de graduarse, ya que no es necesario haberse graduado para ser contado en este número) en Estados Unidos son obesos, significa que 20 por ciento de estos adolescentes pesan más que el percentil 95, donde lógicamente esperaríamos que se ubicara sólo 5 por ciento de los niños. Los números son complicados, por decir lo menos.

me dicen que su mayor temor es que, en un esfuerzo por ayudar a que su hijo se mantenga saludable y pierda peso, terminen desencadenando una espiral hacia problemas relacionados con la comida o la confianza corporal. Muchos padres de niñas prefieren guardar silencio porque temen desatar trastornos alimentarios si mencionan algo a sus hijas; muchos padres de niños también permanecen callados porque es parte de la dinámica con su hijo, y tan sólo esperan en silencio que él crezca y su peso se ajuste a su tamaño.

Sin embargo, no hay un camino predecible en el proceso de crecimiento, por lo que el momento en que un chico empieza a dar el estirón varía mucho. Algunos ganan peso antes de crecer, lo que puede hacer que parezcan más pesados de lo habitual durante unos meses antes de que ganen unos centímetros o más de estatura y redistribuyan el peso. Otros crecen primero y luego ganan peso, lo que puede hacer que en ciertos momentos parezcan extremadamente delgados, como un espárrago. Los chicos que comienzan la pubertad con algunos kilos de más pueden adelgazar durante el proceso, perdiendo su "grasa de bebé", pero muchos me dicen que no confían en sus nuevas proporciones y temen que vuelvan las mejillas llenas y la barriga. Otros ganan peso y crecen al mismo tiempo, a veces en proporciones deseables, pero muchas veces no. Y algunos siguen acumulando peso de forma desproporcionada en relación con su crecimiento en altura. Sin importar cómo se transformen sus cuerpos, la mayoría de los chicos se sienten incómodos con el cambio, e incluso desearían que ocurriera de otra manera. (Si eso te suena familiar, es porque cada libro sobre la pubertad *femenina* cubre este terreno).

Necesitamos recordar que a los chicos también les afectan los estándares de belleza: tienen una idea clara de cómo debería ser el cuerpo masculino perfecto, y dos de cada tres creen que este ideal es alcanzable con suficiente esfuerzo. Pero no siempre es posible alcanzarlo, ni necesariamente saludable, sobre todo en su forma más exagerada y dependiendo de cómo se haya logrado. Todo esto deja a muchos chicos que están atravesando la pubertad con sentimientos de insuficiencia, sin importar si son grandes o pequeños, pesados o delgados.

Sí, las chicas luchan con los ideales de la imagen corporal, algunas de manera tremenda y con un gran costo físico y emocional. Pero, como grupo, entienden que los ideales femeninos no se sincronizan con la realidad... No ocurre tanto con nuestros chicos. ¿Por qué? Porque no hablamos sobre el lado masculino de la ecuación, al menos no con frecuencia durante la adolescencia. No es una cuestión de culpabilidad, es tan sólo donde nos hemos encontrado como cultura, relegando la conversación sobre la presión corporal a las chicas.

Aquí es donde nos ha llevado esta dicotomía de la conversación: más de la mitad de todos los chicos dicen que les resultaría difícil hablar con un maestro sobre un problema relacionado con la imagen corporal, y casi un tercio no podría —y no lo haría— con un padre. Mientras tanto, la gran mayoría piensa que el cuerpo masculino, musculoso y perfecto es totalmente realista y alcanzable, y cuando comienzan a darse cuenta de lo difícil que es parecerse al chico de Abercrombie, muchos están dispuestos a hacer algo poco saludable para lograrlo. Los adultos necesitamos empezar a darnos cuenta de esto. Es anticuado pensar que éstas son luchas exclusivas de las mujeres. No lo son.

A pesar del silencio masculino durante la pubertad, debemos abrir estas líneas específicas de comunicación. Preguntemos a nuestros hijos qué opinan sobre los tipos de cuerpo ideales que ven en las vallas publicitarias y las pantallas. Hablemos sobre el peso, los estereotipos, las estrategias dietéticas y todo lo demás antes de que el mundo tenga esa conversación con ellos. Cuanto más sigamos ignorando las fuerzas que pesan sobre nuestros chicos, más tendrán que gestionar por su cuenta. En el contexto de no hablar tanto con nuestros hijos como lo hacemos con nuestras hijas, el silencio puede ser ensordecedor, por no decir peligroso.

CÓMO HABLAR CON LOS CHICOS... ACERCA DE LA IMAGEN CORPORAL

Dada la creciente brecha entre los cuerpos saludables y los cuerpos promedio, la mayoría de nosotros, como padres, tenemos que encontrar una forma diferente de abordar este tema delicado, sobre todo en los años de máxima transformación corporal. No todas estas estrategias funcionarán para cada familia, pero hay algo para todos en esta lista:

1. DESHAZTE DE LA BÁSCULA. No es una estrategia de conversación, pero encabeza la lista por una razón: los niños no necesitan pesarse regularmente. Si sienten la necesidad de hacerlo, a menudo está sucediendo algo más.

2. SUSTITUYE LA PALABRA *SALUD* POR LA PALABRA *PESO*. El peso es una vara de medir que hemos utilizado para evaluar la salud, pero por sí solo significa muy poco. Si peso lo mismo que alguien que es treinta centímetros más alto que yo, entonces uno de nosotros es muy pesado o uno es demasiado ligero. Incluso cuando hablamos de peso en relación con la altura, con frecuencia nos enfocamos en lo incorrecto.

3. TEN CUIDADO CON LOS POLVOS Y LAS BARRAS DE PROTEÍNA. Todos los pediatras que conozco, incluyéndome, recomendamos una dieta saludable llena de alimentos integrales y lo más ligera posible en productos procesados. Este consejo proviene de investigaciones que muestran, de manera inequívoca, que ésta es la mejor manera de alimentarnos. Así que no puedo entender la idea de recomendar a los niños —o a cualquier persona, a menos que sea médicamente necesario—consumir la forma menos natural de proteína imaginable. ¿Quieres más proteína? Cómela durante las comidas, con cuchillo, tenedor o cuchara.

4. ESO VA DOBLE PARA LOS SUPLEMENTOS. Si crees que una pastilla o bebida que promete ayudarte a ganar volumen muscular en los lugares adecuados es demasiado buena para ser verdad, tienes razón. Nuestros cuerpos están diseñados para absorber nutrientes a través de los alimentos. Cuando ingerimos esos suplementos en forma de pastilla, en el mejor de los casos pasan directamente a través del cuerpo; en el peor de los casos, no lo hacen... sobre todo, cuando estás tomando algo diferente a lo que creías haber comprado. Enséñale a tu hijo que, a menos que tenga un problema médico específico y esté siendo guiado por un profesional de la salud informado, debe evitar por completo el pasillo de vitaminas y suplementos. Y también todos esos "remedios milagrosos" que se le ofrecen en línea. Le ahorrará mucho dinero y quizás un desastre médico.

5. HAZ QUE LA IMAGEN CORPORAL SEA NEUTRA EN CUANTO AL GÉNERO. Tenemos que reeducarnos un poco en este sentido. Incluso si eres un padre que ha hablado con su hijo sobre la imagen corporal (¡bien por ti!), presta atención a cómo lo haces. Señala las presiones específicas que enfrentan los chicos y siéntete libre de comparar y contrastar con los problemas que enfrentan las chicas. Si tienes hijas, invierte la ecuación de vez en cuando para que puedan sensibilizarse con los aspectos que afectan a los chicos.

6. PIDE AYUDA. La imagen corporal es un tema enorme. Si no estás seguro de si hay un problema, o tan sólo quieres prevenir uno en el futuro, busca ayuda de las personas o en las fuentes adecuadas. Comienza con el pediatra de tu hijo, ya que es quien podrá decirte si el peso es un problema para él. Un buen pediatra también puede tener conversaciones profundas con tu hijo para evaluar aspectos como la confianza y la autoimagen. Los consejeros escolares también son excelentes alternativas en este sentido. Y recuerda consultar con la persona de confianza de tu hijo si esto te preocupa: llama al padre de su mejor amigo o a su familiar favorito si necesitas una nueva perspectiva.

Capítulo 9

Los chicos y las adicciones:
los estímulos del sistema de recompensa

¿Todos tenemos una adicción a algo?

Necesito mi café por la mañana. Al sostener la taza entre mis manos, incluso antes del primer sorbo (y definitivamente, después), me siento, de inmediato, más despierta y concentrada; sin éste, un dolor de cabeza sutil comienza a aparecer en las primeras horas del día. Del mismo modo —o quizá más—, *necesito* mi teléfono. Al salir de casa, lo último que hago es buscar, a veces desesperadamente, ese rectángulo plano que puede esconderse en lo profundo de mi bolso o en algún rincón misterioso de la casa, y sin el cual me siento desconectada del mundo. Casi en pánico. Es absurdo. Pero ¿se tratará de una adicción?

Mi hijo me suplica que lo deje jugar *Fortnite*, y se lo permito, con moderación. Tiene amigos que parecen jugar a todas horas, incluso cuando van conmigo en mi auto, de camino a casa, lugar donde continuarán jugando en una pantalla más grande. Y si estos chicos no se encuentran participando en un juego, se ponen, a menudo, a ver a otros jugadores: aficionados y profesionales que transmiten sus batallas, un fenómeno por completo incomprensible para mí, pero no para ninguno de los niños de diez o incluso personas de veinte años con quienes he conversado. Mi hijo no diría que "necesita" *Fortnite*, pero pierde toda noción del tiempo cuando lo juega, y bastante a menudo se rehúsa a apagarlo hasta que le llamo la atención. Niega tener un problema, aunque me dice que conoce a niños que tienen esa adicción.

Hablando de Snap, mi hija tiene dificultades para concentrarse en una conversación real si tiene su teléfono al alcance de su mano, porque los avisos de notificaciones de las redes sociales la atraen. Mis sugerencias constantes sobre desactivar las notificaciones se topan con oídos sordos. Sin embargo, es tan consciente del poder que tiene su teléfono sobre ella que a menudo me pide que lo guarde mientras estamos fuera, pues reconoce que, si lo mantiene lejos, no la absorberá, pero también admite que se siente "desnuda" si no lo tiene a la mano, al igual que su madre. Dice que no quiere volverse adicta.

Están las personas que necesitan alcohol, marihuana u opiáceos; para otras, el deseo es la comida, las compras o el juego, y algunas son adictas, otras no. Hay días en los que camino por la calle esquivando enormes nubes de vapor, prueba de la nicotina en aerosol que la persona delante de mí acaba de inhalar, y me pregunto cómo él le llamaría a su necesidad de una calada. ¿Antojo? ¿Hábito? ¿O tiene una necesidad imperiosa que debe satisfacerse, un impulso fuera de su control, una adicción?

Muchos de nosotros usamos la palabra "adicción" de manera casual, por el hecho de que ingerir, hacer o experimentar algo —lo que sea— puede activar ese *¡ding! ¡ding! ¡ding!* en el centro de recompensa de nuestro cerebro, y esa descarga química nos empuja a buscar más. Pero hay una gran diferencia entre usar la palabra adicción para describir un deseo o antojo, y la adicción como enfermedad. No es que lo primero no sea un problema, pero lo segundo puede tener consecuencias devastadoras, físicas, emocionales y sociales.

Todo padre quiere evitar que sus hijos se encuentren con estos demonios en el futuro. Pero en un mundo donde casi todo puede describirse (correcta o incorrectamente) como adictivo, y donde la crianza tipo "helicóptero" (sobreprotectora y controladora) es criticada por hacer inútiles a nuestros hijos en lugar de ayudarlos —por lo general, una crítica muy justa, por cierto—, ¿cómo podemos saber cuándo intervenir? Sí, hay cientos de posibles adicciones, pero la mayoría de las personas no llegarán a ser esclavas de ninguna de ellas. Entonces, ¿deberías dejar que tu hijo vaya a la fiesta? ¿Descargue cierto juego en su dispositivo celular? ¿Salga con un amigo que te pone los pelos de punta? ¿Tome un sorbo de tu bebida? ¿Tenga acceso a tu tarjeta de crédito? Cada familia tendrá respuestas ligeramente diferentes, pero la crianza efectiva requiere algún tipo de restricciones, al menos hasta que la autorregulación entre en juego. Este capítulo explica cuándo deberías preocuparte y por qué la educación, las restricciones y el retraso podrían ser el trío perfecto para prevenir adicciones. (Además de ayudarte a hablar acerca de todo esto con tu hijo, por supuesto.)

POR QUÉ ALGUNAS PERSONAS LLEGAN A TENER ADICCIONES

Mi primer trabajo después de la universidad fue en un centro de rehabilitación para adolescentes con problemas de drogas en Nueva York. Después de eso, laboré en la escuela de medicina y fui residente en hospitales llenos de personas en busca de drogas, y luego pasé años en una consulta pediátrica cuidando familias, entre las cuales se encontraban personas que empezaban a consumir sustancias y coqueteaban con la adicción o ya estaban inmersas en ella. Así pues, he tratado con personas que lidian con estos demonios durante la mayor parte de mi vida. En general, buenas personas, personas amables, personas de todas las edades que no querían terminar enganchadas, pero que a la larga quedaron atrapadas.

Lo que todos tenían en común era una enfermedad relacionada con los circuitos de retroalimentación en el cerebro. Los adictos adoptan conductas que activan los centros de recompensa naturales, los cuales inundan el cerebro con sensaciones abrumadoramente placenteras (o por lo menos, menos desagradables). Como sociedad, nos hemos vuelto bastante expertos en reconocer la adicción a sustancias, porque es bastante fácil trazar una línea recta entre beber, fumar o tomar pastillas y sus consecuencias fisiológicas: ojos enrojecidos, dificultad para hablar, caminar tambaleante, pensamientos fantasiosos, irracionales o simplificados. Nos damos cuenta de estos signos porque la intoxicación no sólo representa un peligro para la persona que está ebria o drogada, sino que también puede poner a otros en riesgo. Es por eso que el "si bebes, no manejes" ha pasado de ser una advertencia a un eslogan que trasciende generaciones. Y, sobre todo, sabemos lo que los adictos son capaces de hacer para conseguir su próxima dosis, que se traduce a estar dispuestos a priorizar la sustancia adictiva por encima de la seguridad de las personas que los rodean.

La adicción, en el sentido de las drogas y el alcohol, ocurre debido a los efectos directos en el cerebro de prácticamente cualquier sustancia intoxicante, ya sea natural o artificial, prescrita, comprada o conseguida de alguna forma. Pero un adicto no necesita *consumir* algo para experimentar un subidón en el cerebro. Los mismos circuitos neuronales pueden activarse cuando se estimulan con cosas como el ejercicio intenso, las apuestas, los videojuegos, las compras o, incluso, por el simple hecho de deslizar el dedo por el dispositivo celular y mirar la pantalla. Así que todas estas actividades también pueden ser adictivas. La lista de posibles culpables es larga.

Cada adicción tiene una contraparte normal y no adictiva: muchas personas beben con moderación, por ejemplo, o hacen ejercicio en una cantidad beneficiosa. Todos compramos y comemos. De hecho, muchas más personas encuentran un equilibrio saludable en cualquiera de estos comportamientos que quienes caen en lo dañino. Pero la moderación es difícil de alcanzar para el adicto, que a menudo hará o dirá lo que sea para justificar un deseo, generalmente sin importar las consecuencias. Un ejemplo clásico de los días en que trabajé en rehabilitación de drogas: el adicto que robaba dinero de la cartera de un padre, o incluso que se llevaba un televisor de la pared, para financiar su hábito. No es que el dinero faltante (¡o la televisión!) pasara desapercibido, pero no le importaba realmente. Al menos, no tanto como le importaba sentir el subidón químico, el alivio, el *¡ding!* en su cerebro.

Porque eso es, en esencia, la adicción: la búsqueda de recompensa o alivio, a veces evidente, a menudo oculta bajo un velo de secretismo y vergüenza, es lo que hace que algunas adicciones sean increíblemente difíciles de detectar. La adicción a la pornografía puede pasar desapercibida fuera de un entorno íntimo, y la adicción a las compras puede no notarse sin las facturas de la tarjeta de crédito. Algunas adicciones son más obvias, ya que las consecuencias pueden ser profundas. Los adictos a las drogas pueden sufrir sobredosis. Los adictos al sexo pueden contraer enfermedades de transmisión sexual. Los adictos a la comida pueden desarrollar obesidad y una serie de complicaciones relacionadas con esto, desde diabetes hasta enfermedades cardiovasculares. Se sabe que los adictos a videojuegos no se despegan del sofá, ni siquiera cuando los llaman sus necesidades. Sí, es bastante asqueroso. Una vez reconocidas, las patologías de la adicción tienden a no ser sutiles, por lo que todos podemos mencionar ejemplos de amigos y familiares (incluso de nosotros mismos) que se han enganchado en comportamientos perjudiciales para alimentar esos circuitos de recompensa cerebral, a pesar de las consecuencias negativas.

¿Por qué, entonces, algunas personas se vuelven adictas a ciertas sustancias o comportamientos, mientras que la mayoría no lo hace? La respuesta está dentro del cerebro, donde pequeñas cantidades de mensajeros químicos llamados *neurotransmisores* saltan del final de una neurona al comienzo de la siguiente, atravesando el espacio intermedio llamado *sinapsis.** Hay varios tipos diferentes de neurotransmisores en el cerebro, y es probable que hayas oído hablar al menos de algunos de ellos: la epinefrina, la dopamina, el GABA y la serotonina son algunos de los más conocidos. Aunque la ubicación y la función de cada uno de estos neurotransmisores están bien definidas, en realidad sólo hacen una de dos cosas: cuando se liberan en la sinapsis, activan un impulso eléctrico (esto se llama *excitatorio*) o lo apagan (*inhibitorio*).

La dopamina es, quizás, el neurotransmisor más conocido hasta el momento, sobre todo en lo que respecta a la adicción, porque es la sustancia química del bienestar: cuando la dopamina se libera en ciertas partes del cerebro (particularmente en un área llamada *núcleo accumbens*), influye en el estado de ánimo elevado, la motivación y el placer. También es el denominador común en casi todos los escenarios de adicción. Dependiendo de la fuente —es decir, la droga o el comportamiento—, una combinación diferente de neurotransmisores participará en la respuesta del cerebro. De esta manera, el alcohol les indica a las neuronas que liberen una combinación específica de neurotransmisores, la marihuana

---

* El cerebro es una densa colección de aproximadamente cien mil millones de células nerviosas llamadas neuronas. En el capítulo 5, se detalla cómo funciona el cerebro —específicamente cómo se envían los mensajes, se generan las ideas y se inician los comportamientos—, pero aquí hay un aspecto que no se trata allí. Las neuronas se envían señales entre sí y, eventualmente, envían señales hacia el resto del cuerpo utilizando dos estrategias diferentes: los impulsos eléctricos viajan por el brazo largo de una neurona y, luego, se liberan sustancias químicas (también conocidas como neurotransmisores) en el espacio (llamado sinapsis) entre el final de una neurona y el comienzo de la siguiente. Una vez que los neurotransmisores son recibidos al otro lado de la sinapsis, se desencadena un nuevo impulso eléctrico en la neurona vecina. Aunque pueda parecer ineficiente que los nervios alternen entre dos tipos de señalización, resulta que el sistema eléctrico-neuroquímico permite una transmisión de mensajes extremadamente rápida.

otra, los opiáceos otra más, y los estimulantes poseen su propia mezcla personalizada. Cada una de estas sustancias activa combinaciones únicas de neuroquímicos en áreas específicas del cerebro, pero la dopamina siempre parece estar presente, sin importar cuál sea el detonante del festín mental.*

Entonces, de nuevo, ¿por qué algunas personas se vuelven adictas? En esencia, porque ciertas combinaciones de neurotransmisores en las sinapsis de partes específicas del cerebro generan una sensación placentera. *Muy placentera.* Y es parte de la naturaleza humana buscar repetir esa sensación. El circuito de recompensa del cerebro está diseñado para hacernos sentir bien —o al menos muy alertas y altamente sensibles— en ciertos contextos. También está diseñado para saciarse y sopesar los riesgos frente a los beneficios. Pero los cerebros adictos no realizan estos cálculos de la misma manera. Cuando nuestros antepasados descubrieron cómo crear un subidón cerebral sin un desencadenante orgánico (¡perseguidos por un león! ¡teniendo sexo!), sino con intoxicantes que nos permitían comer, beber, fumar o jugar para obtener esa sensación, nuestra especie quedó predispuesta a la adicción. Algunos cerebros se adaptan más fácilmente debido a su propia estructura.

Esto trae a colación el tema de la genética de la adicción, ya que la mayoría de las personas sienten curiosidad o preocupación por el factor hereditario. Al intentar predecir la probabilidad de que alguien se vuelva adicto a las drogas, por ejemplo, tenemos que la genética representa aproximadamente 50 por ciento de la ecuación, controlando

---

* Las drogas y el alcohol desencadenan un aumento de dopamina en los circuitos de recompensa, pero lo hacen de maneras diferentes. Algunas aumentan directamente la cantidad de dopamina, mientras que otras modifican el entorno de la sinapsis para que la dopamina permanezca más tiempo. Los subidones (y bajones) de cada uno de estos procesos son distintos, ya que cada sustancia adictiva también involucra otros neurotransmisores. Sin embargo, el hecho de que los niveles de dopamina se incrementen independientemente de la clase de droga es más que interesante: confirma el papel de la dopamina en el comportamiento de búsqueda de recompensas, el hilo conductor de la adicción. Y para reforzar este argumento, la dopamina aparece de la misma manera en los cerebros adictos a la pornografía, los videojuegos o al revisar el correo electrónico mientras se conduce...

todo, desde la probabilidad de comenzar a consumir hasta el riesgo de desarrollar dependencia. Así que sí, si hay un tío en rehabilitación o un hermano que lucha activamente contra el abuso de sustancias, todos los miembros de la familia biológicamente cercana enfrentan un riesgo aumentado. Dicho esto, la exposición, la resiliencia y la cultura también juegan roles críticos. A estos factores externos los llamamos *variables epigenéticas*: factores en el entorno que alteran la forma en que los genes se expresan. La lista de influencias epigenéticas es tan larga que podría ocupar varias páginas. Básicamente, cualquier cosa que afecte el ADN de una persona tiene influencia epigenética, desde la alimentación hasta el sueño, el estrés y el amor; desde los productos químicos que nos rodean hasta lo que hacemos para evitarlos; desde la salud (directamente) hasta la riqueza (indirectamente).

Por diseño, el cerebro tiene mecanismos internos de control y equilibrio que protegen a la mayoría de las personas de entrar en el ciclo de la adicción en primer lugar. Pero, como verás a continuación, no siempre funcionan, en especial, cuando el cerebro no está completamente maduro y el sistema de control y equilibrio no es completamente operativo.

APRENDE A IDENTIFICAR LAS SEÑALES DE LA ADICCIÓN

Estas señales se relacionan con las drogas, el alcohol, los comportamientos e incluso las pantallas. Nuestros cerebros son vulnerables, aunque no tengamos antecedentes familiares. Así que presta atención a estas señales en tus hijos y en ti mismo. Incluso uno o dos de ellos pueden dar una señal temprana de que hay un problema:

- Dificultad para alejarse de algo que está afectando negativamente la calidad de vida.
- Sentir un anhelo persistente, constante o que interrumpe el día a día.
- Responder de manera inapropiada o emocional, con mayor sensibilidad, a factores de estrés.

- Con una determinada sustancia o comportamiento, los momentos de euforia ya no son tan intensos, pero los bajones permanecen igual (o incluso empeoran).
- Experimentar abstinencia —ya sea con síntomas físicos o desesperanza emocional— cuando la sustancia o actividad no se encuentra al alcance.
- Estar dispuesto a perseguir algo a pesar de las consecuencias negativas.

EL RIESGO DE ADICCIÓN EN UN CEREBRO EN DESARROLLO

El hecho de que el cerebro de nuestros hijos aún esté en proceso de construcción los hace más vulnerables al potencial adictivo de todo, desde el alcohol y las drogas hasta la pornografía y los videojuegos.

Esto comienza con el hecho de que sus circuitos de recompensa son como una arcilla blanda, maleables y modificados por todas las fuerzas con las que entran en contacto. Nuestro cableado cerebral en la adultez, en cambio, no es tan flexible. Combinado con el ritmo lento de la mielinización,* esto explica por qué, cuando un preadolescente o adolescente se encuentra en una situación donde tiene una gran oportunidad de activar los circuitos de recompensa de su cerebro —ya sea en una fiesta con alcohol, en línea con contenido sexual, o en la escuela con acceso a un dispositivo de vapeo que le permite inhalar nicotina sin que el profesor lo note—, el sistema límbico domina la toma de decisiones. "Haz lo que te haga sentir bien", les susurra el diablo en un hombro, donde el diablo resulta ser, de hecho, los impulsos eléctricos que llegan rápidamente al sistema límbico en fracciones de segundo. El ángel en el otro hombro ni

---

* Otro rápido guiño al capítulo 5: recuerda que un sistema de controles y equilibrios completamente funcional entre el lóbulo frontal y el límbico no existe hasta que ambos estén mielinizados por completo, a principios de la edad adulta. De la misma manera que perfeccionar las habilidades y la experiencia lleva tiempo, también lo hace lograr el equilibrio final entre la búsqueda (límbico) y la contención (frontal).

siquiera ha llegado, ya que sus impulsos aún están avanzando lentamente a través de nervios no mielinizados hacia la corteza prefrontal.

Todo esto significa que la primera razón por la que los adolescentes son más susceptibles a la adicción que los adultos es que sus cerebros aún están en construcción, con los centros de búsqueda de emociones dominando, disparándose y creando intensos bucles de retroalimentación positiva. El relativo desequilibrio en sus cerebros significa que los preadolescentes, adolescentes e incluso los veinteañeros son ligeramente más propensos a participar en comportamientos con riesgo de adicción en lugar de detenerse y considerar las consecuencias a largo plazo. Los humanos de todas las edades buscamos cosas (comida, actividades, drogas, sexo) que enciendan nuestros circuitos de recompensa, pero los cerebros jóvenes, que aún se están moldeando, están especialmente predispuestos a buscar esa estimulación. Una clave para volverse adicto está en activar el circuito de recompensa.

La segunda razón por la que los jóvenes son vulnerables a la adicción futura es que el riesgo genera más riesgo de manera autorreforzada. Al mismo tiempo que los adolescentes están participando en comportamientos que los hacen sentir bien y activan sus circuitos de recompensa, sus cerebros también están podando neuronas. Francamente, sus cerebros podan neuronas mientras participan en casi cualquier comportamiento, por lo que, si están estudiando matemáticas o aprendiendo a tocar la batería, esas habilidades se refuerzan, y si están drogándose o jugando videojuegos, esas habilidades también se refuerzan. Recuerda el concepto del capítulo 5 de "úsalo o piérdelo": las neuronas que se activan juntas, se conectan juntas, mientras que las neuronas que no se activan, finalmente desaparecen. La adolescencia es la época de máxima poda y modelado neuronal: el niño que aprende a tocar un nuevo instrumento y lo disfruta (¡fuego, circuitos de recompensa, fuego!) lo aprenderá más rápido que tú o yo a nuestra edad actual; el que aprende a drogarse (de nuevo, con los circuitos de recompensa activándose) experimentará la misma curva de aprendizaje acelerada.

Son los neurotransmisores en las sinapsis de los centros de recompensa del cerebro, sobre todo la dopamina, los que se encuentran en la raíz de la adicción. Cuando los niños se drogan, ven pornografía o juegan, un conjunto específico de neuronas se activa, lanzando dopamina desde sus puntas y esencialmente cimentándose en el cableado del cerebro. En particular, cuando estos comportamientos se repiten una y otra vez, hay pocas posibilidades de que el cerebro opte por eliminar esas neuronas de mucho uso. Ahora, un cerebro "maduro" no es completamente protector, ya que cuando los adultos se involucran en los mismos tipos de actividades (y ciertamente, algunos adultos se drogan, ven pornografía, juegan...), liberan dopamina en un patrón muy similar. Por eso los adultos pueden convertirse en adictos y, de hecho, lo hacen. Pero los adolescentes son más vulnerables que los adultos porque sus cerebros no están prepodados. Las sustancias y acciones adictivas tienen el potencial de volverse autorreforzadas en todos los cerebros, pero especialmente en los jóvenes y maleables.

El aprendizaje es el acto de establecer vías neuronales. A medida que las neuronas se activan en patrones específicos, se conectan entre sí. Las primeras veces, crear estas vías requiere esfuerzo. Pero con cada activación posterior, se establece un patrón: una rutina de impulsos eléctricos seguidos de la liberación de neurotransmisores, seguidos nuevamente por impulsos eléctricos una y otra vez a lo largo de las mismas células. Ya sea que estemos aprendiendo un programa de computadora, un deporte o un mal hábito, cuanto más a menudo le decimos a nuestro cerebro que active una secuencia específica de neuronas, más fácil le resulta a nuestro cerebro cumplir, hasta el punto de ni siquiera tener que hacer ningún trabajo consciente. No hay mucha diferencia entre aprender una habilidad y aprender una adicción.

VAPEO

Los cigarrillos electrónicos y otros dispositivos "sin humo" han estado disponibles durante más de una década, pero en 2018 surgió una nueva tendencia entre adolescentes y preadolescentes: el *juuling*.

Juul es una marca de cigarrillos electrónicos que le da dosis increíblemente altas de nicotina a los usuarios. ¿Qué hizo que su popularidad se disparara entre la población joven, un grupo, por cierto, cuyos índices de tabaquismo estaban disminuyendo constantemente hasta la aparición de Juul?

Primero, el dispositivo es elegante y discreto. Su batería recargable parece una memoria USB, por lo que los niños pueden ponerlo a cargar en la escuela sin levantar sospechas. La parte del dispositivo que contiene el líquido vapeable (llamado e-juice), y que se conecta a la batería, es larga y delgada, del tamaño perfecto para ocultarse en un puño o dentro de un calcetín deportivo.

Segundo, el vapor generado al inhalar no tiene olor a humo, una característica compartida por todos los dispositivos sin humo.

Tercero, el e-juice viene en sabores como Gummy Bear y Mango, sabores por los que pocos adultos se sentirían atraídos, pero que a muchos niños les resultan irresistibles. Y, como si eso no fuera suficientemente atractivo, ha surgido un mercado secundario de "wraps" para Juul, que son básicamente calcomanías que los niños pueden usar para decorar su dispositivo.

Cuarto, Juul se comercializa ampliamente, pero en 2018 el gran empuje fue a través de las redes sociales y los *influencers*. En otras palabras, en el lugar donde están tus hijos, pero donde tú quizá no estés.

Y finalmente, un número alarmante de niños cree que el e-juice de Juul no contiene nicotina. No es cierto. De hecho, un solo cartucho tiene la misma cantidad de nicotina que un paquete de cigarrillos, y algunos estudios muestran dosis aún más altas. Por cierto, la nicotina es altamente adictiva, equiparable a la heroína, la cocaína y las anfetaminas. Además, el e-juice contiene químicos adicionales como el propilenglicol y la glicerina, que al combinarse producen formaldehído, una sustancia cancerígena.

Junta todos estos elementos y obtienes un panorama alarmante: una droga altamente adictiva, dirigida y entregada directamente a los niños, y, hasta hace poco, por completo desconocida para nosotros, los padres.

Parte de la razón por la que el *juuling* se popularizó fue justo porque los padres no estaban al tanto. No olemos humo (aunque podemos percibir el aroma de los sabores, similar a un ambientador, y sentirnos extrañados por un momento), y el dispositivo es fácil de ocultar. Esta tendencia era tan nueva que los padres ni siquiera sabían que debían advertir a sus hijos de que no lo hicieran, porque nunca habían oído hablar de ello.

¿Crees que tu hijo podría estar *juuleando* o usando algún otro cigarrillo electrónico? ¡Entonces empieza a preguntar! Trata de no acusarlo, porque eso a menudo termina mal (sin mencionar que quizás obtendrás una negación). En su lugar, comparte lo que sabes y pídele que te proporcione información para llenar los vacíos. Abre un diálogo sobre por qué y dónde vapean los niños. Preguntar acerca de sus amigos suele ser mejor opción que hacerlo directamente sobre su propia experiencia, aunque todo depende de cómo te comuniques con tu hijo desde el principio. Lo más importante es que, si él cierra la conversación, sigas intentando de diferentes maneras. Cuanto más preguntes, más se dará cuenta de que te importa.

¿LA PERSONALIDAD ADICTIVA?

Cuando practicaba la pediatría y veía pacientes en el consultorio todo el día, hubo una idea que se volvió muy clara: algunos niños nacen adorando el riesgo y otros simplemente no. Entre los nueve y doce meses de edad, cuando la movilidad realmente se activa, había un grupo de niños que intentaba lanzarse desde mi mesa de examen con total alegría. En su mayoría, eran los mismos niños cuyos padres me llamaban con pánico cuando, a los dos años, los encontraban trepando estanterías, o cuando, a los cinco, se deslizaban en cualquier cosa con ruedas (triciclo, bicicleta, monopatín...) a la mayor velocidad posible. Con frecuencia, eran los niños que terminaban en la sala de emergencias con heridas que requerían algunos puntos. Estos niños eran buscadores de emociones al extremo, y a menudo me preguntaba si, al crecer, buscarían experimentar emociones de otras maneras. ¿Por qué no lo harían? El riesgo los hacía sentir bien.

Ahora, esto no significa que los bebés que se sentaban tranquilamente, observando desde la mesa de examen, aquellos que nunca intentaron saltar de la cuna y siempre actuaban con precaución en los trampolines o los toboganes del parque tuvieran la garantía de vivir vidas seguras y libres de riesgos. ¡Ellos también terminaban en urgencias con su parte correspondiente de puntos de sutura! Pero cualquier pediatra te dirá que el temperamento está innatamente conectado con el comportamiento. En lo que respecta al riesgo de padecer adicción más adelante en la vida, siempre me preocupaba un poco más por los bebés que querían lanzarse de mi mesa de examen.

Resulta que no estaba tan equivocada. Los estudios han demostrado que existen rasgos temperamentales asociados con la adicción —al menos, a las drogas— más adelante en la vida. Estos rasgos se dividen en tres grupos generales, pero todos comparten el tema común de la dificultad para autorregularse. Un grupo de niños es impulsivo, audaz y busca la novedad. Éstos eran los que se destacaban (a menudo literalmente) en mi consultorio. Otro grupo parece todo lo contrario, ya que son niños ansiosos, inhibidos o incluso tristes. Su riesgo de abuso de sustancias no está en la búsqueda de emociones, sino en la automedicación, y la mayoría de ellos explica que el uso temprano de drogas no los hacía sentir poderosos, sino más bien normales. El último grupo de niños representa una combinación de los dos primeros: alternan entre ser atrevidos y estar decaídos, con ciclos de altibajos.

La autorregulación es una habilidad que se aprende, pero depende de que el cerebro esté diseñado para poder aprenderla. Cuando un niño enfrenta una consecuencia —ya sea una quemadura por tocar una estufa caliente o una suspensión por hacer trampa en un examen—, aprende a no repetir el error. En la mayoría de los casos, aprender a autorregularse queda grabado en las vías neuronales desde la infancia, tanto que los niños mayores pueden compensar el hecho de que sus lóbulos frontales (donde reside el pensamiento a largo plazo) no madurarán por completo hasta dentro de unas décadas. Piensa en esto: enseñamos a nuestros hijos a cruzar la calle con seguridad y luego confiamos en que se detendrán, mirarán a ambos lados y procederán con precaución. Han aprendido a autorregularse, resistiendo la tentación de correr tras una pelota que rueda por la calle o de perseguir un autobús escolar que se va sin ellos.

Pero en algunos cerebros, el cableado subyacente no es perfecto, y aunque los niños intenten practicar la habilidad del autocontrol, carecen de la capacidad para dominarla. Estos niños (y adultos) son impulsivos, buscadores de emociones, del tipo "vive el momento", "sólo se vive una vez", dispuestos a probar casi cualquier cosa. O bien, son tan nerviosos e inseguros que simplemente no pueden evitar hacer lo que saben que no deberían hacer, o decir lo que saben que no deberían decir. Algunos de estos niños son retraídos, compulsivos o incluso temerosos; otros son superdotados o talentosos. La mayoría de estos niños, tanto los que buscan diversión como los ansiosos, son casos atípicos, y es su tendencia a vivir en los extremos lo que los pone en mayor riesgo de adicción. Tienen lo que algunas personas llaman una "personalidad adictiva". Así que sí, las personalidades adictivas existen, pero no siempre se presentan como las esperamos. Y no son un requisito previo para desarrollar una adicción.

Los hombres y las mujeres tienen la misma probabilidad de encajar en estos tipos de personalidad. Sin embargo, resulta que los hombres, en términos generales, son un poco menos capaces de autorregularse. Esto significa que es un poco más probable que se involucren en comportamientos adictivos... al menos al principio. Tiene sentido que las mujeres hayan evolucionado para tener mejor autorregulación (en realidad, se trata de mejor control de los impulsos), ya que tienen una cantidad limitada de óvulos —alrededor de cuatrocientos en total— que, algún día, podrían convertirse en bebés. Los hombres, por otro lado, tienen una producción casi infinita de esperma, produciendo millones cada día. Si el objetivo final de los humanos es reproducirse y generar más humanos, los hombres enfrentan menos presiones cuando se trata de alimentar, criar y defender a su descendencia, porque pueden generar muchos más descendientes genéticos. No necesitan retrasar tanto su gratificación para transmitir su ADN; pueden dar prioridad al autocontrol un poco menos. En el mundo actual, esto se traduce en tomar esa bebida, jugar ese videojuego o comprar esos zapatos de manera un poco más impulsiva.

Todo esto significa que hay una razón por la que nuestras niñas son ligeramente menos propensas a participar en comportamientos de alto riesgo que nuestros niños. Pero una vez que lo hacen, y una vez que esos circuitos de recompensa comienzan a activarse con regularidad, las mujeres tienen la misma probabilidad de volverse adictas, y algunos estudios muestran que son más propensas a recaer después del tratamiento.*

---

* También hay estudios científicos que documentan una disminución de la impulsividad con el aumento de los niveles de estrógeno. Como resultado, y de manera

EL ANTÍDOTO CONTRA LA ADICCIÓN: EL RETRASO

Nuestro cerebro está diseñado para evolucionar y cambiar con la experiencia. Esta *plasticidad*, como les encanta llamarla a los científicos, representa una bendición y una maldición: los cerebros que se adaptan prontamente aprenden rápido. Los cerebros jóvenes hacen esto con una velocidad envidiable; los cerebros adultos maduros, más lentamente. Si bien las sustancias y comportamientos adictivos pueden afectar a todos los cerebros, la edad definitivamente influye en cómo —y qué tan rápido— se produce ese impacto.

Si una persona en verdad quiere reducir su riesgo de adicción a prácticamente cero, la única forma definitiva de hacerlo sería mantenerse alejada. De todo: drogas, pornografía, apuestas, todo. Si no quieres que se activen tus circuitos de recompensa, no les des una razón para hacerlo. Este enfoque funciona, pero no siempre es compatible con la vida, sobre todo, cuando hablamos de comportamientos que necesitamos hacer con moderación (comer, comprar), y aquellos que si hacemos con moderación no causarán daño. Tampoco es muy compatible con la diversión. Por eso, el retraso es a menudo la estrategia de crianza preferida: enseñar la abstinencia en todos los aspectos no funciona.

El secreto del éxito en el retraso es simple: si el cerebro joven es más susceptible a la adicción, entonces, cuando se trata de casi cualquier cosa que pueda conducir a ello, no expongas el cerebro hasta que haya disminuido su curva de aprendizaje. Deja que el cerebro se mielinice por completo, para que los mensajes puedan llegar a todas las regiones con la misma velocidad, y la búsqueda de emociones se equilibre con el pensamiento racional. Dale tiempo de podar las vías neuronales, reduciendo la probabilidad de activar los circuitos de recompensa con algo ilícito o destructivo. El tiempo es el mejor aliado del cerebro, al menos cuando se trata de tomar decisiones más inteligentes. Es justo por eso que retrasar la experimentación con _____ (llena el espacio con cualquier cosa que tenga un potencial destructivo) es una estrategia triunfadora.

---

bastante sorprendente, las mujeres muestran más autocontrol durante la fase de su ciclo menstrual en la que podrían quedar embarazadas.

El retraso es una estrategia de prevención que a menudo los niños están dispuestos a aceptar. No estamos diciendo *nunca*, simplemente estamos diciendo *no por ahora*. Como siempre les decía a los padres de los niños en mi consulta, comenzando cuando eran pequeños: el trabajo de un niño es desafiar, así que debemos darle algo contra lo que puedan luchar. Esto se vuelve aún más cierto en los años de preadolescencia y adolescencia. Sabiendo lo que sabemos sobre el desarrollo del cerebro y la adicción, ¿cómo no vamos a intentar evitar la experimentación arriesgada cuando podría resultar en un cableado cerebral permanente?

Las leyes se apegan a la filosofía del retraso. El consumo de alcohol es ilegal hasta los veintiún años; lo mismo ocurre con la marihuana recreativa en los estados donde es legal. No se puede alquilar un coche hasta los veinticinco años, a menos que tengas un excelente historial de manejo y estés dispuesto a pagar más (a veces bastante más). Pero cualquiera puede apostar a los veintiún años, y algunos a los dieciocho, en ciertos estados.

Estas leyes, y muchas otras, no surgieron de la nada: se basan en datos que muestran el riesgo relativo según la edad. Algunas están alineadas con la maduración del cerebro (como en el caso del alquiler de autos, ¡bien hecho!). Otras parecen haber intentado encontrar un equilibrio entre el momento en que el cerebro puede manejar mejor una exposición con la realidad de que los jóvenes simplemente, y del modo que sea, lo harán (eso resume bastante bien la edad para beber). En un mundo perfecto, nuestras leyes coincidirían con nuestra fisiología, y eso ayudaría a los niños a entender los límites. Pero no vivimos en un mundo perfecto, y cada niño madura a un ritmo ligeramente diferente, por lo que no existe una edad universal que se aplique a todo esto.

El retraso por sí solo no funciona tan bien como la sustitución: hay un límite en la cantidad de veces que podemos decir "No" sin crear un conjunto completamente nuevo de conflictos. Pero si nuestros hijos dirigen su búsqueda de riesgos hacia alternativas seguras como el deporte, la música, el arte o incluso la academia, los circuitos de recompensa del cerebro seguirán activándose. Es esa activación lo que hace sentir tan bien. Así que, mientras decir "No" puede funcionar, decir "No, pero ¿qué tal *esto* en su lugar?" tiende a ser una estrategia parental mucho más efectiva.

He aquí el problema: como padres, es mucho menos probable que usemos tácticas de retraso con nuestros hijos si no sabemos lo que están haciendo, con quién están o cómo se sienten, lo que es casi inevitable hasta cierto punto cuando se retiran y cierran la puerta. Muchos niños son más sutiles que eso, y deciden compartir fragmentos selectivos que podemos armar en una narrativa de *Uf, está bien*. Pero cuando se vuelven silenciosos, o más callados, surge una brecha de información. Sin saber qué están haciendo, es casi imposible intentar convencerlos de que frenen. Si aceptamos que viven detrás de puertas permanentemente cerradas, no tenemos idea de lo que están haciendo ahí dentro (¿vapeando?, ¿jugando?, ¿drogándose?, ¿viendo series sin parar?), y mucho menos de cómo podría convertirse esto en un problema futuro. Cuando perdemos el rastro de sus redes sociales, perdemos también la capacidad de ayudarlos a identificar buenas y malas influencias de sus compañeros. Cuando no involucramos a nuestros hijos en una conversación, nuestra crianza compite directamente con un cerebro que se desarrolla rápidamente, donde los *dings* en los circuitos de recompensa generan sensaciones extremadamente positivas, el inicio de una pendiente resbaladiza hacia la adicción. Claro, podemos tener conversaciones generales por adelantado —no bebas, no vapees, no apuestes, etc.— ¡y debemos hacerlo! La prevención es una estrategia mucho mejor que el tratamiento. Pero incluso la prevención se complica cuando nuestros hijos guardan silencio.

Para cuando nuestros hijos llegan a la adolescencia, la mayoría ya ha identificado y dominado nuestros puntos débiles y vulnerabilidades. Saben cómo racionalizar, justificar y hasta engañarnos. Me quedo asombrada con los pocos padres que son por completo inquebrantables. La mayoría de nosotros les damos el beneficio de la duda, eligiendo ver la vida como una serie de experiencias de crecimiento... hasta que se meten en problemas, y entonces nos sentimos terrible por no haber detectado las señales tempranas.

Tanto los niños como los adultos somos vulnerables al mismo ciclo de querer sentirnos bien o, al menos, no sentirnos mal. Tener un cerebro maduro en su totalidad no es una protección perfecta contra volverse adicto, pero mi cerebro y el tuyo pueden resistir estímulos que los cerebros de nuestros hijos no pueden. Y cuando hay un teléfono o una computadora en esa habitación cerrada, no tenemos idea de lo que están haciendo en la pantalla ni de cómo esa actividad está afectando sus centros de recompensa. Lo mismo ocurre si hay un dispositivo para vapear, una tarjeta de crédito o una botella de licor escondidos ahí. Cuando respetamos el deseo de nuestros hijos de quedarse callados en lugar de hablar las cosas, corremos el riesgo de perdernos los detalles de lo que está sucediendo en sus redes sociales, en sus cuerpos o en ambos. Cada uno de estos obstáculos hace que sea cada vez más difícil proteger a nuestros hijos de comportamientos que pueden llevarlos a deslizarse por una pendiente resbaladiza hacia la adicción.

CÓMO HABLAR CON LOS NIÑOS SOBRE... LA ADICCIÓN

La prevención de la adicción puede parecer una tarea abrumadora, en especial si hablamos acerca de todo, desde el alcohol y las drogas hasta los videojuegos, la pornografía y las apuestas. Pero los principios básicos son los mismos, independientemente de la adicción que estés tratando de prevenir.

1. SÉ EL MALO DE LA HISTORIA. Los padres no deben esperar que sus hijos tengan una fuerza sobrehumana. Anímalos a que te tomen como el *malo* cuando otros niños les ofrezcan algo que no quieren probar. Hazles saber que pueden culparte completamente frente a sus amigos —describirte como conservador, estricto o incluso un poco loco— si eso les ayuda a no participar.

2. SALVA A TU HIJO DE SITUACIONES QUE PUEDAN TERMINAR MAL. Si crees que todos van a estar bebiendo o drogándose en la fiesta, no tienes que dejarlo ir. Si no va a haber un adulto cerca y, en su lugar, un hermano mayor va a "supervisar", deberían sonar las alarmas. Está bien decir: "No, simplemente no puedes ir". Si ésa no fuera una opción porque generaría una

gran discusión, intenta hacer un plan familiar en el que él tenga que participar, como cenar con los abuelos, u organiza algo que sepas que le interesa, como conseguir entradas para un concierto o una película el fin de semana del estreno.

3. QUÉ DECIR SI CREES QUE YA HAY UN PROBLEMA. Esto depende mucho del tipo de relación que tengas con tu hijo. Si pueden hablar abiertamente entre ustedes, comienza diciendo algo muy directo, como: "Estoy preocupado por ti porque...". Incluso si tienen una comunicación familiar muy abierta, evita hacerlo frente a sus hermanos, pues no es necesario que lidie con la vergüenza, además de con tu preocupación. Si la comunicación es irregular, prepara la conversación para que tenga el mayor éxito posible. Por lo general, esto significa hablar con tu hijo en un buen momento, cuando puedas tener un diálogo tranquilo, en lugar de acusarlo cuando ya esté molesto por otra cosa. Muchos padres buscan ayuda sobre cómo abordar a sus hijos, para lo cual hay muchos recursos excelentes. Comienza con tu pediatra o un consejero escolar en quien confíes. Si tienes una relación con un terapeuta, también puedes apoyarte en eso; si no, podrías buscar una referencia de alguno.

4. ¿Y QUÉ HAY DE LAS PRUEBAS DE DROGAS? Me ha sorprendido la cantidad de niños que me dicen que quieren que se les haga una prueba de drogas. ¿Por qué? Muchos dicen que ésa es la excusa que necesitan para salir de una situación de presión de grupo. Otros dicen que es un medio para evitar ceder a un impulso. Ya sea que los niños en verdad deseen tener esto como una posibilidad o no, el consejo más importante que puedo ofrecer es el siguiente: nunca le hagas una prueba de drogas a tu hijo sin que lo sepa. Te enfrentarás a un problema aún mayor si no sabía que le estabas haciendo la prueba y ésta sale positiva. La confianza es fundamental para una buena comunicación.

Capítulo 10

Los chicos y las armas: agresión y violencia, de las escuelas a las pantallas

La primera masacre escolar en suelo estadounidense ocurrió en 1764, en Pensilvania. Se cuenta que un pequeño grupo de nativos capturó al maestro Enoch Brown y a once de sus estudiantes, mató a la mayoría de ellos a golpes y los desolló. Al parecer, no se utilizaron armas de fuego, pero este evento sigue apareciendo en los libros de historia como el primer incidente de una matanza masiva en una escuela.

Pasaron casi cien años hasta que se reportara un evento como ése, con énfasis en "reportara", porque el hecho de que no haya registros oficiales no significa que no hayan ocurrido. Luego, en la segunda mitad del siglo xix y la primera mitad del siglo xx, comenzaron a aparecer relatos de incidentes aislados en escuelas, por lo general relacionados con violencia entre adultos, provocada por disputas laborales o dramas personales. En 1940, en una escuela de South Pasadena, California, un director de secundaria que había sido despedido disparó y mató a seis funcionarios escolares, el tiroteo con más víctimas mortales registrado hasta esa fecha en una escuela. Los tiroteos escolares han continuado de manera constante desde entonces, con un cambio importante: comenzaron a involucrar a estudiantes. La década de 1970 marcó un periodo particularmente brutal, ya que la violencia no sólo era provocada por estudiantes, sino que, también, hubo ataques contra estudiantes a manos de la policía que dejaron una gran cantidad de víctimas (Universidad Estatal de Jackson) y la Guardia Nacional (Universidad Estatal de Kent).

El riesgo aumentó nuevamente en 1999, cuando dos adolescentes masacraron a una docena de estudiantes y a un maestro en la Escuela Secundaria Columbine en Littleton, Colorado, una matanza que terminó con los suicidios de los propios tiradores. Al momento de escribir, el récord del tiroteo escolar más devastador lo ostenta la Universidad Tecnológica de Virginia, donde en 2007 un estudiante mató a treinta y dos compañeros y profesores. Rezo para que esta información no quede obsoleta pronto, y mucho menos antes de que se publique este libro.

Los tiroteos en escuelas se han vuelto horrendamente comunes en Estados Unidos, tanto que mis hijos tienen más simulacros de tiradores activos que de terremotos, y eso que vivimos en California, literalmente sobre la falla de San Andrés. Sin embargo, esto no significa que las escuelas sean los lugares más comunes en cuanto a homicidios en este país. No lo son, ni de cerca. De hecho, representan sólo una pequeña fracción de las treinta y cinco mil muertes anuales relacionadas con armas de fuego en los Estados Unidos. Incluso en lo que respecta a homicidios juveniles, sólo alrededor de 2 por ciento se dan en las escuelas cada año. Pero dado que nos gusta creer que las escuelas son —o deberían ser— refugios seguros, muchos padres ahora sienten cierta angustia cada mañana al dejar a sus hijos en la escuela.

Y luego aparece este dato: al revisar la lista de los veinticinco tiroteos escolares más mortales, que incluyen la Escuela Primaria Sandy Hook (2012, veintiocho muertos), la Escuela Preparatoria Marjory Stoneman Douglas (2018, diecisiete muertos) y la Universidad Comunitaria Umpqua (2015, diez muertos), tenemos que todos los perpetradores fueron hombres, y todos, excepto seis, tenían menos de treinta años.

El hecho de que la gran mayoría de los tiradores escolares en la historia moderna hayan sido varones preadolescentes, adolescentes y veinteañeros no puede ser sólo una coincidencia. Más allá de las escuelas, tenemos un problema mucho mayor y más sistémico con los tiroteos en este país, un problema que sigue expandiéndose, sobre todo entre los jóvenes varones en pleno desarrollo o recién salidos de la pubertad. La edad de estos chicos coincide precisamente con el desequilibrio de un cerebro en desarrollo, cuando la impulsividad del sistema límbico predomina. ¿Cómo interactúan la biología y la masculinidad en una sociedad inundada de armas accesibles, videojuegos violentos y un aumento de casos reportados de ansiedad, depresión y trauma psicológico? ¿Y cómo deberíamos educar a nuestros hijos en esta cultura mortal?

RIESGO RELATIVO: LOS TIROTEOS ESCOLARES EN PERSPECTIVA

El término *tiroteo escolar* por sí mismo causa escalofríos. Estas dos palabras no deberían ir juntas, lo que explica en gran parte por qué estos eventos tan perturbadores reciben tanta cobertura mediática. Pero desde Columbine, los tiroteos escolares se han convertido en un fenómeno rutinario en Estados Unidos, con un promedio de diez al año.[*] Estos episodios se enmarcan en un contexto mucho más amplio de armas y violencia en general, por lo que, antes de profundizar en el terror en los campus, es importante comprender el panorama completo.

Estados Unidos tiene un terrible historial en lo que respecta a muertes por violencia armada. En todo el mundo, alrededor de un cuarto de millón de personas mueren cada año como resultado de disparos. La mitad de estas muertes ocurren en alguno de los seis países siguientes: Brasil, México, Colombia, Venezuela, Guatemala y Estados Unidos. Si eres de los que les gusta llevar la cuenta, Estados Unidos ocupa el segundo lugar, justo detrás de Brasil. Ahora bien, Estados Unidos tiene la población más grande entre este grupo de países, por lo que, al tenerlo en cuenta, nuestra tasa de muertes por armas de fuego (10.6 por cada cien mil personas) se sitúa más abajo en la lista, por debajo de los demás países del top seis y de naciones más pobres que, presumiblemente, carecen de los recursos o la estructura (o ambos) para manejar las desigualdades sociales. Sin embargo, nuestra clasificación sigue siendo

---

[*] Éste es un número increíblemente difícil de precisar, en realidad, porque los tiroteos escolares se contabilizan de muchas maneras diferentes. Cuando se trata de violencia armada en las escuelas, cada base de datos parece registrar algo diferente. Algunas incluyen cualquier tiroteo que ocurra en un campus escolar, haya o no heridos o muertes. Otras sólo registran tiroteos masivos en escuelas, eventos que, por definición, dejan al menos cuatro personas muertas. En este capítulo, me baso en la última definición debido a que las bases de datos tienden a ser más consistentes en este aspecto, lo que significa que el número promedio de "eventos" será menor. Pero basta decir que incluso un único tiroteo escolar es trágico. El hecho de que esté forzando a mi cerebro a tratar de encontrar un promedio preciso ya es algo triste, muy triste.

mucho más alta que la de otras naciones ricas: la tasa de muertes por armas de fuego en Estados Unidos es casi cuatro veces la de Suiza (2.8 por cada cien mil), cinco veces la de Canadá (2.1) y treinta y cinco veces la del Reino Unido (0.3). Éstas son estadísticas que abarcan a toda la población, lo que significa que los números se inclinan fuertemente hacia los adultos. Si nos enfocamos en los niños, tenemos que su probabilidad de morir por disparos en Estados Unidos sigue siendo de cuatro por cada cien mil, con los niños representando más de 80 por ciento de esa cifra. Esta última estadística arroja que los niños estadounidenses tienen treinta y seis veces más probabilidades de ser asesinados por armas de fuego que los niños en otros países de altos ingresos, donde la tasa promedio de muertes por armas de fuego es más cercana a 0.1 por cada cien mil.*

La posesión de armas en Estados Unidos se ha mantenido bastante estable durante las últimas cuatro décadas, con entre 37 y 45 por ciento de todos los hogares reportando la posesión de, al menos, un arma de fuego. Con esto tenemos que hoy en día hay más armas en el mundo que cuando éramos jóvenes, y los estadounidenses poseen casi la mitad del suministro total mundial. Mientras que alrededor de 50 por ciento de todos los hogares estadounidenses con armas contienen sólo una o dos, la otra mitad tiene tres o más, con un subgrupo considerable (alrededor de 7.7 millones de "superpropietarios") que posee un promedio de diecisiete armas de fuego. Aun así, a pesar de la impresión que dejan estos abrumadores números y la cobertura mediática de los incidentes con armas de fuego, lo más probable es que ninguno de nosotros llegue a conocer a un tirador escolar o se vea involucrado en un tiroteo masivo. Estadísticamente hablando, es mucho más probable que nos veamos afectados por un homicidio accidental, violencia doméstica con armas de fuego o suicidio por arma de fuego.

Al menos en Estados Unidos, la muerte por disparo es, con más frecuencia, el resultado de un suicidio. En otras palabras, una persona que

---

* Las armas de fuego son, de hecho, la segunda causa principal de muerte entre los niños en Estados Unidos, apenas detrás de los accidentes de tráfico. A menudo, estas dos causas se agrupan en la categoría general de "lesiones", lo que a veces dificulta separar las cifras.

vive aquí tiene más probabilidades de usar un arma para quitarse la vida que para matar a otra persona. Éste es un punto increíblemente importante. Y, por cierto, no es así en la mayoría de los otros lugares. La parte del suicidio en la ecuación hace que toda la conversación sobre la violencia armada sea más compleja, porque en verdad necesitamos tener al menos dos diálogos separados: uno sobre lo que impulsa la violencia contra los demás y otro sobre por qué las personas buscan acabar con sus propias vidas. Estos temas difieren entre sí, pero se consolidan cuando el enfoque está en las tácticas (las armas) en lugar del problema de fondo (quién está siendo asesinado: otros o uno mismo). También vale la pena mencionar que el suicidio con arma de fuego es mucho más común en hombres que en mujeres. Cuando las mujeres quieren hacerse daño, tienden a optar por pastillas o asfixia, mientras que los hombres recurren a las armas de fuego.

El homicidio accidental representa otro grupo significativo de muertes causadas por armas de fuego. Hay muchas historias sobre estos incidentes no intencionados: básicamente, tiroteos no violentos, el error trágico. Son la razón por la que durante años hice simulaciones con mis hijos sobre qué hacer si alguna vez se encontraban en la casa de un amigo y de repente se veían en una situación que involucraba un arma de fuego. En el hospital y en mi consultorio, escuché innumerables relatos que detallan la desgracia ocurrida a dos niños jugando con un arma.

Nuestro problema con los tiroteos se ha multiplicado debido a la simple aritmética de la disponibilidad de armas: hay más armas que personas en Estados Unidos. En 2017, el número de armas de fuego en manos de civiles en este país era de 120.5 armas por cada cien personas. Si estos números te desconciertan, es porque sugieren que hay suficientes armas de propiedad privada en Estados Unidos para que cada persona tenga una, y más, en la tasa per cápita más alta del mundo. En un distante segundo lugar, Yemen reportó 52.8 armas de fuego en manos de civiles por cada cien personas, y Montenegro y Serbia empataron en tercer lugar con 39.1 por cada cien personas. Dada la cantidad de armas en circulación en Estados Unidos, no es de extrañar que tengamos una crisis de armas tanto en los campus escolares como fuera de ellos.

Una nota sobre la elección de palabras, porque esto a veces distorsiona las estadísticas de manera significativa. Un *tiroteo escolar* es un tiroteo que ocurre en las instalaciones de una escuela o en un evento autorizado por la escuela; un *tiroteo masivo* es aquel en el que el tirador mata al menos a cuatro personas. Ambos son terribles. Pero la distinción entre ellos conduce a conjuntos de datos muy diferentes, ya que los tiroteos escolares no siempre son masivos; de hecho, la mayoría de las veces no lo son: más de 90 por ciento de los tiroteos escolares tienen una, dos o tres víctimas.* Lo contrario también es cierto: los tiroteos masivos ocurren en todas partes, no sólo en las escuelas.

Aunque ya hemos tenido tantos tiroteos masivos en los primeros dieciocho años de este siglo como en los sesenta años anteriores, no son tan comunes como los titulares pueden hacernos creer: los tiroteos masivos representan un pequeño porcentaje (muchas fuentes lo sitúan en menos de 2 por ciento) de las muertes por armas de fuego en Estados Unidos. Dicho esto, la violencia armada suele medirse por el número de personas asesinadas, no heridas. Esto significa que un incidente en el que un hombre armado dispara contra un grupo grande y hiere a muchos, pero mata a menos de cuatro, no se cuenta como un tiroteo masivo; si hiere a muchos, pero no mata a ninguno, ni siquiera se registra como un tiroteo. Casi todos los tiroteos mortales en este país dejan sólo una o dos muertes, y más allá de eso, en realidad no hay un registro centralizado del número de personas cuyas vidas han sido cambiadas para siempre por la violencia armada, desde aquellos que quedan paralizados por lesiones en la médula espinal hasta aquellos que quedan paralizados por el miedo.

Todo esto quiere decir que, hoy en día, cuando se pronuncian las palabras "tiroteo" y "niños" en la misma frase, es fácil suponer que se referirá a violencia masiva en los campus escolares. Pero la realidad es que los tiroteos ocurren en todas partes, y la gran mayoría no en campus escolares. Y los niños mueren por armas de fuego debido a una variedad de razones, no sólo porque la violencia y la agresión hayan llegado a las cafeterías escolares, las aulas de inglés y los pasillos llenos de casilleros.

---

* La mayoría involucra sólo a una o dos personas. Es interesante que la tasa de estos homicidios no haya cambiado en los últimos veinte años. No ocurre lo mismo con los tiroteos masivos con múltiples víctimas, que han aumentado de forma constante desde 2009, y de manera pronunciada desde 2016.

El problema de la violencia armada en este país es enorme; sólo estoy abordando una pequeña parte de dicho problema.

EL PERFIL DE UN TIRADOR (ESCOLAR)

Los hombres dominan la narrativa de las armas, tanto del lado del agresor como de la víctima, en las escuelas y en las calles. Casi todos los tiroteos masivos son cometidos por hombres; de hecho, alrededor de 90 por ciento de los homicidios en este país ocurren a manos de hombres, y en más de 80 por ciento de los suicidios se usan armas de fuego. Los hombres también poseen la mayoría de las armas en Estados Unidos, superando en número a las propietarias femeninas en una proporción de tres a uno. Según Adam Winkler, profesor de Derecho de la UCLA, experto en la Segunda Enmienda y autor de *Gunfight*: "La violencia armada a menudo se presenta como un problema de salud mental, pero no lo es, en realidad es un problema masculino".

Me voy a centrar en los tiradores escolares por un momento, porque ni este capítulo ni, mucho menos, este libro son lo suficientemente extensos como para profundizar en las innumerables razones por las que algunos chicos usan las armas contra sí mismos, otros contra sus rivales y otros más contra completos desconocidos. También creo que el perfil típico de un tirador escolar explica mucho la raíz de la violencia armada dentro de la cultura de los chicos. Dicho esto, no hay exactamente un arquetipo aquí, a pesar de nuestro anhelo por uno. Mucha gente quiere creer que los tiradores escolares son todos solitarios retraídos, marginados sociales que usan gabardinas cuya postura encorvada y comportamiento sombrío habrían servido como indicios si alguien los hubiera estado observando. Claro, esta imagen se ajusta a algunos de los agresores, pero ciertamente no los describe a todos. También pueden ser carismáticos y sociales. Cruzan todas las líneas socioeconómicas, raciales y étnicas. Algunos provienen de hogares fracturados, pero otros fueron criados por dos padres en una familia estable, al menos según el vecino sorprendido que siempre parece conseguir una entrevista en televisión. Algunos de los tiradores tienen diagnósticos de enfermedades mentales, pero muchos no; e incluso si los tienen, los tipos de enfermedades mentales que a menudo se citan y que están en aumento no engendran agresión o violencia, por lo que no explican la tendencia al alza de los tiroteos escolares: ni la depresión, ni la ansiedad ni el TDAH hacen que una persona sea más propensa a ser homicida. Si tan sólo hubiera un perfil único, sería mucho más fácil identificar desde el principio a los niños en riesgo de convertirse en amenazas para otros niños. No es que se les quiera encasillar, más bien se quiere salvar vidas, incluidas las de los tiradores. Esto ha resultado casi imposible.

Sin embargo, la abrumadora mayoría de los tiradores escolares modernos tienen cuatro rasgos bastante predecibles: tienden a ser hombres, jóvenes, con acceso a armas y con antecedentes de algún tipo de exposición a un trauma. Esta tétrada del típico tirador escolar resulta ser una lista de cualidades que a menudo describen a los niños que blanden armas en general, dentro y fuera de las escuelas.

Masculinidad. Noventa y cinco por ciento de los tiradores escolares son hombres.* Sabemos que la testosterona está en juego en cierta medida, al menos en lo que respecta a la agresión y el dominio, pero más allá de esta hormona hay mucho más que se acumula en la experiencia masculina de crecer. El elemento central de este libro es el retraimiento: cuando los niños entran en la pubertad, no sólo cambia su química interna, sino que se vuelven más callados. Como resultado, cuando luchan en el camino hacia la hombría, ya sea social, académica o incluso psicológicamente, sus dificultades pueden pasar desapercibidas. Esto es especialmente cierto en una cultura que define la masculinidad como físicamente dura y mentalmente estoica: normalizamos el silencio de los niños y no siempre indagamos. Incluso cuando lo hacemos, es fácil pasar por alto los signos de profunda humillación o fracaso percibido, sobre todo si una respuesta típica de nuestros hijos es un gruñido y una puerta cerrada. Algunos niños carecen de empatía, algunas niñas también, pero

---

* Según los archivos del FBI, menos de 4 por ciento de los tiroteos activos son perpetrados por mujeres. Sin embargo, dicho esto, una de las primeras tiradoras escolares de la era moderna fue una adolescente llamada Brenda Spencer, que vivía frente a una escuela en California. Una mañana de 1979 disparó a los niños desde su casa al estilo de un francotirador, hirió a algunos y mató a los dos hombres adultos que intentaban poner a salvo a los niños.

cuanto menos nos relacionemos con nuestros hijos en conversaciones triviales y bromas diarias, menos pistas tendremos sobre esta patología. Todo esto juega un papel en la evolución de la masculinidad tóxica: la personalidad sin emociones y dura que aumenta la probabilidad de que los niños pasen de ser agresivos a agresores.

Sue Klebold, la madre de uno de los dos tiradores de Columbine, dio una increíble charla TED en la que describe cómo fue criar a un hijo que resultó ser un asesino a sangre fría. Ella nunca sospechó nada. Pasó por alto todas las posibles señales porque, al menos desde su perspectiva, no había ninguna: parecía un chico normal, que lidiaba con sus propios tropiezos y dificultades en la escuela y con sus amistades, sin hablar con ella más de lo que el chico promedio habla con su madre, nada fuera de lo común. Sólo se enteró de su profunda depresión meses después de su muerte. Mientras él estaba vivo, el creciente silencio del hijo de Sue Klebold era lo esperado en un adolescente, y su silencio estaba profundamente entrelazado con la evolución de su masculinidad. No era una perspectiva irracional, como he señalado varias veces. Pero resulta que romper este silencio podría haber sido la clave para identificarlo como un caso atípico, y luego salvarlo de sí mismo.

Juventud. La mayoría de los tiradores escolares son adolescentes y jóvenes en sus veintes, ya sean estudiantes actuales o recién egresados que vuelven al lugar principal de su crecimiento. Sus cerebros aún no han madurado por completo, por lo que carecen de la capacidad para tomar decisiones racionales y consistentes a largo plazo, a diferencia de un adulto (en el capítulo 5 se profundiza mucho más al respecto). Dicho esto, la mayoría de los tiradores han planeado sus ataques —no son actos impulsivos, sino el resultado de semanas o meses de planificación, almacenamiento y organización—, así que no podemos señalar la causa en decisiones impulsivas causadas por un cerebro que aún no ha terminado de desarrollarse. La mayoría de los tiradores escolares no "pierden el control simplemente".

Aun así, la ecuación de riesgo/recompensa es diferente para adolescentes y adultos, al igual que la resolución de problemas. La juventud puede contribuir a la creencia de que las armas son una solución a un problema, sobre todo a una humillación social que, en la preparatoria o la universidad, puede hacerlos sentir como si fuera el fin del mundo, aunque, en retrospectiva, no lo sea. A esto se suma la neuroplasticidad, esa característica de las células cerebrales que se reorganiza y maximiza su conectividad con el uso. Los cerebros jóvenes, en crecimiento y poda, están particularmente influenciados por el mundo que los rodea y, como resultado, la exposición a la violencia genera más violencia. Pero para cuando sus cerebros alcanzan la adultez, a menudo han aprendido otras estrategias. Esto es una buena noticia: debido a la flexibilidad neuronal, los cerebros adolescentes son capaces de cambiar de rumbo. Los cerebros más maduros pueden recurrir a soluciones no violentas, incluso si estuvieron inmersos en la violencia años antes.

Acceso. En dos de cada cinco hogares en Estados Unidos hay armas y, entre éstos, en 55 por ciento hay, al menos, una almacenada en un lugar sin seguro. En otras palabras, los niños a menudo tienen fácil acceso a las herramientas necesarias para un tiroteo. Los estudios muestran claramente que vivir con un arma de fuego aumenta de manera drástica el riesgo tanto de homicidio como de suicidio. Tres cuartas partes de todos los niños de nueve años o menos que viven en un hogar con un arma saben dónde se guarda; un tercio de ellos informa haber manipulado el arma, incluso cuando sus padres piensan que está escondida. Es probable que las cifras para los niños mayores sean aún más altas. Más allá de esto, en las últimas décadas ha surgido una tendencia hacia el hecho de que los adolescentes armados salgan de casa portando sus propias armas. Este patrón se intensificó tanto a principios de la década de 1990 que comenzaron a utilizarse detectores de metales en las escuelas como medida preventiva, con el objetivo de identificar no sólo a los tiradores potenciales, sino también a los chicos que llevan armas.

Resulta que la mayoría de las armas de fuego utilizadas por jóvenes en tiroteos escolares provienen de su propio hogar, de un amigo o familiar. Lo mismo ocurre con las armas utilizadas en actos de violencia armada fuera del campus. Tener la capacidad de obtener armas es un requisito básico para convertirse en un tirador. Lo contrario también es cierto: sin acceso a un arma, es imposible disparar a alguien.

Trauma. El trauma es una categoría enorme. Casi cualquier accidente, desastre natural, agresión, injusticia, enfermedad, lesión, inestabilidad o fuente de estrés, dolor o pérdida entra en esta categoría. ¿Qué ser humano no ha experimentado algún grado de trauma? Quizá muy pocos.

Es interesante, o tal vez abrumador, que el hecho de tener antecedentes de trauma sea un factor de riesgo para convertirse en un perpetrador de violencia. Resulta que esto es en particular cierto cuando el trauma se combina con problemas de salud mental que reducen la capacidad de una persona para afrontar factores estresantes, como la depresión severa o la paranoia. Un ejemplo clásico es la experiencia de ser marginado: el niño que es rechazado por sus compañeros (ése es el trauma) puede padecer ansiedad, depresión, agresión o rasgos antisociales subyacentes (los problemas de salud mental) que alejan aún más a los demás de él. La mayoría de los niños supera sus traumas, y muchos prosperan a pesar de ellos. Sin embargo, los pocos que derivan en violencia tienden a seguir un curso parecido a esto: el trauma provoca humillación, lo cual genera ira y culpa, y, luego, en última instancia, a menos que existan estrategias de afrontamiento, una fantasía de venganza. A lo largo de todo este camino —y hay muchas variaciones diferentes de este camino—, hay múltiples puntos de intervención potencial, pero cada uno requiere que un niño sea visto y escuchado. Si no hay un adulto que reconozca lo que está sucediendo, a menudo no existe nadie que se interponga en el camino de una tragedia en desarrollo.

Ninguno de estos descriptores —juventud, masculinidad, acceso o trauma— es suficiente por sí solo. De hecho, millones de personas encajan en los cuatro descriptores y nunca tomarán un arma, y mucho menos la apuntarán a otro ser humano. Además, los actos violentos son cometidos por personas que desafían cada una de estas categorías. Pero entre aquellos que se han involucrado en la violencia armada, y sobre todo dentro del pequeño grupo de individuos que han aterrorizado a niños en los campus escolares o en eventos escolares, la mayoría cumple con todas estas características. Son jóvenes, son hombres, han sufrido algún tipo de trauma y pueden conseguir un arma.

¿QUÉ HAY DE LOS VIDEOJUEGOS VIOLENTOS?

Hay mucho revuelo acerca de los videojuegos violentos, en especial los de disparos en primera persona, como posible motivador subyacente de la violencia armada. Ningún estudio ha logrado encontrar un vínculo causal, pero antes de precipitar conclusiones, ampliemos la perspectiva. Porque incluso sin armas y municiones en la pantalla, hay un claro impacto psicológico en la experiencia de casi cualquier género de videojuego.

Los videojuegos afectan el estado de ánimo. Esto surgía casi a diario en mi consulta, y definitivamente lo noté en mi propia casa cuando mis hijos pequeños jugaban, aun si se trataba de juegos "educativos". Hubo ocasiones en las que intenté quitarles el dispositivo sólo para sorprenderme ante su total negativa a entregarlo. Pero la primera vez que fui testigo del impacto completo de los videojuegos en la psique fue cuando mi hijo tenía unos diez años. Fue entonces cuando empezó a rogar y suplicar por jugar algo, lo que fuera, en una pantalla. *Super Mario Bros*, *FIFA*, *Candy Crush*. No parecía importarle el tipo de juego ni el medio en el que jugaba, desde un dispositivo móvil del tamaño de la palma de la mano hasta una enorme televisión montada en la pared; sólo quería jugar. Cuando lo dejábamos jugar, manteníamos firme una regla preestablecida que prohibía los juegos violentos, y él parecía estar bien con eso.

Pero después de unos cuarenta y cinco minutos, era como si algún tipo de interruptor se activara en su cerebro, y mi encantador niño, que haría casi cualquier cosa que le pidiera a cambio de tiempo jugando, se volvía altamente resistente a nuestros esfuerzos por hacer que dejara de jugar. Antes de los cuarenta y cinco minutos, podíamos decirle que terminara de jugar y él rezongaría un momento, pero, incluso así, obedecería. Después del mágico punto de tres cuartos de hora, sin embargo, se convertía en una versión llorona, insistente y a veces hasta pendenciera de sí mismo. Desaparecían las amabilidades de las solicitudes educadas para seguir jugando, reemplazadas por demandas de que debía terminar un juego o nivel en particular. Esto sucedía con juegos *inofensivos*, por cierto, sin una pizca de agresión, pero que, aun así, activaban algún tipo de interruptor en su cerebro.

Cada padre con el que he hablado describe un fenómeno similar; cuando hablo con audiencias de padres sobre este tema, asienten enérgicamente en señal de acuerdo. Después de cierta cantidad de tiempo jugando —para mi hijo, a esa edad en particular, eran cuarenta y cinco minutos—, parece que nuestros hijos han sido secuestrados, reemplazados por versiones malhumoradas e incluso opuestas de sí mismos. Y aunque este cambio de comportamiento temporal no tiene nada que ver *directamente* con el temor de criar a un hijo que se vuelve violento con las armas, me recuerda, cada vez que lo veo, que cualquier tipo de videojuego afecta la psique, lo que me hace preguntarme si los estudios que investigan el impacto de los videojuegos en la violencia en realidad están enfocándose en los aspectos equivocados.

Nuestra experiencia de luchar contra el momento de apagar el juego fue lo que nos llevó, a mi esposo y a mí, a establecer una regla: no jugar más allá del impacto emocional, lo que para nuestro hijo significaba no jugar más de cuarenta y cuatro minutos (como ya he dicho, el minuto cuarenta y cinco se volvía feo cuando él era más joven).* Ni qué decir sobre el hecho de que, definitivamente, no permitiríamos juegos violentos.

Y entonces, llegó *Fortnite*.

Este juego de disparos multijugador y multiplataforma, sin sangre ni vísceras, se lanzó en el verano de 2017 y superó los doscientos millones de usuarios registrados en dieciocho meses, lo que significó un nuevo récord de éxito en videojuegos (y un nuevo y enorme denominador para que los científicos lo usen en estudios sobre los efectos de los videojuegos). En el mundo de *Fortnite*, el avatar del jugador es visible en primer plano de la pantalla, lo que lo convierte en un juego en tercera persona; en contraste, en un juego de disparos en primera persona, las imágenes en la pantalla se ven a través de los ojos del jugador como agresor. Esta distinción es sutil, pero fundamental para el éxito de *Fortnite*. También es parte de lo que hace que *Fortnite* sea altamente rentable, ya que ese avatar puede vestirse con disfraces llamados *skins* o programarse para hacer bailes de victoria, cada uno por un pequeño precio en efectivo. Es una versión completamente sanitizada de un juego de disparos, que no

---

* No éramos perfectos cronometrando, así que la regla era más como una meta. Pero el cambio de comportamiento era lo suficientemente predecible para motivarme a poner una alarma en mi teléfono. De lo contrario, si me ocupaba en otra cosa y me olvidaba de que mi hijo estaba jugando (¿quién no ha hecho eso cuando su hijo está tranquilamente feliz inmerso en un dispositivo?), sufría las consecuencias de tener un niño menos agradable cuando finalmente se apagaba el juego. Un dato curioso: como gran defensora de explicar por qué se establece una regla, le expliqué la razón y mi hijo estuvo de acuerdo. Intenta preguntarle a tu hijo cómo se siente después de jugar durante periodos prolongados. Podrías sorprenderte.

muestra violencia gráfica. Y es altamente social, con la modalidad en equipo, alentado gracias a la capacidad de conectarse de forma experiencial a través del juego, y verbalmente a través de auriculares (vendidos por separado, por supuesto).

Teníamos una regla sobre los juegos violentos: ninguno, pero a medida que otros padres adoptaban con rapidez el brillante enfoque de clasificación PG (*parental guidance*) de *Fortnite*, comenzamos a cuestionarnos. No hay sangre, vísceras ni sexismo, ¡e incluso los jugadores construyen cosas mientras intentan sobrevivir! Aun así, el objetivo era mejorar las armas para sobrevivir más tiempo que todos los demás: un juego violento que, curiosamente, no parece tan violento. De repente, todos los amigos de nuestro hijo formaban parte de este fenómeno social, y cedimos. Por el lado positivo, no hubo diferencia en su comportamiento mientras jugaba este juego en comparación con cualquier otro: siempre que nos atuvimos a nuestro límite de tiempo, él estaba feliz de dejar de jugar y, para ser franca, era bastante complaciente. Pero si dejaba que pasara el tiempo preestablecido —si me olvidaba del juego que estaba en la otra habitación, ya que la casa estaba tranquila y yo estaba haciendo cosas—, cuando finalmente recordaba, no sólo enfrentaba mal humor, sino que debía esquivar una lluvia de quejas sobre "terminar la ronda" y gritos de injusticia porque "nadie más tiene que dejar de jugar", mientras observaba a mi hijo disparar furiosamente a otros jugadores en un esfuerzo por erradicarlos. A pesar de nuestro compromiso con la no violencia en casa, me di cuenta de que nos habíamos hecho parte de la rápida expansión de los juegos con armas de fuego en la secundaria (e incluso primaria).

Aquí está mi inconveniente con los juegos de disparos. Los datos no muestran lo que veo en mi casa y lo que escucho de tantos otros: los niños parecen estar alterados después de jugar durante suficiente tiempo; actúan como si estuvieran traumatizados, o al menos, excitados por las endorfinas. Combinado con lo que parece una desensibilización al disparar y matar, ¿cómo puede no haber algún vínculo con la violencia en la vida real? Olvidémonos de *Fortnite*, que parece prácticamente amigable para los niños en comparación con otros, ¿y qué hay de los juegos de disparos en primera persona llenos de detalles grotescos?

A pesar de mis observaciones, sin embargo, según múltiples estudios, los datos muestran lo contrario. Sugieren beneficios de los videojuegos de disparos en primera persona: grandes beneficios, como la mejora de las habilidades espaciales, cambios en el procesamiento neuronal y la eficiencia con que aumentan la atención, e incluso el fomento del pensamiento creativo. Y, además, las tasas generales de violencia juvenil han disminuido mientras el consumo de videojuegos violentos ha aumentado; aunque esto no sea necesariamente causal, es importante señalarlo. Aquí radica el fundamento del mayor argumento en contra de que los juegos violentos inspiren tiroteos en la vida real: estos juegos están disponibles y se juegan en todos lados, así que, si fomentaran el comportamiento violento entre los jugadores, deberíamos estar viendo pruebas de eso en todos los lugares donde estos juegos se adoptan, lo cual es prácticamente en todo el mundo. Pero no lo estamos viendo. Así que sí, hoy más que nunca hay más juegos de disparos gráficos disponibles para comprar o descargar y jugar, pero muchos estudios argumentan que este hecho no está aumentando ni disminuyendo la violencia armada global, sobre todo en las escuelas.

Está claro que, a mí, en verdad me cuesta aceptar la justificación de los videojuegos violentos. No refuto sus beneficios medidos; es sólo que no puedo convencerme de que no causen algún daño. Quizá la razón por la cual los jugadores en otros países no toman las armas en la vida real es tan sólo una cuestión de falta de acceso a las armas. Es difícil llegar a una conclusión definitiva con un razonamiento circular, pero muchos de los países desarrollados donde estos juegos son populares también tienen leyes de armas mucho más estrictas que Estados Unidos.

Me parece que los juegos extremadamente violentos pertenecen a la lista de características comunes de los tiradores, junto con la masculinidad, la juventud, el acceso y el trauma. De hecho, tal vez como un subtipo de trauma. Quizás incluso el subtipo principal. Porque no se puede negar que los juegos de disparos en primera persona activan la respuesta biológica al estrés; incluso los juegos de disparos en tercera persona lo hacen, y yo argumentaría que los juegos clasificados para todo público también lo hacen en cierta medida. Si dudas de mí, tan sólo observa a personas de todas las edades mientras juegan; casi no importa si es *Super Mario Bros* o *Mortal Kombat*: encorvados, intensamente concentrados, con los ojos entrecerrados, a menudo bruscos cuando intentas hablar con ellos mientras están en medio de una partida. Pero los juegos violentos también normalizan, o al menos convierten en juego, la brutalidad, lo cual debe ser traumático en algún nivel, ¿verdad? Así que, a pesar de que no hay evidencia definitiva que trace una línea directa entre los videojuegos de disparos en primera persona y el uso de armas, parece que hay un caso claro para al menos intentar conectar esos puntos... o al menos una necesidad de demostrar de una vez por todas que no están relacionados.

Si el "úsalo o piérdelo" es la clave para desarrollar habilidades cerebrales futuras, entonces todos estos juegos de disparos, ya sean en primera o tercera persona, sin duda esculpen caminos en las cabezas de nuestros hijos, en especial porque los videojuegos prosperan gracias a la participación activa, no a la visualización pasiva como en un programa de televisión o una película. Además, recompensan las muertes. Aún más estimulante para el cerebro, el personaje en los juegos de disparos en primera y tercera persona es una versión de ti, un avatar que corre, se agacha, dispara y brutaliza a través de tu lente. En los juegos de disparos en tercera persona, el avatar puede no parecerse a ti en el espejo, pero existe una clara conexión emocional entre la persona que sostiene el control y el personaje cuyo punto de vista se muestra en la pantalla. Así que la agresión interpretada y recompensada a través de estos juegos también se recompensa en el cerebro. Eso, al menos en mi opinión, es la desventaja más clara de todo esto: la agresión activa el circuito de recompensa del cerebro, por lo que, si hay una oportunidad en la vida real de hacer lo mismo, parece al menos plausible que uno pueda participar. De ahí la cantidad de investigaciones que intentan responder justo a esta pregunta.

En mi casa, antes de *Fortnite*, un "No" era suficiente. No teníamos juegos con armas, así que incluso si mi hijo jugaba con ellos en casa de sus amigos (más tarde me confesó que lo hacía), su exposición era limitada. Pero en un mundo posterior a *Fortnite*, donde los personajes no derraman una gota de sangre y, en su lugar, se ponen a bailar —algunos movimientos son en verdad impresionantes—, el "No" se transformó en un "Está bien" con límite de tiempo y muchas restricciones. Mientras tanto, me quedo pensando en cosas como: ¿De qué manera deberíamos categorizar esta forma de violencia edulcorada? ¿Y cuál es el impacto de esforzarse por ser el único sobreviviente en una isla, un título que se logra sólo después de que todos los demás jugadores mueren? La respuesta corta es: nadie lo sabe. Si los estudios no muestran un vínculo entre los juegos de disparos en primera persona, abiertamente gráficos, y la violencia con armas en la vida real, entonces es muy dudoso que los juegos en tercera persona con aspecto de dibujos animados como *Fortnite* sean alguna vez culpados. Pero ¿qué pasa con el impacto más amplio del mensaje general en mentes cada vez más jóvenes? ¿Qué hay del impacto que deja una huella? ¿Y la estimulación de los circuitos de recompensa? Resulta evidente que no estoy convencida de que los videojuegos *no* estén contribuyendo en absoluto a la epidemia de violencia armada en nuestra cultura actual.

Al final, como la mayoría de los padres en Estados Unidos, estoy evaluando frenéticamente los pros y los contras de los videojuegos violentos, tratando de relacionarlos con —o, mejor aún, desvincularlos por completo de— la epidemia de violencia con armas en la vida real. La gran mayoría de nuestros hijos nunca tomará un arma para hacer daño a otra persona, disparar en una escuela, ni siquiera fantasear con nada de eso. Los pocos que lo hacen enfrentan desafíos personales profundos y no han encontrado otra forma de resolver su ira, frustración, tristeza, confusión o cualquier otro impulsor emocional. Una profunda falta de habilidades para resolver conflictos está en el corazón de este problema. Además, el acceso a las armas, un acceso impulsado por la absurda cantidad de armas de fuego en este país y respaldado por la profunda carencia de leyes que regulen la venta, distribución y uso de estas armas. Fallas en todo el sistema —como nuestra falta de verificaciones universales de antecedentes, la ausencia de límites en la venta de armas de asalto de estilo militar y sus accesorios, y los periodos de espera inconsistentes entre estados, además de la falta de un periodo de espera federal general— han multiplicado nuestra crisis de violencia con armas en Estados Unidos.

En una cultura que observa un aumento de la depresión y la ansiedad, investigaciones recientes muestran que un chico es más propenso a portar un arma si se siente aislado, sobre todo, si sus padres se desentienden de él. Esto es por completo distinto a la cantidad de tiempo que un padre pueda dedicar a su hijo: el hecho de que trabajemos o nos quedemos en casa no importa tanto como el nivel de presencia y conexión

DESCIFRANDO A LOS CHICOS

cuando nuestros hijos están cerca. Es la falta de calidez, comunicación y conexión lo que lleva a los niños a sentirse aislados dentro de sus familias. Cuando esto coexiste con la depresión bajo un techo donde hay armas de fuego accesibles, la combinación puede ser mortal... sí, en un escenario de tiroteo en masa o escolar, pero mucho más probablemente en un acto de suicidio.

La conclusión es que los hombres usan armas muchísimo más que las mujeres. Esta tendencia comienza desde jóvenes, pero se acelera con rapidez durante la adolescencia: cuando la testosterona se dispara; cuando los grupos de amigos cambian; cuando las redes sociales y los videojuegos se intensifican; cuando sus cerebros están a medio madurar y en desequilibrio máximo; justo cuando se vuelven silenciosos con nosotros. La violencia con armas no debería ser un ritual de paso. Pero debido a que vivimos en una sociedad con un exceso de armas de fuego, debemos hablar de todo esto: no sólo del almacenamiento seguro de armas y la desensibilización a las imágenes violentas (aunque también debemos hablar de eso), sino de las estrategias para afrontar, de manera general, el hecho de que nuestros hijos puedan gestionar sus sentimientos sin recurrir a la fuerza letal. Hablar nunca ha sido tan importante.

CÓMO HABLAR CON LOS CHICOS SOBRE... ARMAS Y VIOLENCIA ARMADA

1. HABLA SOBRE LA MUERTE. No es el tema favorito de la mayoría, pero la consecuencia última de la violencia armada es la pérdida de vidas. Los niños más pequeños pueden ver a un actor recibir un disparo y morir en un programa sólo para verlo reaparecer en otro, lo que confunde su noción de lo que significa morir. Los chicos mayores llegan a comprender la mortalidad, pero a lo largo del camino muchos le temen tanto que se niegan a hablar sobre ello. O reconocen los riesgos para los demás, pero no para ellos mismos. Éste es un tema tremendamente complejo. Aprovecha la oportunidad para hablar sobre esto cuando veas imágenes que muestran violencia armada o escuches noticias sobre tiroteos. La conversación puede comenzar con una

pregunta tan simple como: "¿Qué estás pensando?" cuando ambos, tú y tu hijo, vean, lean o presencien lo mismo.

2. REDUCE LA ANSIEDAD. Los simulacros de tiroteos en la escuela pueden preparar a los niños para un escenario horrible, pero también pueden crear un miedo profundo. Infórmate sobre cuándo se realizarán estos simulacros en la escuela de tus hijos; si la escuela no informa a los padres, solicita que lo hagan. De esta forma, puedes hacer un seguimiento posterior con preguntas como: "¿Cómo te sentiste durante el simulacro?". "¿Tienes un plan por si algo llegara a suceder?". "¿Qué pasos crees que puedes tomar de antemano para prevenir tiroteos?".

3. LIMITA EL ACCESO A LAS ARMAS Y EXPLICA LA RAZÓN. Independientemente de la postura de cada uno en el debate sobre la posesión de armas, es casi indiscutible que el acceso a armas de fuego y munición es un factor de riesgo para la violencia armada juvenil. Habla sobre esto. Si tienes un arma en casa, debe estar descargada y guardada bajo llave. Lo mismo aplica para familiares y amigos. Explica a tu hijo por qué ésta es la forma correcta de almacenar un arma: no es una cuestión de confianza, sino de seguridad.

4. BUSCA AYUDA CUANDO SEA NECESARIO. El suicidio es la forma más común de muerte por arma de fuego en Estados Unidos. Así que cuando pienses que algo le está sucediendo a tu hijo, incluso si es algo pequeño o trivial, pregúntale. No sólo una vez, sino de forma regular. "¿Cómo estás? ¿Con quién estás pasando el rato? Pareces decaído, ¿está todo bien?". Si te dice que necesita ayuda, contacta a tu pediatra o a un consejero escolar. Si niega tener un problema, pero tu intuición te dice que algo anda mal, busca ayuda también. Además de los proveedores locales de atención médica, existen muchos buenos sitios en línea que orientan a las personas hacia recursos de salud mental y centros de prevención del suicidio.

APÁRTALO DE LOS VIDEOJUEGOS

Todos los videojuegos afectan a nuestros hijos. Tal vez no al principio, y quizá no de la misma manera. Pero, dependiendo del tipo de juego —un juego de ortografía tal vez no cause la misma excitación que un juego de disparos en primera persona—, después de suficiente tiempo jugando en una pantalla, el comportamiento de los niños cambia. Aquí algunos consejos para adelantarse al cambio de humor que suele seguir al tiempo de juego:

1. DETERMINA EL NÚMERO MÁGICO DE TU HIJO. La mayoría de los niños alcanza un límite de tolerancia después de un tiempo relativamente constante. Para algunos, es media hora; para otros, puede ser mucho más. Trata de identificar cuánto tiempo puede estar tu hijo en un dispositivo sin transformarse en una versión enojada o irritable de sí mismo. Y luego, anticípate. Establece un tiempo, dale una advertencia de cinco minutos si la necesita, pero haz lo posible por desconectarlo antes de que se produzca el cambio de humor.

2. ESTABLECE REGLAS DE JUEGO. Antes de comenzar a jugar videojuegos, establece algunas reglas, incluido el plan para apagarlos. Luego establece algunas consecuencias, para que si él se resiste cuando llegue el momento de terminar, ya hayan acordado previamente lo que sucederá. La consecuencia más sencilla es tan sólo quitar el juego: si tiene problemas para dejarlo, ¿por qué querrías dejarlo volver a jugar?

3. SACA LOS JUEGOS DEL DORMITORIO. Puede ser bastante difícil convencer a tu hijo de que termine un juego. Si tiene acceso a ellos en su dormitorio, puede seguir jugando a todas horas. Un recordatorio importante aquí: la mayoría de los juegos fluyen con facilidad entre plataformas hoy en día, por lo que mantener un teléfono en el dormitorio durante la noche a menudo equivale a tener acceso a juegos las veinticuatro horas del día, los siete días de la semana. Todos los dispositivos digitales deberían estar fuera del dormitorio.

4. NO VALE LA PENA UNA PELEA EN LA VIDA REAL. Si te encuentras discutiendo con tu hijo sin parar sobre cómo finalizar el juego, sólo deshazte de los videojuegos por un tiempo. No valen la pena. Eso significa guardar las consolas de juegos, quitar las aplicaciones de los teléfonos y dispositivos móviles, y verificar que no estén ocultas en las computadoras portátiles. Los controles parentales hacen que estos pasos sean bastante sencillos: simplemente busca un video con instrucciones paso a paso sobre cómo usar los controles parentales en tus dispositivos. Y no pierdas la oportunidad de explicarle a tu hijo por qué estás restringiendo el tiempo de juego... o de señalarle cómo cambia su estado de ánimo cuando no está jugando.

El final de la lección, el inicio de tu conversación

Después de años de trabajar en atención médica, enseñanza y escritura, estoy cada vez más convencida de que hablar es la clave para la salud, el bienestar y, sí, la supervivencia. No sólo para nuestros hijos varones, sino para todos. Las conversaciones con nuestros hijos les ayudarán a sobrevivir y prosperar, del mismo modo en que han empoderado a nuestras hijas. Un diálogo abierto ahora, incluso una conversación torpe, tambaleante y a veces unilateral, ya sea sobre los cambios corporales, el sexo, las drogas o las armas, puede preparar y quizá proteger a nuestros hijos de futuros obstáculos en la vida. Pero debe ser un diálogo *real*, lo que significa que dejemos nuestros dispositivos a un lado y que ellos también apaguen los suyos, actos que fomentan la conexión entre las personas mientras se reduce la imagen (a veces violenta, a veces hermosa y distractora) en nuestras pantallas, al menos por un momento.

Este libro está impregnado de consejos para conversar, pero en última instancia, tu mejor estrategia se revelará por sí sola. La personalidad y las circunstancias definen cómo las personas se hablan entre sí, cuándo, dónde y con qué intensidad. Hablar nos permite expresar nuestros pensamientos con otra persona, recibir su retroalimentación y replantear nuestras ideas. Es la base de todas las amistades y romances; conforme avanzamos por el mundo, a menudo somos guiados por las voces de otros en nuestra mente. Entonces, ¿por qué no debería ser el diálogo la base para criar a un adolescente, sin importar su género?

En última instancia, ¿hablar puede impactar directamente en la epidemia de la violencia armada? ¿O en el porno? ¿O en las luchas de la imagen corporal? ¿O en cualquiera de las fuerzas externas que afectan a nuestros hijos a partir de la adolescencia? Estoy segura de que la respuesta es sí. No hay ningún inconveniente en probar mi teoría.

Los detalles

La biología de la pubertad masculina: todo se hace más grande

Bienvenido a la información privilegiada sobre lo que sucede en los cuerpos de los chicos cuando atraviesan la pubertad. En pocas palabras, algunas cosas se volverán más profundas, otras más grasosas y malolientes. Y casi todo se hará más grande.

Ya seas un experto en desarrollo corporal, no domines del todo estos temas, o tan sólo tengas una idea general, te animo a que sigas leyendo, porque en algún momento durante la pubertad, querrás poder explicarle a tu hijo qué demonios le está pasando. Este resumen está diseñado para cubrir los mecanismos de transformación en un hombre. Pero lo más probable es que también te brinde una ventana hacia tu propio hijo, o al menos algunos momentos reveladores.

Antes de adentrarme en los detalles, quiero mencionar algunos puntos importantes sobre la pubertad. Primero, algunas personas usan la palabra "pubertad" para describir una lista de características físicas emergentes; otros, para referirse a una cascada química que resulta en estas transformaciones físicas y cambios emocionales. A lo largo de este libro, he optado por esta última definición, lo que significa que la pubertad, al menos como la veo yo (y la mayoría de los científicos que conozco), comienza sin ningún gran espectáculo. Eso se debe a que la testosterona se toma su tiempo para metamorfosear a los chicos en hombres.

La segunda gran nota es que una vez que la pubertad se hace visible, aunque hay un orden general de las cosas, no hay una forma correcta de atravesarla. Eso significa que no hay manera de predecir exactamente qué va a pasar, cuándo o qué tan dramáticamente. Lo imprevisible de la pubertad es la peor parte, en realidad. "¿Será un desarrollo temprano o tardío? ¿Qué tan mal estará su acné? ¿Cuándo cambiará su voz? ¿Cuántos años (o meses o días) más le quedan de crecimiento?". A menos que tu hijo se someta a una serie de pruebas de laboratorio y radiografías, nadie lo sabe... e incluso así, las respuestas suelen ser vagas. Si alguien te dice lo contrario, está mintiendo.

Empiezo cada conversación sobre la pubertad, ya sea sobre chicos o chicas, con estas notas de precaución, porque vivimos en una cultura donde ser "normal" es tranquilizador y cualquier otra cosa es potencialmente alienante, patológica y, a veces, aterradora. Por eso es clave darnos un respiro cuando tratamos de averiguar si la pubertad avanza con "normalidad", ya que casi no existe tal cosa.

Como leerás en las páginas que siguen, hay una lista de cosas que cambiarán a lo largo de muchos años. Sin duda, al final del proceso, tu hijo podrá marcar cada casilla. Si tan sólo pudiera presentar una lista predecible en orden cronológico de qué esperar y cuándo... Pero resulta que la pubertad no juega de esa manera. Este hecho es útil para nosotros como padres, pero es fundamental para nuestros hijos, porque la adolescencia es una época en la que se quiere conformar o encajar en un grupo (es decir, hasta que quieren rebelarse), y lo imprevisible de la pubertad significa que todos los que la atraviesan experimentarán una sensación de ser un extraño. Nuestros hijos —sobre todo los preadolescentes, que están al borde de cambios físicos y emocionales dramáticos, y los adolescentes que están en medio de ellos— quieren saber que lo que ven en el espejo y sienten en sus corazones (o estómagos o piernas o ingles) está bien.

Así que, lo que sigue es una lista alfabética de los cambios corporales que ocurrirán durante la pubertad, con una explicación relativamente breve de la biología detrás de la escena. Dado que no hay una secuencia absoluta para la aparición de estos rasgos, tampoco hay una forma sistemática de organizar esta información. La A-Z es tan razonable como cualquier otra.

Una nota sobre por qué omití el cerebro. Por supuesto, es una parte fundamental del cuerpo y cambia de manera drástica durante este tiempo, pero se aborda con gran detalle a lo largo de este libro, en particular en los capítulos 5 y 9, donde juega un papel protagónico. Así que no es necesario intentar resumir el desarrollo del cerebro en un puñado de párrafos cuando hay mucho más escrito en otras partes de estas páginas.

Ya basta. Sin más preámbulos, la lista de verificación de la pubertad masculina:

ACNÉ

Granos, espinillas, brotes, puntos blancos, puntos negros. Llámalos como quieras, son erupciones no deseadas en la superficie de la piel que pueden dejar cicatrices, tanto física como emocionalmente, en los adolescentes. El acné es una cruel injusticia de este periodo, cuando el cuerpo ya está en plena revuelta, y además es común y afecta a alrededor de 85 por ciento de los adolescentes y adultos jóvenes en todo el mundo. Sí, leíste bien: la gran mayoría de los chicos en la Tierra tendrá brotes.

El acné existe debido a los pequeños agujeros en nuestra piel, por lo común conocidos como *poros*, o en lenguaje médico, *unidades pilosebáceas* (UPS). En la superficie de la piel, una UPS parece un pequeño hoyuelo, pero se sumerge profundamente en la piel, tomando la forma de un matraz de cuello largo en miniatura. En su base redondeada, cada UPS contiene un folículo piloso del que brota un cabello (*pilo* = cabello), una glándula sebácea (*sebo* = aceite producido por humanos) y un músculo diminuto (que explica cómo tus pelos pueden erizarse). Cada uno de nosotros tiene alrededor de cinco millones de UPS repartidas por todo el cuerpo.

Es fácil que una UPS se obstruya, sobre todo durante la pubertad. Esto se debe a que está revestida de células que se multiplican cuando las hormonas aumentan en los años preadolescentes y adolescentes. El largo cuello de una UPS puede obstruirse rápidamente con células en proliferación, como un corcho en una botella de vino. Mientras tanto, en la parte espaciosa del fondo del poro, el folículo piloso sigue creciendo y la glándula sebácea secreta su aceite. De manera casi inevitable, esta mezcla grasosa y viscosa de sebo queda atrapada por el tapón de células, a veces junto con un cabello que se riza sobre sí mismo.

Una vez que una UPS se obstruye y se congestiona con un exceso de grasa, el oxígeno no puede llegar a su base redondeada. Y gracias a eso, ciertas bacterias que prosperan en ausencia de oxígeno comienzan a crecer en el fondo del poro; la más común es la llamada *Propionibacterium acnes*. Estas bacterias se alimentan de los aceites humanos, se multiplican, se alimentan más frenéticamente y se multiplican aún más rápido, y por lo general se la pasan de maravilla. En cierto punto, entre la grasa, las células, las bacterias y el cabello, hay tanta congestión que la UPS tapada estalla. A veces, erupciona hacia afuera como un minivolcán en la superficie de la piel, pero la mayoría de las veces la ruptura ocurre en la parte inferior del poro: la base de la UPS cede como una bolsa de basura de cocina demasiado llena. El sistema inmunológico del cuerpo entra en acción para intentar limpiar el desorden. Esta línea de defensa provoca inflamación en la UPS y, a veces, enrojecimiento e hinchazón en la piel. Así que si te preguntas por qué algunos granos se ven más irritados que otros, incluso en la misma cara, ahora sabes que depende de si el sistema inmunológico se ha activado por completo o no.

Si quieres culpar a algo por la existencia del acné en primer lugar, culpa a las hormonas que gobiernan gran parte de la pubertad, como los andrógenos. Cuando los niveles de andrógenos aumentan en la sangre, también lo hace la producción de grasa en la UPS. Pero la mayoría de los investigadores piensan que no sólo se trata de la existencia de nuevas hormonas que circulan por el torrente sanguíneo durante la pubertad lo que causa el acné, sino su aumento y disminución. Hasta que los picos hormonales se estabilicen más adelante en la adolescencia, sus niveles pueden fluctuar bastante, y es esta fluctuación la que origina los granos.

El acné aparece indignamente en las partes más visibles del cuerpo: la cara, el cuello, la parte superior del pecho y la parte superior de la espalda (el nombre en broma para esta última es *backne* ["back" (espalda) y "acné"]... pero las mismas hormonas que lo causan también pueden predisponer a tu hijo a encontrar el término muy poco divertido). Independientemente de dónde aparezca, el acné a menudo responde a una buena rutina de limpieza de la piel. Esto se debe a que un limpiador suave o un jabón no irritante pueden eliminar el tapón de células en la parte superior de la UPS. La limpieza es un buen comienzo, pero muchos chicos también necesitarán productos para la piel que contengan peróxido de benzoilo o retinol (o ambos) para tratar lo que está ocurriendo más profundamente en la UPS. Estos productos tienen propiedades antibacterianas y antiinflamatorias, y pueden hacer maravillas tanto para adolescentes como para adultos. Para quienes padecen un acné más severo, hay antibióticos derivados de la vitamina A que ayudan a erradicar esas molestas *Propionibacterium acnes*; éstos combaten la producción de sebo y la inflamación, y también hay otros tratamientos disponibles con receta médica.

A medida que los picos hormonales de la pubertad se estabilizan, el acné también lo hace. No desaparece para todos; muchos adultos pueden dar testimonio de tener granos durante décadas. Pero el pico de la gravedad del acné ocurre alrededor de los quince años para ambos sexos y tiende a disminuir a medida que la pubertad llega a su fin. La razón por la que el acné nos acompaña mucho más allá de nuestros años de adolescencia tiene que ver con el hecho de que las hormonas sexuales continúan fluctuando a lo largo de nuestra vida reproductiva. Otras hormonas, como la insulina y el IGF-1, también desempeñan un papel, por lo que, aunque los andrógenos comienzan a encontrar un nivel más regular al final de la adolescencia, muchas otras hormonas en el cuerpo no necesariamente siguen el mismo patrón*... y eso explica la aparición interminable del acné a lo largo de la vida.

Tres formas de minimizar la formación de granos (esto funcionará para tu hijo... Y para ti también):

1. **LAVA LA CARA** por la mañana y por la noche. Lavar más frecuentemente no ayudará y, más a menudo, crea problemas adicionales. Usa un limpiador suave o jabón sin colorantes, sin

---

* Se cree que el estrógeno contrarresta los efectos de producción de grasa del andrógeno. Por eso, las mujeres a menudo experimentan brotes justo antes de que les llegue la menstruación: cuando los niveles de estrógeno disminuyen, el revestimiento uterino comienza a desprenderse y, al mismo tiempo, los efectos de los andrógenos que circulan quedan sin control. Del mismo modo, las mujeres que toman píldoras anticonceptivas orales (PAO), en particular las que contienen estrógeno, a menudo notan mejoras en su piel. Esto se debe a que las PAO proporcionan niveles constantes de hormonas al cuerpo, lo que reduce las fluctuaciones asociadas con los brotes.

perfumes ni alcohol. Nota: no seques demasiado la piel, ya que las glándulas sebáceas podrían creer que necesitan producir más humedad, lo que provocaría más brotes. Después de la limpieza, aplica una crema hidratante o una combinación de protector solar e hidratante.

2. EVITA ACTIVAR LAS GLÁNDULAS SUPRARRENALES, que tienen la doble función de producir andrógenos y de actuar como centro de nuestra respuesta al estrés, un proceso altamente asociado con la inflamación. Recuerda, cualquier cosa que haga que los andrógenos oscilen o que las células inflamatorias se agrupen puede iniciar una reacción en cadena que afecta nuestra piel. Esto significa que los brotes pueden ser causados, al menos indirectamente, por todo, desde el estrés hasta la falta de sueño o una dieta alta en azúcar. La mejor manera de mantener la piel con buen aspecto es el estilo de vida saludable: beber mucha agua, dormir lo suficiente por la noche, llevar una dieta rica en alimentos integrales y con pocos alimentos procesados o azucarados, reducir los factores de estrés, y mantener las toxinas e irritantes conocidos fuera y lejos de tu cuerpo. Básicamente, trata a tus glándulas suprarrenales con respeto.

3. ¡MANTÉN LAS MANOS FUERA DE LA CARA! Aunque pellizcar la piel no causa acné, sí aumenta la inflamación, el riesgo de infección y las cicatrices.

OLOR CORPORAL

Cuando el cuerpo se sobrecalienta, las glándulas sudoríparas bañan la piel de humedad para refrescarla, lo que hace del sudor un sistema muy elegante, a pesar de las manchas en las axilas. Pero cuando sudamos, eventualmente olemos. Esto es cierto para personas de todas las edades. Lo que pasa es que los niños que se acercan a la pubertad de repente sudan mucho más de lo que solían hacerlo.

El sudor en sí mismo por lo general no tiene olor. Sin embargo, nuestro cuerpo tiene dos tipos de glándulas sudoríparas, y una es más propensa a generar un olor desagradable que la otra. Las glándulas sudoríparas *ecrinas* están distribuidas por todo el cuerpo y producen sudor compuesto sobre todo de agua. Las glándulas sudoríparas *apocrinas* se concentran en las áreas con vello (el cuero cabelludo, las axilas y la ingle) y en algunos otros lugares donde la piel se pliega y no llega la luz del sol (como el ombligo, el ano y las orejas). Estas glándulas producen un sudor que contiene ácidos grasos, proteínas y subproductos como el amoniaco y la urea. Las proteínas del sudor apocrino son particularmente atractivas para las bacterias, y por si no lo sabías, todos tenemos bacterias viviendo en nuestra piel. Así que, cuando nuestras glándulas sudoríparas apocrinas se activan para enfriarnos, también producen un festín culinario para las bacterias presentes; cuando estas bacterias consumen las proteínas del sudor, el producto resultante es un ácido con un olor distintivo, único para cada persona dependiendo de los tipos y cantidades de bacterias en la piel, el equilibrio de proteínas en el sudor, y así sucesivamente. Pero no tan único como para que no lo reconozcamos como mal olor. Aún no he conocido a una persona cuyo sudor huela a rosas.

Los niños comienzan a generar olor corporal durante la pubertad porque es cuando sus glándulas apocrinas se vuelven más activas (¡gracias, andrógenos!). De hecho, uno de los signos más comunes de la pubertad tiende a ser un aumento en la cantidad de sudor. Recuerda, no hay un orden absoluto en cómo se desarrolla la pubertad, así que éste puede no ser el caso de tu hijo. Pero, en términos generales, para quinto grado, la mayoría de los maestros ya están pidiendo a sus estudiantes que empiecen a usar desodorante.

Hablando de desodorantes, una rápida lección sobre cómo funcionan los productos antiolor. El desodorante elimina el olor. Mata las bacterias en la piel; no las elimina por completo, pero las reduce lo suficiente como para que, cuando el sudor rico en proteínas llegue a ellas, no queden suficientes bacterias para generar niveles de ácido que produzcan mal olor. Las bacterias se recolonizan bastante rápido, lo que explica por qué los desodorantes deben aplicarse todos los días para ser efectivos. Los antitranspirantes son antitranspiración, por lo que detienen la producción de sudor. Nuevamente, no por completo, pero lo suficiente como para que la cantidad de proteínas ofrecida a las bacterias locales sea pequeña; es un tentempié, no una comida de tres tiempos. Esto significa que, cuando las bacterias digieren el menor volumen de proteínas, liberan una cantidad menor de ácido maloliente. La mayoría de los productos en las estanterías de las tiendas son una combinación de antitranspirante y desodorante, porque al atacar ambos lados de la ecuación, funciona mejor.

¿Sabes lo que no funciona? Tratar de cubrir el olor del sudor con un olor más fuerte (parece ser el plan de negocio de todos los productos fabricados por Axe, o al menos los adolescentes parecen pensar que ésta es una estrategia ganadora; noticia de última hora: no lo es). Otro error en la prevención del olor corporal es ducharse sin jabón. La razón por la que bañarse nos hace oler mejor es porque usamos jabón para eliminar las bacterias, proteínas y ácidos de nuestra piel. Con pararse bajo el agua sin lavar activamente a estos culpables, no se logra mucho.

Muchas personas afirman que no pueden oler su propio olor corporal, y hasta cierto punto es cierto. Al caminar, no solemos registrar nuestros propios olores sutiles, buenos o malos, con tanta facilidad como reconocemos los de los demás. Dicho esto, no es difícil olfatear la propia axila para descubrir lo que otros con mucha probabilidad ya notaron. Enséñale a tu hijo ese simple autochequeo, y te lo agradecerá en términos de higiene.

Tres formas de minimizar el olor corporal (¡éstas funcionan para todos, no sólo para los niños en la pubertad!):

1. **DÚCHATE CON JABÓN.** O toma un baño de tina con jabón. O en esos días en los que no hay tiempo o acceso a una regadera o tina, limpia las áreas malolientes con una esponja... ¡con jabón! El jabón reduce la cantidad de bacterias y los ácidos que quedan en la piel.

2. **DESODORIZA DONDE PUEDAS.** Algunas familias optan por usar antitranspirantes y desodorantes comprados en la tienda; otras tienen opiniones contundentes sobre los ingredientes en estos productos. Elige productos que funcionen para tu familia,

pero recuerda evitar los que contienen perfumes y colorantes, ya que pueden irritar la piel. Y sólo porque un envase tenga la palabra "natural" en él, no significa que el producto sea más seguro o saludable para ti. "Natural" no significa nada en el mundo de los cosméticos.*

3. DEJA QUE LAS COSAS SE AIREEN. Hay muchas áreas del cuerpo que no están diseñadas para ser cubiertas con antitranspirantes o desodorantes (la mayoría, de hecho). Las que tienden a oler más son las áreas envueltas en ropa ajustada, porque sudan más. Piensa en los pies y la ingle. Aquí, el aire es el antídoto. Al final del día, pídele a tu hijo que se quite los zapatos y calcetines (es posible que necesites despejar el área por unos minutos, dado que el olor puede ser fuerte) y use sandalias, chanclas o que tan sólo camine descalzo dentro de la casa. Y por la noche, el dormir con ropa interior holgada o sin ella permite que el aire circule en la zona de la ingle.

ERECCIONES

Han ocurrido desde que tu hijo era un bebé, pero de repente las erecciones pueden ser un gran problema. Esto se debe en parte a que el pene es más grande, por lo que son más notables. También es una cuestión de frecuencia: a partir de la pubertad, las erecciones parecen suceder todo el tiempo (lo cual no es exactamente cierto, pero dado que el hombre promedio tiene alrededor de once durante el día y otras cuatro o cinco por la noche, puede parecerlo).

---

* En realidad, la palabra *natural* no tiene ningún valor en una etiqueta. Podría llamar "natural" a la página que estás leyendo ahora mismo, a la silla en la que estás sentado, al bolígrafo con el que estás escribiendo e incluso a la taza de la que estás bebiendo. Ésta es una de las más grandes molestias para la mayoría de los profesionales de la salud que conozco, desde médicos y enfermeras hasta nutricionistas y defensores de la salud pública. Así que, ten cuidado de no caer en esta trampa cuando recorras los pasillos del supermercado...

Algunos conceptos básicos. Aunque el término coloquial [en inglés] para la erección es "boner" [hueso], no hay ningún hueso en el pene. Una erección ocurre cuando la sangre llena dos largos trozos de tejido esponjoso, llamados *cuerpos cavernosos*, que recorren el eje a ambos lados de la *uretra* (el tubo que transporta la orina desde la vejiga hasta la punta del pene; el mismo que eventualmente llevará el semen en los hombres púberes y pospúberes). Durante una erección, los pequeños músculos dentro de los cuerpos cavernosos se relajan, lo que permite que el tejido acumule más sangre de la que drena. Esta sangre queda temporalmente atrapada por una membrana que cubre los cuerpos cavernosos llamada *túnica albugínea*, lo que aumenta aún más la presión en el tejido. El eje del pene se engrosa, se endurece y permanece así hasta que los músculos de los cuerpos cavernosos se contraen nuevamente, causando que la sangre fluya hacia afuera.

Existe algo llamado "fractura de pene", pero como no hay hueso, no hay nada que fracturar exactamente, así que el término sólo existe porque fue inventado hace un siglo y ha perdurado. En realidad, una fractura de pene es un desgarro en la túnica albugínea. El pene debe estar erecto para que esto ocurra y recibir algún tipo de trauma contundente (sexo vigoroso, masturbación muy agresiva o una lesión como rodar sobre un pene erecto, caer sobre él o forzarlo en pantalones ajustados —no estoy inventando nada de esto; aunque es muy raro romperse el pene tras una caída o rodar sobre él, todo está reportado en la literatura médica).[*]

Los chicos tienen erecciones porque tienen sentimientos y pensamientos sexuales, ideas que aparecen durante la pubertad. También tienen erecciones durante el sueño, aunque por lo general sólo en los ciclos más profundos del sueño REM. Y la mayoría de los chicos informa desper-

---

[*] Éstas y otras explicaciones más extravagantes de la fractura de pene (la caída de un ladrillo que aplasta el pene, sorprendentemente, no es poco frecuente) aparecen por todo internet, desde blogs hasta revistas médicas. Tomemos un momento para preguntarnos por qué este tipo de historias siguen apareciendo en todas partes. Porque no hay forma de que caerse de una montaña sobre un pene erecto (sí, según un informe oficial) sea un cuento con moraleja que debamos enseñar a nuestros hijos. Estos "datos" nos recuerdan que el sexo es un tema tabú en todo el mundo, y que los hombres se sienten obligados a exagerar o mentir a sus proveedores de atención médica sobre lo que estaban haciendo precisamente cuando se lesionaron su joya.

tarse con una erección con frecuencia, si no todos los días. Además, los chicos tienen erecciones espontáneas sin razón aparente, e incluso pueden tener erecciones reflejas, que ocurren por el estrés, nerviosismo, miedo o enojo (básicamente, lo opuesto a pensamientos sexys). Siempre que enseño a las chicas sobre sus cuerpos y se quejan de que gracias a los periodos les tocó la peor parte fisiológica, les hablo de las erecciones espontáneas y reflejas. De repente, ya no se sienten tan mal por sí mismas.

Tres maneras de manejar una erección indecorosa:

1. SIÉNTATE, NO TE PARES, al menos si es posible, para que nadie se dé cuenta.

2. MANOS EN LOS BOLSILLOS. Esto sólo hace que la parte delantera de los pantalones se vea un poco más grande, ocultando el hecho de que algo está sobresaliendo.

3. USA ROPA INTERIOR AJUSTADA. En general, la elección de la ropa interior debe ser una decisión personal, y existe un buen argumento a favor del bóxer holgado, como se mencionó en la sección sobre el olor corporal. Sin embargo, cuanto más holgada sea la prenda, más movimiento permitirá. Por lo tanto, si las erecciones no deseadas son un problema recurrente, prueba con una prenda interior ligeramente más ajustada, como un bóxer ajustado o un *slip* clásico. Dicho esto, no deben ser *demasiado* ajustados, ya que una compresión excesiva puede ser incómoda, además de causar rozaduras e irritación.

(¿Qué? ¿Ningún comentario aquí sobre desviar los pensamientos lejos de la persona que te gusta y centrarse en estadísticas de beisbol o la receta favorita de la abuela? Si la erección es provocada por un pensamiento sexy, entonces sí, cambiar tus pensamientos debería ayudar. Pero dado que las erecciones a menudo surgen sin razón aparente, tratar de neutralizar lo que pasa por tu mente no suele resolver el problema.)

ESTIRONES DE CRECIMIENTO

Si alguna vez quieres motivar a tu hijo para que se vaya a la cama, sólo repite la verdad: *Creces mientras duermes*. Porque eso es justo lo que ocurre. Durante el tiempo de descanso del cuerpo, siempre que las placas de crecimiento estén abiertas, los huesos tienen la oportunidad de alargarse. Lo que en realidad sucede es que la glándula pituitaria dentro del cerebro —la misma glándula responsable de liberar LH y FSH para enviar señales a los testículos en los niños y a los ovarios en las niñas, y también la misma que envía la hormona estimulante de la tiroides a la tiroides para gestionar la energía— produce la *hormona del crecimiento* (GH, por sus siglas en inglés). Durante el sueño profundo, la GH sale de la pituitaria en pulsos y envía mensajes a los huesos del cuerpo para que crezcan. La GH controla mucho más que sólo el crecimiento: es responsable de la homeostasis general de muchos de nuestros órganos y tejidos, por lo que todos nosotros todavía la tenemos presente incluso cuando, como adultos, estamos en un lento declive de altura. Pero en la adolescencia, juega un papel fundamental en determinar cuánto crecerá un niño.

Ahora bien, hay una diferencia entre crecer y CRECER. El famoso estirón adolescente representa un crecimiento en todos los huesos largos del esqueleto (y en muchos de los más pequeños también) a una velocidad de 50 a 100 por ciento más rápida que el crecimiento normal en la infancia. El estirón por lo general dura un par de años, pero a veces puede extenderse mucho más. Cuando termina, no se detiene por completo; la mayoría de los niños en realidad ganan dos o tres centímetros (o más) extra antes de que las placas de crecimiento se fusionen y se alcance la altura final. Y aunque hay cierta controversia sobre cuánto control directo tiene la GH sobre todo el proceso, sus niveles se duplican durante el estirón, lo que evidencia su papel central.

En la adolescencia, no es la primera vez que los niños experimentan un estirón serio. Entre el nacimiento y el primer año, un bebé típico crece veinticinco centímetros (he visto muchos crecer más de treinta centímetros) y su peso al nacer se triplica (también he visto más que eso). Luego, el proceso se ralentiza a un ritmo más racional durante varios años. En cuanto a cuándo comenzará de nuevo, la respuesta es muy individual. En promedio, las niñas comienzan a dar su estirón alrededor de los diez años y los niños a los once o doce, lo que ayuda a explicar por qué el comienzo de la secundaria suele estar marcado por las niñas que se elevan por encima de sus compañeros masculinos. Pero, como todo en la pubertad, el momento de inicio del estirón es impredecible, al igual que su duración; aunque los estirones en los niños tienden a durar hasta un año más que en las niñas (lo que explica por qué el promedio de altura en los hombres adultos es varios centímetros más que en las mujeres adultas), nuevamente, todo depende.

La genética juega un papel importante en la altura final de una persona. La mejor estimación de cuán alto será un niño es la ecuación de altura media de los padres, donde la altura estimada de un niño es la respuesta a la siguiente ecuación, más o menos cinco centímetros. Todas las alturas en estas ecuaciones se miden en centímetros.

PARA LOS NIÑOS: (altura de la madre genética + altura del padre genético + 13 cm) ÷ 2

PARA LAS NIÑAS: (altura de la madre genética + altura del padre genético − 13 cm) ÷ 2

Una advertencia sobre las predicciones corporales en general y la altura en particular: aunque la ecuación de la altura media parental representa lo que sucede para la mayoría de las personas, siempre hay un flujo constante de niños para quienes estará completamente equivocada. En ocasiones, un problema médico subyacente es el culpable; otras veces, la mala nutrición o el estrés ambiental. Y, a veces, simplemente es la existencia de un pariente atípico: la tía de 1.90 que no conoces o el tatara-tatara-abuelo de 1.50, cuyos genes se filtran por el árbol genealógico y ¡voilà!, un niño resulta ser mucho más bajo o alto de lo pronosticado.

Tres formas de maximizar el crecimiento (porque casi todos los niños que he conocido me hacen esta pregunta):

1. ¡DUERME BIEN! Tanto la cantidad como la calidad del sueño son importantes para el crecimiento. Aspectos como una rutina

regular para ir a la cama y un horario razonable para apagar las luces son esenciales, pero también lo es tener un lugar seguro y cómodo para dormir.

2. ¡COME BIEN! Mi hijo creció casi treinta centímetros en el transcurso de dos años. Lo vi comer todo lo que tenía a la vista. Desde una perspectiva de peso, tal vez no habría importado si hubiera consumido algunos alimentos chatarra extra, pero en términos de salud y bienestar tanto a corto como a largo plazo, la calidad de la comida marca una gran diferencia. Además, la formación de buenos hábitos es clave para el bienestar a lo largo de la vida.

3. NO TE ESTRESES. Es más fácil decirlo que hacerlo... pero el crecimiento ocurre cuando tiene que ocurrir, y si la nutrición y el sueño están en orden, no hay mucho más que hacer. Cuando nos preocupamos menos, por lo general dormimos y comemos mejor. ¿Ves el ciclo? Habla con un médico, de preferencia un pediatra o un endocrinólogo pediátrico, si tienes dudas sobre patrones de crecimiento preocupantes, pero, de lo contrario, tan sólo ten paciencia.

VELLO, VELLO POR TODAS PARTES

El crecimiento del vello ciertamente ocurre durante la pubertad, pero no es un síntoma del proceso. Esto se explica en detalle en el capítulo 2, pero vale la pena repetirlo brevemente aquí.

La aparición de vello, vello por todas partes (todo el nuevo vello púbico, de las axilas y, eventualmente, facial, pero también el engrosamiento del vello de los brazos y las piernas) entra en la categoría de la *adrenarquia*, ya que está gobernada por las hormonas liberadas por las glándulas suprarrenales. Citando a Louise Greenspan, autora de *La nueva pubertad*: "¡La adrenarquia no es pubertad!" (los signos de exclamación son de Louise, quien literalmente dijo: "¡Agrega signos de exclamación!"). Lo que quiere decir es esto: la pubertad está gobernada por la

testosterona en los niños y el estrógeno en las niñas, además de un puñado de otras hormonas, lo que resulta en la madurez sexual y la capacidad de reproducirse. La adrenarquia puede sembrar las semillas del
crecimiento del vello, pero no conduce a la capacidad de procrear. Por
lo tanto, aunque padres e hijos a menudo piensan que cuando aparece el
vello es una señal de que la pubertad está comenzando, ahora saben que
no es así. Otros piensan que sin vello, el chico no está realmente en la
pubertad, y eso tampoco es cierto. La adrenarquia y la pubertad corren
por caminos paralelos, a menudo perfectamente sincronizados, pero no
siempre.

El vello púbico y el de las axilas tienden a emerger al mismo tiempo,
o al menos con varios meses de diferencia. Dicho esto, el vello en un lugar puede ser muy fino, casi invisible, mientras que en el otro puede ser
grueso y rizado desde el principio. Y ciertamente hay chicos que tienen
vello en el área púbica mucho antes de que aparezca el de las axilas, o
viceversa. El vello facial comienza con un fino bigote que crece cerca
del labio superior. Ahora bien, hay chicos que han tenido un bigote fino
desde preescolar, pero incluso ellos verán un engrosamiento aquí antes
que en cualquier otra parte de la cara. Con el tiempo, las cejas se vuelven más pobladas, las patillas crecen más bajas y eventualmente (por lo
general, años después) aparece la barba. Mientras tanto, el vello de las
piernas y los brazos se vuelve más grueso, seguido por el vello del pecho
que empieza a asomarse, al principio en el triángulo central entre la cla-
vícula y los dos pezones, pero eventualmente (de nuevo, por lo general años después) en el resto del pecho, el abdomen y sí, incluso en la
espalda.

El vello tiene un propósito para los humanos, por eso nos sale más a
medida que nos acercamos a la adultez, aunque no tanto como a nuestros parientes simios. Los vellos en nuestro cuerpo nos mantienen ca-
lientes cuando la grasa de bebé se desvanece; en nuestras fosas nasales
y oídos, el vello nos protege de la suciedad y los gérmenes. Todavía no
hay consenso sobre por qué demonios nos sale vello en las axilas y el
área púbica, aunque las teorías incluyen una línea extra de defensa para
el sistema inmunológico y atrapar olores que atraen a otros. (Aunque
entiendo el razonamiento evolutivo, esa última idea me parece un tanto exagerada.)

Tres estrategias de cuidado del vello (que son ciertas para todos nosotros):

1. SI QUIERE EMPEZAR A AFEITARSE, AYÚDALO. No hay obligación de afeitarse el bigote y la barba. De hecho, hoy en día muchos chicos viven bajo el lema de *si lo tienes, lúcelo*. Pero si desea afeitarse, los chicos necesitan aprender a usar las maquinillas de afeitar de manera segura y efectiva. Un par de conceptos básicos: nunca te afeites en seco con una cuchilla recta; no te afeites mojado con una afeitadora eléctrica (a menos que esté diseñada para eso), y nunca, jamás, uses una cuchilla que se vea vieja u oxidada.

2. LA PREPARACIÓN DE LA PIEL ES CLAVE. Afeitarse funciona mejor cuando la piel está cálida y ligeramente húmeda, por lo que es recomendable hacerlo después de una ducha o preparar la piel primero con un lavado de cara con agua tibia. Siempre afeitarse con la cara limpia, es decir, libre de suciedad. En cuanto a jabones, geles y cremas de afeitar, éstos variarán dependiendo del tipo de máquina de afeitar que se use y las preferencias personales.

3. LOS VELLOS PUEDEN PERDER SU DIRECCIÓN. A veces, en lugar de salir a través de la piel, pueden enroscarse debajo de ella. Esto es más común en los cabellos rizados y, cuando ocurre, el folículo puede inflamarse. Lo que podría parecer un grano es en realidad un vello encarnado. ¡No lo pellizques! Si aparece un grupo de ellos, tu hijo puede necesitar ayuda de un dermatólogo. La mejor estrategia de prevención en casa para los vellos encarnados: lavar las áreas con vello con jabón y un paño o incluso una esponja suave, para ayudar a levantar las células muertas de la piel que bloquean el camino de los vellos a la superficie de la piel.

CAMBIOS DE HUMOR

El clásico mal humor de la pubertad es femenino, ¿cierto? Falso. Los chicos también se ponen de mal humor, sólo que oscilan en direcciones diferentes. Por supuesto, estoy generalizando por completo sobre cómo oscilan aquí, porque cada niño es diferente y el tuyo puede no seguir estos patrones. Pero dado que las tendencias comunes son comunes, como solemos decir en medicina, vale la pena abordar las tendencias.

Las oleadas hormonales de la pubertad, en particular los altibajos de la testosterona afectan a todo el cuerpo. Gracias al sistema circulatorio, la sangre circula, y el cerebro está expuesto a los picos y valles hormonales al igual que todo lo que está por debajo del cuello. No existe mucha ciencia que defina con precisión cuáles hormonas canalizan la pubertad o cuáles otras sustancias químicas producidas por el cuerpo impactan en ciertas partes del cerebro. Pero esto es lo que sabemos: casi al mismo tiempo en que la testosterona hace su debut, también lo hacen los estados de ánimo en los chicos. Algunos se vuelven callados o se retraen; otros se vuelven más impulsivos, agresivos o incluso enojones; la mayoría tiene una combinación de ambos, con largos periodos de su yo dulce y normal intercalados. Y unos cuantos chicos no se balancean ni un poco: permanecen tan equilibrados como siempre han sido, tal como eran antes de que sus testículos comenzaran a crecer.

Los cambios de humor se mencionan en todo este libro, sobre todo en los capítulos 2 y 5, pero como nunca he conocido a un niño que le guste cómo se siente estar de un humor inestable, vale la pena mencionarlo otra vez aquí. Los cambios emocionales durante la pubertad son completamente normales, al igual que los vaivenes antes de que comience la pubertad y mucho después de que haya terminado. Pero los sentimientos que van desde querer alejar al mundo hasta el impulso de lanzarse de cabeza hacia algo sin mirar tienden a ocurrir simultáneamente con la transformación del cuerpo, y ocurre con tanta frecuencia que creo que merecen ser listados como signos oficiales de la pubertad.

Tres maneras de gestionar los cambios de humor (¡funcionan para personas de todas las edades!):

1. RESPIRA. Cuenta hasta diez. Aléjate un minuto. Cuando sientas que te estás deslizando hacia algún estado de ánimo alterado, o incluso cuando ya estés completamente en él, tomar un descanso mental o físico puede ayudarte a reiniciar.

2. PLANIFICA CON ANTICIPACIÓN lo que harás cuando tengas una alteración del estado de ánimo. No siempre tenemos que pensar sobre la marcha. Cuando hay una oportunidad para considerar una situación con anticipación, casi siempre la manejamos mejor. Por eso funciona el juego de roles.

3. DISCÚLPATE con los demás y contigo mismo. Nunca somos nuestra mejor versión en medio de un cambio de humor, así que, si le debes una disculpa a alguien, ofrécela. Y luego date un respiro, ya que a menudo somos mejores para perdonar a otros que a nosotros mismos.

CAMBIOS DE VOZ

La voz se vuelve más grave para todos durante la pubertad, tanto en niños como en niñas. Sin embargo, entre las niñas, el cambio de tono suele ser bastante sutil, mientras que en los niños... no tanto.

Los cambios en la voz son el resultado del crecimiento de la *laringe*. La laringe es un tubo compuesto por pequeños músculos, ligamentos y cartílagos. Se encuentra en el interior del cuello, sobre la *tráquea*, que es la vía aérea principal hacia los pulmones. Debido a su posición, la laringe desempeña varios roles críticos: protege las vías respiratorias al cerrarse antes de que algo que no debería pasar por allí (como la comida) tenga la oportunidad de hacerlo; participa en la respiración y la tos, y es responsable de cómo producimos sonidos. Esta última función le ha valido a la laringe su apodo: la caja de la voz.

Durante la pubertad, la testosterona estimula el crecimiento de la laringe. También provoca que las *cuerdas vocales* —pequeños músculos que se encuentran a lo largo de la parte superior de la laringe— se estiren y engrosen. Cuando el aire asciende desde los pulmones a través de la laringe y cruza las cuerdas vocales, éstas vibran, generando sonido. Debido a los cambios en la forma de la laringe y las cuerdas vocales durante la pubertad, las vibraciones también cambian, bajando el tono de los sonidos. Pero esto no está exento de problemas: mientras las estructuras crecen y se engrosan, un chico puede sorprenderse con chirridos y quiebres en su voz. Por lo general, en unos meses, la voz se estabiliza y esos sonidos inesperados desaparecen.

Debido a que la testosterona afecta el crecimiento general de la laringe, y a que ésta se encuentra en el cuello, justo debajo de la superficie de la piel, los cambios físicos pueden ser bastante notables, sobre todo en el cartílago de la parte frontal de la laringe. Apodado la manzana de Adán (al parecer, en honor al Adán bíblico, a quien se le atascó un trozo de fruta en la garganta), esta estructura puede verse subiendo y bajando en algunos cuellos a partir de la mitad de la pubertad.

Cabe mencionar que la testosterona no es la única hormona que afecta la laringe: el estrógeno y la progesterona también lo hacen. Pero su efecto es menos dramático, lo que explica por qué el descenso en el tono vocal es mucho menos notable en las niñas que en los niños.

Tres formas de manejar los cambios vocales:

1. CUANDO LA VOZ SE QUIEBRA O CHIRRÍA, SIGUE COMO SI NADA HUBIERA PASADO. De todos modos, la mayoría de las veces, nadie más lo habrá notado. Esto puede ser más complicado para los chicos que cantan, así que, si ése es tu caso, pide recomendaciones a otros cantantes o profesores.

2. VE LA LUZ AL FINAL DEL TÚNEL. Es un problema a corto plazo. No hay medicina, pastilla o bebida que lo haga desaparecer. Pero ten la certeza de que, en unas semanas o meses, el problema estará resuelto.

3. ADOPTA TU NUEVA VOZ. Una de las frases más comunes que un chico escuchará, casi siempre de un adulto que no lo ha visto en un tiempo, es: "¡Oh, Dios mío! ¡Tu voz es tan grave!". Esto puede ser embarazoso para algunos, molesto para otros. Encuentra una respuesta que te haga sentir cómodo, porque si ya la escuchaste una vez, es casi seguro que la volverás a escuchar. Una respuesta sencilla es un simple: "Sí".

SUEÑOS HÚMEDOS

Si el objetivo principal de la pubertad es alcanzar la madurez reproductiva, entonces los sueños húmedos son una señal de que se está en buen camino. Un sueño húmedo (también conocido como *emisión nocturna*) ocurre durante el sueño cuando el semen, una mezcla de esperma y de fluidos producidos en y alrededor de los testículos, se eyacula sin que el chico lo sepa, hasta que se despierta a la mañana siguiente y encuentra una mancha húmeda en su cama. Así que cuando un chico comienza a tener sueños húmedos, hay evidencia de que su cuerpo se está volviendo reproductivamente maduro.

Muchos chicos piensan que la mancha húmeda es orina (no lo es). Y muchos de ellos, al menos las primeras veces que les ocurre, se sienten avergonzados por haber tenido un sueño húmedo (aunque suelen superar esa vergüenza). La mayoría encuentra útil saber que hay una diferencia entre los sueños húmedos y la masturbación, que se reduce a la consciencia: la *masturbación* es autoplacer sexual que a menudo resulta en un orgasmo con eyaculación; un sueño húmedo ocurre durante el sueño, sin que haya placer propio conocido.

Los sueños húmedos son reportados como algo bastante común, y ocurren en hasta 80 por ciento de los chicos. Sin embargo, éste no es exactamente un campo de investigación en auge, ya que no es un área de preocupación médica ni una en la que los chicos preadolescentes y adolescentes se ofrezcan voluntariamente para un estudio, por lo que ese 80 por ciento podría ser una sobreestimación o subestimación considerable. Muchos hombres dicen que nunca han tenido un sueño húmedo en su vida. Para aquellos que los han tenido, hay una amplia gama de frecuencia, desde un par de veces por semana hasta una vez cada pocos meses. Insisto: no se han recopilado muchos datos en torno a esto, por lo que es difícil decir qué deberían esperar los chicos. Lo que está claro es que tener sueños húmedos es normal, y no tenerlos también.

Tres cosas que hacer si has tenido un sueño húmedo (consejos para los chicos):

1. LIMPIA. Dado que alguien tiene que limpiar las sábanas, en realidad debería hacerlo quien hizo el desorden. No es gran cosa, ya que la mancha de un sueño húmedo suele ser bastante pequeña y se puede limpiar con un paño húmedo.

2. NO SIENTAS VERGÜENZA SI TIENES UNO. Los sueños húmedos son completamente normales y no son señal de nada malo o incorrecto.

3. NO SIENTAS VERGÜENZA SI NO TIENES UNO. Porque eso también es completamente normal.

Agradecimientos

Mi mamá me inculcó la importancia de las notas de agradecimiento, y supongo que por eso disfruté tanto escribir esta sección de agradecimientos. Por eso, quiero empezar agradeciendo a mi familia. Ellos suelen ser los últimos en ser mencionados en esta parte del libro (en esa idea de dejar lo mejor para el final), pero como son lo más importante en todo lo que hago, quiero ponerlos en primer lugar aquí. A Paul, mi esposo, mi roca, mi corrector de estilo, mi apoyo intelectual y el alma más amable del planeta (según casi todos los que te han conocido)... Si todos los chicos del mundo pudieran crecer para ser el tipo de hombre que tú eres, el mundo sería un lugar mejor. Gracias por mantener todo en perspectiva para mí, por crear el espacio que necesito para hacer este trabajo y por escribirme pequeñas notas de ánimo cuando sabes que las necesito. Además de corregirme de vez en cuando sobre el significado de ser hombre. Y a nuestros dos hijos, Talia y Ry... Aunque nunca sabré lo que es criar a otros niños, sé con certeza que el amor no podría ser más profundo, las risas más grandes y el orgullo más inmenso. No es fácil crecer con una madre que enseña y escribe sobre la pubertad para ganarse la vida. Ustedes lo hacen con gracia y facilidad, sin darse cuenta de que son mis maestros más valiosos.

Gracias a mi mamá por inculcarme lo de las notas de agradecimiento, pero también por el amor interminable, sin mencionar el apoyo en relaciones públicas, y a mis tres hermanos —Greg, Anthony y Seth, los primeros chicos que descifré— por la inspiración, por no mencionar las lecciones de vida (pero no por los coscorrones, chicos). A Joe, Idell, Barb y Zach, Amy y Steve, Cyd y Rem, ustedes encarnan la mejor situación con la familia política imaginable, donde cada cena familiar es en partes iguales aliento y rigor intelectual. (Es más divertido de lo que parece.)

Durante los últimos diez años, he escrito manuales de salud caricaturizados para niños. No hay espacio para agradecer en ésos, ni siquiera una línea de dedicatoria. Así que, aunque hay muchas personas a las que agradecer por ayudarme con *Descifrando a los chicos*, en realidad, todo comenzó con Barbara Stretchberry, mi editora en American Girl y compañera desde 2011. Sin Barbara, la serie *Care and Keeping* (*Cuidado y bienestar*) habría sido muy diferente, y estoy convencida de que no habría habido *Guy Stuff* (*Cosas de chicos*). Sin ese último libro, no creo que éste hubiera existido tampoco. Otros agradecimientos tardíos también a todo el equipo de Mattel y American Girl, incluyendo pero definitivamente no limitándose a Carrie Anton, Ellen Brothers, Stephanie Cota, Jodi Goldberg, Susan Jevens, Darcie Johnson, Jean McKenzie, Julie Parks, Julia Prohaska, Tammie Scadden y Stephanie Spanos. Algunos de ustedes siguen en AG, otros han seguido adelante, pero todos ustedes fueron invaluables en mi camino.

Y ahora, al presente. Marnie Cochran y Heather Jackson, son el dúo dinámico de la edición y la representación. Realmente no sabía al principio que me estaba inscribiendo en un deporte de equipo. ¡Qué suerte tuve! Gracias por sus ediciones, comentarios, pensamientos, retroalimentación y apoyo, todo perfectamente equilibrado. A todo el equipo de Ballantine, por confiar en mis instintos y educarme con su experiencia. Desde la primera vez que nos sentamos alrededor de una mesa juntos, me di cuenta de mi buena fortuna. Y a la cantidad de personas en el camino que leyeron capítulos, se dispusieron a entrevistas, respondieron correos electrónicos y abrieron sus cerebros para ser interrogados: Anisha Abraham, Vanessa Bennett, Catherine Caccialanza, Yee-Ming Chan, Mallika Chopra, Aleksandra Crapanzano, Jonathan Crystal, Embeth Davidtz, Gail Dines, David Eisenman, Heather Fullerton, Michele Gathrid, Andrew Goldberg, Louise Greenspan, Nalin Gupta, Marcia Herman-Giddens, Nick Kroll, Michael Levin, Alison Locker, Andrea Nevins, Katherine Peabody, Michelle Sandberg, Dan Siegel, Jeannie Suk Gerson, Yalda Uhls, Emma Watts y Adam Winkler. Un agradecimiento especial a Steve Silvestro por la frase "Todo se hace más grande".

Por último, no habría tenido nada que decir sin los sabios chicos que se abren cuando empiezo a hacer preguntas sobre la vida durante la pubertad. Gracias a cada chico —y chica— a quienes he atendido en la

consulta, enseñado en un aula o entrevistado sobre el tema. Su hones-
tidad ayuda a marcar la diferencia para los padres en todas partes. Me
siento muy afortunada de que hayan hablado abiertamente conmigo...
espero que este libro sea el comienzo de muchas otras conversaciones.

Bibliografía

A continuación, se presenta una lista de recursos, libros, artículos y sitios web que resultaron invaluables para la redacción de este libro. Sin embargo, en algunos capítulos, la lista de obras citadas es escasa. Esto se debe a que este libro es el resultado de veinte años como pediatra, diez años como escritora y oradora comprometida, y, por lo tanto, innumerables conversaciones, consultas, entrevistas y búsquedas sobre cada uno de estos temas. Desearía haber llevado un registro continuo de cada recurso que he utilizado para construir mi conocimiento, pero no lo hice. Así que aquí están las referencias específicas en las que me apoyé para este libro, construidas sobre media vida de aprendizaje.

CAPÍTULO 2. ENTENDIENDO LA TESTOSTERONA

Duke, Sally Anne, Ben W. R. Balzer y Katharine S. Steinbeck. "Testosterone and Its Effects on Human Male Adolescent Mood and Behavior: A Systematic Review", *Journal of Adolescent Health*, vol. 55, núm. 3 (2014): 315-322.

Fleming, Amy. "Does Testosterone Make You Mean?", *The Guardian* (edición estadounidense), 20 de marzo de 2018.

Peper, Jiska S., P. Cédric M. P. Koolschijn y Eveline A. Crone. "Development of Risk Taking: Contributions from Adolescent Testosterone and the Orbito-Frontal Cortex", *Journal of Cognitive Neuroscience*, vol. 25, núm. 12 (2013): 2141-2150.

Piekarski, David J., *et al.* "Does Puberty Mark a Transition in Sensitive Periods for Plasticity in the Associative Neocortex?", *Brain Research*, vol. 1654, parte B (2017): 123-144.

Rosenfield, Robert L. "Normal Adrenarche", actualizado, https://www.uptodate.com/contents/normal-adrenarche#subscribeMessage

Parry, Vivenne. *The Truth About Hormones* (Londres: Atlantic Books, 2009).

CAPÍTULO 3. SÍ, TU CHICO DE NUEVE AÑOS PODRÍA ESTAR EN LA PUBERTAD

Biro, F. M., *et al.* "Pubertal Assessment Method and Baseline Characteristics in a Mixed Longitudinal Study of Girls", *Pediatrics*, vol. 126, núm. 3 (2010): e583-90. DOI: 10.1542/peds.2009-3079.

Euling, Susan Y., *et al.* "Examination of US Puberty-Timing Data from 1940 to 1994 for Secular Trends: Panel Findings", *Pediatrics*, vol. 121, suplemento 3 (2008): s172-191.

Greenspan, Louise y Julianna Deardorff. *The New Puberty* (Nueva York: Rodale, 2014).

Herman-Giddens, Marcia E., *et al.* "Secondary Sexual Characteristics and Menses in Young Girls Seen in Office Practice: A Study from the Pediatric Research in Office Settings Network", *Pediatrics*, vol. 99, núm. 4 (1997): 505-512.

_____. "Secondary Sexual Characteristics in Boys: Data from the Pediatric Research in Office Settings Network", *Pediatrics*, vol. 130, núm. 5 (2012): e1058-1068.

Marshall, W. A., y J. M. Tanner. "Variations in Pattern of Pubertal Changes in Girls", *Archives of Diseases in Childhood*, vol. 44, núm. 235 (1969): 291-303.

CAPÍTULO 4. MÁS TARDE, AMIGO

Kulin, Howard. "Extensive Personal Experience: Delayed Puberty", *Journal of Clinical Endocrinology and Metabolism*, vol. 81, núm. 10 (1996): 3460-3464.

MacDonald, Alec. "5 Awkward Struggles for Guys Who Hit Puberty Too Late in Life", *EliteDaily.com*, 23 de julio de 2015, https://www.elitedaily.com/humor/puberty-too-late-in-life/1136669

Niles, Robert. "Standard Deviation", RobertNiles.com, consultado el 10 de mayo de 2019, https://www.robertniles.com/stats/stdev.shtml

Palmert, Mark R., y Leo Dunkel. "Delayed Puberty", *New England Journal of Medicine*, vol. 366 (2012): 443-453. DOI: 10.1056/NEJMcp1109290.

Pitteloud, Nelly. "Managing Delayed or Altered Puberty in Boys", *BMJ*, vol. 345 (2012): e7913. DOI: 10.1136/bmj.e7913.

Zhu, Jia, y Chan, Yee-Ming. "Adult Consequences of Self-Limited Delayed Puberty", *Pediatrics*, vol. 139, núm. 6 (217): e20163177.

CAPÍTULO 5. CUANDO PARECEN ADULTOS, PERO NO PIENSAN COMO TALES

Bailey, Regina. "The Limbic System of the Brain", ThoughtCo.com, 28 de marzo de 2018, https://www.thoughtco.com/limbic-system-anatomy-373200

Giedd, Jay N. "The Teen Brain: Primed to Learn, Primed to Take Risks", *The Dana Foundation*, 26 de febrero de 2009, dana.org/article/the-teen-brain-primed-to-learn-primed-to-take-risks/

Paredes, Mercedes F., *et al.* "Extensive Migration of Young Neurons into the Infant Human Frontal Lobe", *Science*, vol. 354, núm. 6308 (2016). DOI: 10.1126/science.aaf7073.

Piekarski, D. J., *et al.* "Does Puberty Mark a Transition in Sensitive Periods for Plasticity in the Associative Neocortex?", *Brain Research*, vol. 1654, parte B (2017): 123-144.

Shen, Helen. "Does the Adult Brain Really Grow New Neurons?", *Scientific American*, 7 de marzo de 2018, https://www.scientificamerican.com/article/does-the-adult-brain-really-grow-new-neurons/

Sorrells, Shawn F., *et al.* "Human Hippocampal Neurogenesis Drops Sharply in Children to Undetectable Levels in Adults", *Nature*, vol. 555 (2018): 377-383.

Stiles, Joan, y Terry L. Jernigan. "The Basics of Brain Development", *Neuropsychology Review*, vol. 20, núm. 4 (2010): 327-348.

Suleiman, Ahna Ballonoff, y Ronald E. Dahl. "Leveraging Neuroscience to Inform Adolescent Health: The Need for an Innovative Transdisciplinary Developmental Science of Adolescence", *Journal of Adolescent Health*, vol. 60, núm. 3 (2017): 240-248.

CAPÍTULO 6. LOS CHICOS Y "LA CONVERSACIÓN"

Green, Laci. "Laci Green: Sex Ed for the Internet", Lacigreen.tv, consultado el 10 de mayo de 2019.

Hess, Amanda. "The Sex Ed Queens of YouTube Don't Need a PhD", *New York Times*, 30 de septiembre de 2016.

Sweeney, Julia. "Julia Sweeney Has 'The Talk'", TED.com, febrero de 2010, https://www.ted.com/talks/julia_sweeney_has_the_talk?language=en

Vagianos, Alanna. "Laci Green on Her New MTV Series and Dealing with Backlash as a Feminist on the Internet", *Huffington Post*, 26 de noviembre de 2014, https://www.huffingtonpost.com/2014/11/26/laci-green-mtv-braless-youtube_n_6214632.html

CAPÍTULO 7. LOS CHICOS Y EL SEXO

Culture Reframed. Culturereframed.org, consultado el 10 de mayo de 2019.

Enough Is Enough. "Statistics: Youth & Porn", https://enough.org, consultado el 10 de mayo de 2019.

Fight the New Drug. "18 Mind-Blowing Stats About the Porn Industry and Its Underage Consumers" y "What's the Average Age of a Kid's First Porn Exposure?", Fightthenewdrug.com, consultados el 10 de mayo de 2019.

Jones, Maggie. "What Teenagers Are Learning from Online Porn", *New York Times*, 7 de febrero de 2018.

Metz, Cade. "The Porn Business Isn't Anything Like You Think It Is", *Wired*, 15 de octubre de 2015.

Pornhub. "Year in Review", Pornhub.com/insights, consultado el 10 de mayo de 2019.

CAPÍTULO 8. LOS CHICOS Y LA IMAGEN CORPORAL

American Society of Plastic Surgeons. "Plastic Surgery Statistics", consultado el 10 de mayo de 2019, www.plasticsurgery.org/news/plastic-surgery-statistics

Centers for Disease Control and Prevention. "Overweight and Obesity", www .cdc. gov/obesity/data/adult.html, consultado el 10 de mayo de 2019.

Credos. "Picture of Health?", adassoc.org.uk, 2016, www.adassoc.org.uk/wp-con tent/uploads/2016/08/Picture-of-health_FINAL.pdf

Drexler, Peggy. "The Impact of Negative Body Image on Boys", *Psychology Today*, 17 de enero de 2013, www.psychologytoday.com/us/blog/our-gender-ourselves/ 201301/the-impact-negative-body-image-boys

Field, Alison E., Kendrin R. Sonneville, Ross D. Crosby, *et al.* "Prospective Associations of Concerns About Physique and the Development of Obesity, Binge Drinking, and Drug Use Among Adolescent Boys and Young Adult Men", *JAMA Pediatrics*, vol. 168, núm. 1 (2014): 34-39.

Hales, Craig M., Margaret D. Carroll, Cheryl D. Fryar y Cynthia L. Ogden. "Prevalence of Obesity Among Adults and Youth: United States, 2015-2016", *NCHS Data Brief*, núm. 288 (octubre de 2017), www.cdc.gov/nchs/data/databriefs/db288.pdf

Hudson, James I., Eva Hiripi y Ronald C. Kessler. "The Prevalence and Correlates of Eating Disorders in the National Comorbidity Survey Replication", *Biological Psychiatry*, vol. 61, núm. 3 (2007): 348-358.

National Eating Disorders Association (NEDA). "Statistics and Research on Eating Disorders", consultado el 10 de mayo de 2019, www.nationaleatingdisorders.org/ statistics-research-eating-disorders

National Institutes of Mental Health. "Eating Disorders", consultado el 10 de mayo de 2019, www.nimh.nih.gov/health/statistics/eating-disorders.shtml

NCD Risk Factor Collaboration. "Trends in Adult Body Mass Index in 200 Countries from 1975 to 2014", *The Lancet*, vol. 387, núm. 10026 (2016): 1377-1396.

Santa Cruz, Jaime. "Body Image Pressure Increasingly Affects Boys", *Atlantic*, 10 de marzo de 2014, www.theatlantic.com/health/archive/2014/03/body-image-pres sure-increasingly-affects-boys/283897/

State of Obesity. "Underweight Children—Consequences and Rates", consultado el 10 de mayo de 2019, https://stateofobesity.org/underweight-children/

World Health Organization. "Obesity and Overweight", consultado el 10 de mayo de 2019, www.who.int/news-room/fact-sheets/detail/obesity-and-overweight

CAPÍTULO 9. LOS CHICOS Y LAS ADICCIONES

American Society of Addiction Medicine. "Definition of addiction", consultado el 10 de mayo de 2019, www.asam.org/resources/definition-of-addiction

Becker, Jill B., y Ming Hu. "Sex Differences in Drug Abuse", *Frontiers in Neuroendo-crinology*, vol. 29, núm. 1 (2008): 36-47.

Hosseini-Kamkar, Niki, y J. Bruce Morton. "Sex Differences in Self-Regulation: An Evolutionary Perspective", *Frontiers in Neuroscience*, 4 de agosto de 2014. DOI: 10.3389/fnins.2014.00233.

KENHUB. "Neurotransmitters", consultado el 10 de mayo de 2019, www.kenhub.com/ en/library/anatomy/neurotransmitters

Li, Ming D., y Margit Burmeister. "New Insights into the Genetics of Addiction", *Nature Reviews Genetics*, vol. 10, núm. 4 (2009): 225-231.

Sherman, Carl. "Impacts of Drugs on Neurotransmission", *National Institutes on Drug Abuse*, 9 de marzo de 2017, www.drugabuse.gov/news-events/nida-notes/2017/ 03/impacts-drugs-neurotransmission

Szalavitz, Maia. "The Addictive Personality Isn't What You Think It Is", *Scientific American*, 5 de abril de 2016, www.scientificamerican.com/article/the-addictive-per sonality-isn-t-what-you-think-it-is/

Tomkins, Denise M., y Edward M. Sellers. "Addiction and the Brain: The Role of Neu-rotransmitters in the Cause and Treatment of Drug Dependence", *Canadian Medical Association Journal*, vol. 164, núm. 6 (2001): 817-821.

CAPÍTULO 10. LOS CHICOS Y LAS ARMAS

Campion, Edward W. "The Problem for Children in America", *New England Journal of Medicine*, vol. 379 (2018): 2466-2467.

Center for Homeland Defense and Security. "K-12 School Shooting Data-base", CHDS.us, consultado el 10 de mayo de 2019, www.chds.us/ssdb/category/graphs/

Chatterjee, Rhitu. "School Shooters: What's Their Path to Violence?", NPR: *All Things Considered*, 10 de febrero de 2019, www.npr.org/sections/health-shots/2019/02/10/690372199/school-shooters-whats-their-path-to-violence

Council on Injury, Violence, and Poison Prevention Executive Committee. "Firearm-Related Injuries Affecting the Pediatric Population", *Pediatrics*, vol. 130, núm. 5 (2012): e1416-1423. DOI: 10.1542/peds.2012-2481.

Curtin, Sally C., Melonie Heron, Arialdi M. Minino y Margaret Warner. "Recent Increases in Injury Mortality Among Children and Adolescents Aged 10-19 Years in the United States: 1999-2016", *National Vital Statistics Report*, vol. 67, núm. 4 (2018).

Della Volpe, John. "Attitudes of Young Americans Related to School Shootings and Gun Violence", *Social Sphere*, diciembre de 2018, https://static1.squarespace.com/static/5b651ae5ee1759e688f559d2/t/5c365e19898583acb0dfc79e/1547066927115/190109_SocialSphere_Gun+Violence_Dec+4.pdf

Eiser, Arnold R. "Neuroplasticity, Repetitive Digital Violence, Mass Shootings, and Suicide: Toxic Content in the Digital Age", *Health Affairs*, 13 de febrero de 2019. DOI: 10.1377/hblog20192012.316635.

FBI. "A Study of Active Shooter Incidents in the United States Between 2000-2013", FBI.gov, consultado el 10 de mayo de 2019, www.fbi.gov/file-repository/active-shooter-study-2000-2013-1.pdf/view

Fowler, Katherine A., Linda L. Dahlberg, Tadesse Haileyesus, Carmen Gutierrez, y Sarah Bacon. "Childhood Firearm Injuries in the United States", *Pediatrics*, 19 de junio de 2017. DOI: 10.1542/peds.2016-3486.

Fox, Kara. "How US Gun Culture Compares with the World in Five Charts", CNN.com, 9 de marzo de 2018, www.cnn.com/2017/10/03/americas/us-gun-statistics/index.html

Giffords Law Center. "Statistics on Guns in the Home and Safe Storage", Lawcenter. giffords.org, consultado el 10 de mayo de 2019, https://lawcenter.giffords.org/guns-in-the-homesafe-storage-statistics/

Gladwell, Malcolm. "Thresholds of Violence: How School Shootings Catch On", *The New Yorker*, 12 de octubre de 2015.

Global Burden of Disease 2016. Injury Collaborators. "Global Mortality from Firearms, 1990-2016", *JAMA*, vol. 320, núm. 8 (2018): 792-814.

Glynn, J. "Guns and Games: The Relationship Between Violent Video Games and Gun Crimes in America", *Arts and Sciences Journal*, vol. 207, núm. 7 (2016). DOI: 10.4172/2151-6200.1000207.

Gun Violence Archive, www.gunviolencearchive.org/

Holland, K. M., J. E. Hall, J. Wang, *et al.* "Characteristics of School-Associated Youth Homicides—United States, 1994-2018", CDC, *Morbidity and Mortality Weekly Report*, vol. 68, núm. 3 (2019): 53-60. DOI: http://dx.doi.org/10.15585/mmwr.mm6803a1

Jenco, Melissa. "Study: Teen Boys More Likely to Carry Gun if Parents Disengaged", AAP *News*, 4 de marzo de 2019, www.aappublications.org/news/2019/03/04/gun carrying030419

Jensen, K. Thor. "The Complete History of First-Person Shooters", Geek.com, 11 de octubre de 2017, www.geek.com/games/the-complete-history-of-first-person-shooters-1713135/

Karp, Aaron. "Estimating Global Civilian-Held Firearms Numbers", Small-ArmsSurvey.org, consultado el 10 de mayo de 2019, www.smallarmssurvey.org/weapons-and-markets/tools/global-firearms-holdings.html

Metzl, Jonathan M., y Kenneth Talia MacLeish. "Mental Illness, Mass Shootings, and the Politics of American Firearms", *American Journal of Public Health*, vol. 105, núm. 2 (2015): 240-249.

NDTV. "More US School Shootings in Two Decades Than in the Past Century: Study", 20 de abril de 2018, www.ndtv.com/world-news/more-us-school-shootings-in-two-decades-than-in-the-last-century-study-1840102

NORC at the University of Chicago. "General Social Survey Final Report: Trends in Gun Ownership in the United States: 1972-2014", marzo de 2015, www.norc.org/PDFs/GSS%20Reports/GSS_Trends%20in%20Gun%20Ownership_US_1972-2014.pdf

Pappas, Stephanie. "Female Mass Killers: Why They're So Rare", LiveScience.com, 3 de abril de 2018, www.livescience.com/53047-why-female-mass-shooters-are-rare.html

Rapaport, Lisa. "Gun Deaths Rising Among White Kids as More Families Own Handguns", *Reuters Health News*, 28 de enero de 2019.

Silberner, Joanne. "Study: Kids More Likely to Die from Cars and Guns in US than Elsewhere", NPR, 19 de diciembre de 2018, www.npr.org/sections/goatsandsoda/2018/12/19/678193620/study-kids-more-likely-to-die-from-cars-and-guns-in-u-s-than-elsewhere

Statista. "Percentage of Households in the United States Owning One or More Firearms from 1972-2018", Statista.com, consultado el 10 de mayo de 2019, www.statista.com/statistics/249740/percentage-of-households-in-the-united-states-owning-a-firearm/

Walker, Molly. "Are More Kids Dying in Mass School Shootings?", *MedPage Today*, 24 de enero de 2019, www.medpagetoday.com/pediatrics/generalpediatrics/77610?

Índice analítico

Esta obra se imprimió y encuadernó
en el mes de diciembre de 2024, en los talleres
de Impregráfica Digital, S.A. de C.V.
Av. Coyoacán 100-D, Col. Del Valle Norte,
C.P. 03103, Benito Juárez, Ciudad de México.